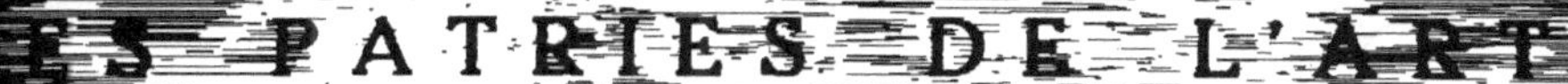

RENÉ SCHNEIDER

PROFESSEUR A LA FACULTÉ DES LETTRES DE PARIS

L'ART FRANÇAIS

DES ORIGINES A LA FIN DU XIIIe SIÈCLE

HENRI LAURENS, Éditeur, PARIS

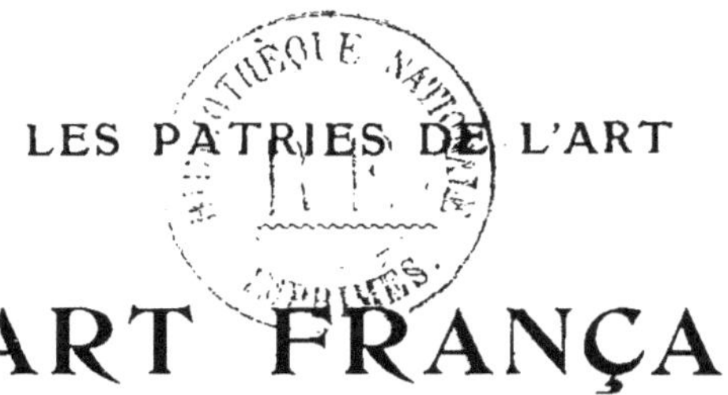

LES PATRIES DE L'ART

L'ART FRANÇAIS

MOYEN AGE

Origines - Art roman - Art gothique du XIIIe siècle

LES PATRIES DE L'ART

Parus :

L'ART FRANÇAIS (*Moyen Age : Origines — Art roman — Art gothique du* XIIIe *siècle*), par René SCHNEIDER, professeur à la Faculté des Lettres de Paris. 1 volume (16 × 21), 130 illustrations.

L'ART FRANÇAIS (*Moyen Age :* XIVe et XVe siècle; *Renaissance*), par René SCHNEIDER. 1 vol. (16 × 21), 130 illustrations.

L'ART FRANÇAIS (XVIIe siècle), par René SCHNEIDER. 1 volume (16 × 21), 117 illustrations.

L'ART FRANÇAIS (XVIIIe siècle), par René SCHNEIDER. 1 volume (16 × 21), 140 illustrations.

L'ART BYZANTIN, par Louis BRÉHIER, professeur à la Faculté des Lettres de Clermont-Ferrand. 1 volume (16 × 21), 106 gravures.

A paraître :

L'ART FRANÇAIS, par René SCHNEIDER, professeur à la Faculté des Lettres de Paris :

XIXe siècle.

L'ART ITALIEN, par Louis HOURTICQ, de l'Institut, professeur à l'Ecole Nationale des Beaux-Arts.

L'ART GREC, par Gustave FOUGÈRES, de l'Institut, professeur à la Faculté des Lettres de Paris.

TYPOGRAPHIE FIRMIN-DIDOT ET Cie. — MESNIL (EURE). — 1928.

LES PATRIES DE L'ART

L'ART FRANÇAIS

MOYEN AGE

Origines - Art roman - Art gothique du XIIIe siècle

PAR

RENÉ SCHNEIDER

PROFESSEUR A LA FACULTÉ DES LETTRES DE PARIS

DEUXIÈME ÉDITION

OUVRAGE ILLUSTRÉ DE 130 GRAVURES

HENRI LAURENS, ÉDITEUR
6, RUE DE TOURNON, PARIS

1928

A ÉMILE MALE

DE L'ACADÉMIE FRANÇAISE

L'ART FRANÇAIS

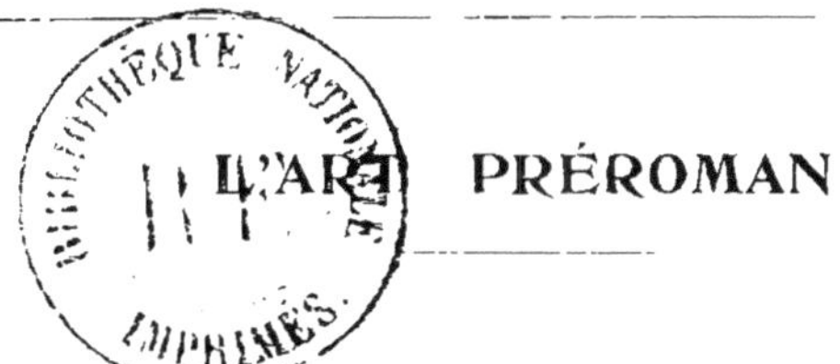

L'ART PRÉROMAN

La part de Rome, du Christianisme, et des barbares. — L'art gallo-romain. — L'art gallo-franc. — Hégémonie de l'Orient.

En l'an 50 avant Jésus-Christ la Gaule était devenue romaine. Elle n'avait pu acquérir la finesse du monde grec, dont elle avait eu pourtant le contact et senti la séduction ; mais elle adopte avec allégresse la civilisation que lui apportent ses maîtres. Elle a laissé échapper l'élégance, on lui offre la majesté. Jusqu'à la désagrégation de l'Empire sous la poussée des barbares au ve siècle, durant cinq cents ans de paix heureuse elle s'imprègne de latinité. Jamais elle n'en perdra le goût. Le renouveau roman du xiie siècle et la Renaissance seront pour une part le réveil des ferments classiques un peu troubles déposés en nous par le peuple-roi au moment où il penchait déjà vers son déclin.

Mais elle transforme spontanément ce qu'elle reçoit. L'art romain chez nous n'est pas un emprunt, mais une adaptation. Là est l'intérêt passionnant de cette époque : la réaction comme personnelle du génie celtique à l'égard de ce qu'il accueille même avec enthousiasme. Sans doute dans les grandes villes, où le gaulois revêt la toge et devient sénateur, l'art antique, qui est l'art municipal officiel, est respecté dans son intégrité. Mais tantôt c'est l'art romain déjà orientalisé avant de pénétrer chez nous, tantôt c'est l'alexandrin, c'est-à-dire l'art grec de déclin, tel que l'a fait la transplantation sur les rives d'Afrique et d'Asie. Le gaulois, quand il les imite, les alourdit de sa main barbare qui schématise toujours. Et surtout il en développe ce qu'il y trouve, tout au fond, de plus conforme à son goût, la secrète saveur de l'Orient. Mais dans les campagnes, chez les paysans au sayon brun, l'art reste très près de la race. On sent le celtisme sourdre le long des voies romaines, ramenant du fond les motifs orientaux, encore, toujours.

Rien cependant ne saurait déprécier le magnifique présent de Rome : les deux arts qui ont fait la beauté du monde antique, l'architecture et la sculpture. Le gaulois ne savait pas capter l'espace avec des pierres appareillées, ni avec des masses de blocage disciplinées par des cintrages. Or voici que dans ses villes transformées, à Sens, Saintes, Autun, Bordeaux, Nîmes, Arles..., des monuments altiers s'élèvent, de pierre, de marbre ou de brique, les mêmes que ceux où Rome priait ses dieux, gouvernait le monde, honorait ses armées ou comblait de bien-être et de distractions ses citoyens aux longs loisirs. Il accueille avec enthousiasme le rythme de la colonne, la beauté spéculative des proportions, la fierté de l'architrave et de la corniche coupante. Les débris, surtout en Provence, en sont encore superbes. Jusqu'à la fin du Ier siècle les temples restent purs et fins; mais très vite le gallo-romain expédie grossièrement la maçonnerie, quitte à la cacher sous une superficie décorée. Il cherche l'effet de luxe, exagère comme à Tutelle la prodigalité des colonnes et l'éxubérance du corinthien. L'atavisme guette son heure. Au soubassement ou à la frise il lui arrive (comme au Puy) de dérouler en bas-relief des motifs de tradition alexandrine, ceux que l'Orient avait aimés : les combats d'animaux, la chasse sauvage. De la forêt proche elle débuche jusqu'ici, au pied des dieux. A l'orée de ces mêmes forêts il élève aux divinités sylvaines, plus ou moins identifiées avec Diane, des petits temples circulaires, des fana, souvenir des cabanes rondes. Les monu-

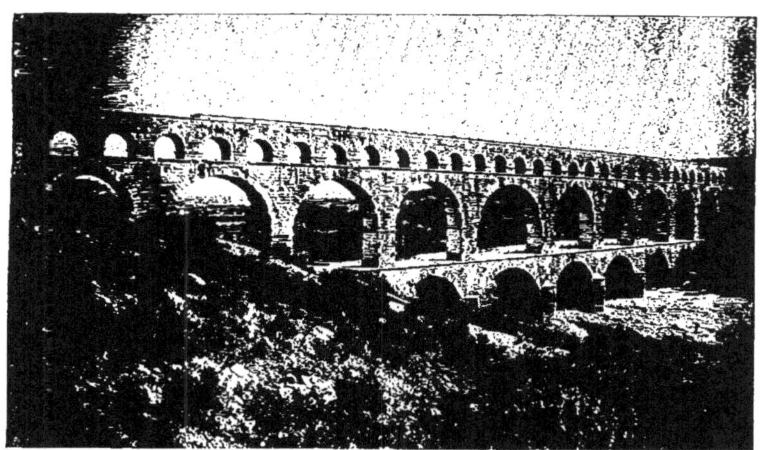

Fig. 1. — LE PONT DU GARD.

Aqueduc à la partie supérieure, pont à l'étage inférieur, élargi. Trois étages d'arcades superposées en retrait pour atteindre la hauteur des collines à 45 mètres. Par l'appropriation intelligente des moyens à la fin, la technique de l'ingénieur atteint la beauté de l'art.
Photo Fevrot.

ments civils, basiliques, théâtres et amphithéâtres, thermes et aqueducs (fig. 1), transportent chez nous la majesté romaine, mais en formes plus massives, dans une structure moins soignée. La villa garde sous ses portiques et dans son décor un reflet des villas romaines, mais pâli. Elle s'adapte au climat. Sidoine Apollinaire possède sur les bords du sauvage lac d'Aydat une villa à la campanienne. Un Celte, évêque de Clermont (469-479), fonctionnaire de l'Empire, qui vit dans un cadre alexandrin, et voit de ses portiques passer les hordes franques, voilà la complexité troublante de cette Gaule, véritable creuset où va s'élaborer le monde nouveau.

Le second présent de Rome, c'est la sculpture, c'est-à-dire le sens méditerranéen du relief et de la forme. Il s'accompagne toujours du goût de la figure humaine. L'art celtique schématisait la vie, comme l'oriental. Elle avait d'ailleurs disparu depuis les fougueux chasseurs de rennes. Voici qu'elle revient avec la plastique et ses trois dimensions, et c'est Rome qui nous l'apporte.

Le panthéon gréco-romain arrive donc en masse chez nous. Ne parlons pas des purs chefs-d'œuvre importés : rayons directs de la beauté grecque, dans du marbre grec, qui venaient se poser dans les riches villas. Lorsque le gallo-romain sculpte lui-même les types hellénistiques, sa main lourde les épaissit. Il est plus fruste encore quand il aborde ses divinités à lui, nées du sol et de la race, Cernunnos ou Epona, Belenus ou les Mères. Malgré tout, une certaine puissance reste dans ces grosses formes que la maladresse hiératise (fig. 3). La sculpture funéraire trahit mieux encore les tendances. Sans doute les grands monuments empruntent les types gréco-romains, adaptés par l'Afrique : aux bas-reliefs d'Orange un sillon cerne même la forme pour la détacher, comme dans les hypogées égyptiens, et le décor est d'inspiration alexandrine (fig. 2). Mais l'art funéraire du peuple a une forte saveur indigène : c'est la stèle, la foule innombrable des tables de pierres debout sur les tombes (fig. 4). Un réalisme terre à terre y sculpte le défunt en portrait appuyé, dans son milieu, avec les instruments quotidiens de son métier. Art positif et sommaire, mais où reste le sens de la masse. Même quand le gallo-romain imite les figurines de terre cuite, les petits bronzes hellénistiques, il révèle par la schématisation et l'immobilité la répugnance ancestrale à la vie organique.

Voilà pourquoi, comme l'art celtique, il est meilleur

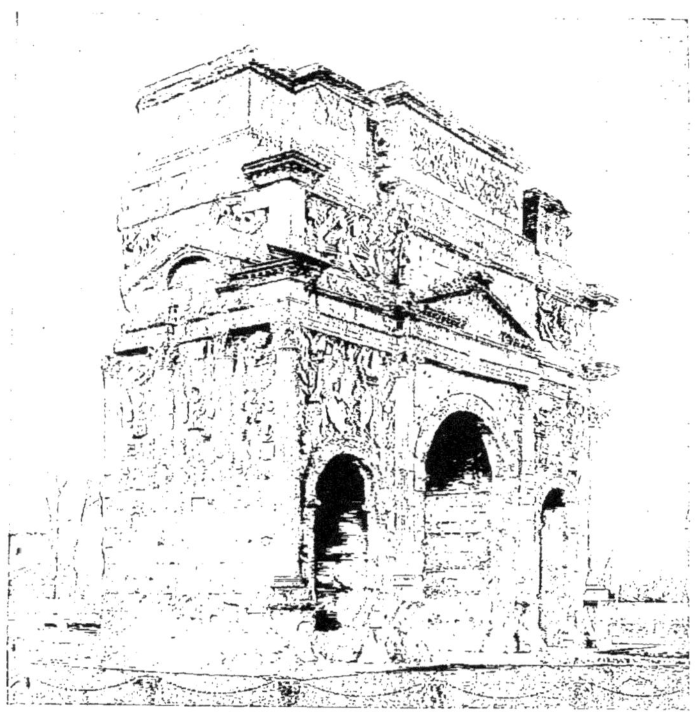

Fig. 2. — ARC DE TRIOMPHE D'ORANGE.

Début de l'Empire. Art gallo-romain, qui adultère et alourdit les formes classiques. — Sculpture de goût très local, avec des influences pergaméennes et alexandrines (cernures profondes autour des reliefs). *Photo Touring-Club.*

aux arts industriels dont il peuple la demeure. C'est l'art utile! Les vieux motifs indigènes les décorent, linéaires toujours : roue des mythes solaires, svastika qui est le porte-bonheur archi-millénaire, spirale, qui transmettra ses courbes et contre-courbes au gothique flamboyant puis au décor Régence. Avant d'être celtiques ils couraient depuis un temps immémorial dans le très-vieil Orient : cette géométrie ornementale est le plus ancien symbolisme sacré de l'humanité.

De tous ces arts décoratifs le gallo-romain fait ses délices. L'orfèvrerie alexandrine importée ou imitée (tré-

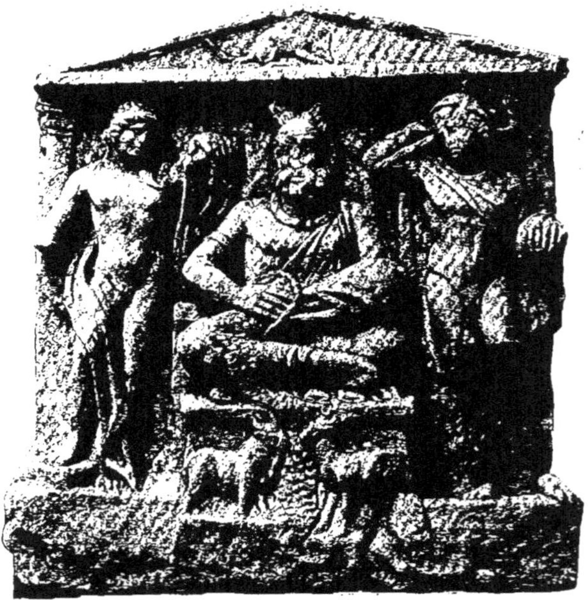

Fig. 3. — AUTEL DE REIMS. CERNUNNOS ENTRE APOLLON ET MERCURE.
Rythme traditionnel de la plastique romaine pour les Olympiens. Mais relief grossier pour le dieu gaulois, cornu et barbu, accroupi comme un Bouddha, le cou orné du torques gaulois, et nourrissant deux animaux affrontés à l'orientale. *Photo N. D.*

sor de Berthouville) égale parfois les trésors de Bosco-Reale ; mais les œuvres purement indigènes continuent le style que les artisans de Bibracte pratiquaient avec une technique qui nous reporte encore bien loin en arrière. Tels masques d'argent ont la raideur hiératique de ceux de Mycènes. La petite poterie en terre cuite vernissée de rouge se souvient des vases d'Arezzo, et les innombrables pavements en petits cubes colorés, qui étendent sous les pieds des tapis de pierre, prolongent chez nous les mosaïques proprement romaines. Mais ici et là, zoologie et chasses, mythologie, rinceaux et tresses, viennent des

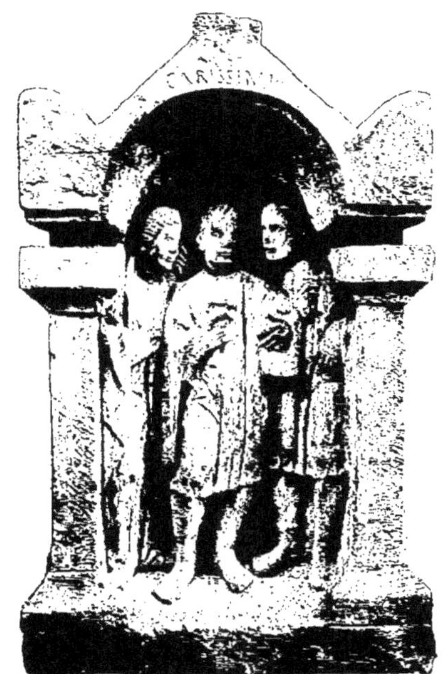

Fig. 4. — STÈLE FUNÉRAIRE GALLO-ROMAINE.
(*Musée de Bourges*)

Artisans avec les instruments de leur métier. Art massif, qui synthétise et alourdit toutes les formes. L'art antique s'achemine vers la schématisation. *Photo Espérandieu.*

rives alexandrines, c'est-à-dire de l'art grec imprégné de goût égyptien parmi les roseaux du Nil.

Somme toute, art pesant et mou quand l'élément étranger domine, sec et raide quand c'est l'élément celtique. Il y a peut-être antipathie secrète entre le génie indigène et l'apport de la Méditerranée. Aussi le beau présent de l'hellénisme et de la latinité, l'art de cuber l'espace avec des matériaux solides et d'y faire tourner la forme vivante, va-t-il disparaître au premier choc.

Deux immenses événements en effet jettent à bas la civilisation romaine, quitte, dans ces ruines mêmes, à rajeunir le vieux monde : un peuple, une religion. Le Christianisme est installé dans la Gaule romaine dès le IIIe siècle, et les barbares envahissent en masse au Ve. Or l'un et les autres ont en Orient leur berceau. Byzance gréco-orientale, Égypte copte, Asie syrienne et mésopotamienne, plus loin encore Perse sassanide, nous envoient par eux, par les colonies monastiques, par les marchands, leur vision étrange des formes. C'est le crépuscule de Rome, au moins durant la période mérovingienne (Ve-VIIe siècles). Le chef barbare est bien encore sous l'obsession de l'Empire, qui reste debout autour de lui dans ses monuments authentiques et dont l'acanthe pousse encore sur les monuments nouveaux; mais les thèmes étrangers qui recélaient déjà, dans les catacombes, le secret de la religion nouvelle, le traitement grossier des masses et du décor, trahissent l'agonie de l'art antique. L'art mérovingien, c'est la fin de l'art impérial et le timide début de l'art roman. Le renouveau s'affirme avec la période carolingienne (VIIIe-Xe siècles), surtout avec Charlemagne, qui relève peu à peu le prestige de l'antiquité. Dans l'éternelle lutte, Orient ou Rome, voici que lentement la Ville qui ajoute au souvenir des Césars la majesté apostolique et pontificale, redresse l'humanisme. Ébloui de tout ce qui vient d'Orient ou de Ravenne, échangeant même avec Haroun-el-Raschid des présents de rois mages, Charlemagne rêve cependant de recomposer l'Empire romain, se fait sacrer Imperator à Rome par le Pontifex Maximus, et cherche en installant sa capitale à Aix, dans une ville romaine, sur la frontière, à latiniser en l'évangélisant la sauvage Germanie. Alors le retour à la latinité s'accomplira lentement, mais sûrement.

L'Architecture semble d'abord avoir disparu : les barbares ne connaissaient pas l'art souverain qui « condi-

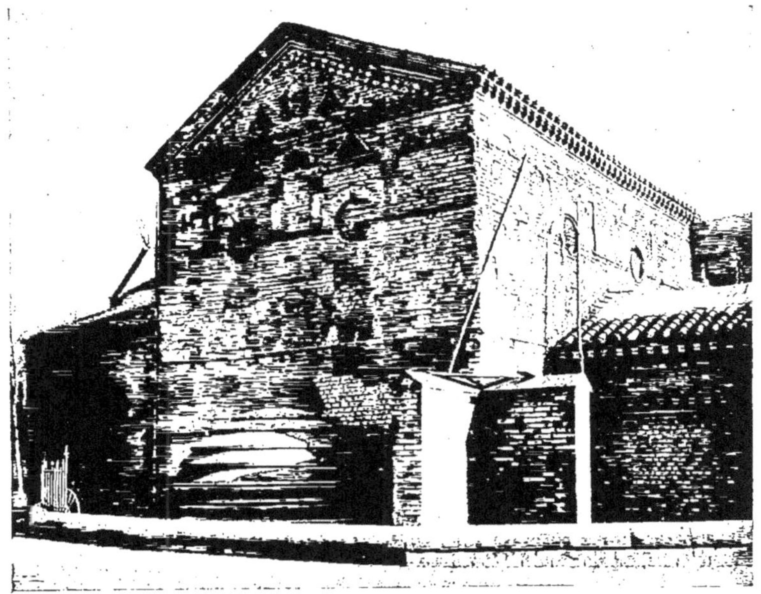

Fig. 5. — POITIERS. BAPTISTÈRE SAINT-JEAN.

Le plus ancien édifice chrétien conservé en France. Cella du IVe siècle transformée au VIIe. Survivance des formes antiques. fronton, corniche, pilastres, mais dégénérées: chapiteaux de type oriental, arcs aveugles à tympan, qui donnent un étrange aspect de colombier. *Photo Robuchon.*

tionne » les autres. Il n'est de constructif dans les basiliques mérovingiennes détruites, Saint-Germain-des-Prés, Saint-Martin de Tours, Clermont, les Saints-Apôtres de Lyon, que ce qui vient de la tradition antique : simples murs à la romaine, qui déguisent parfois leur grossièreté nouvelle sous le manteau pittoresque des petites pierres posées en arête de poisson ou en feuille de fougères, et sur lesquels ces barbares, qui n'ont de matériaux familiers que les arbres des forêts, posent une couverture de bois. Mais c'est cette charpente qui, perfectionnée, se transmettra aux basiliques romanes puis aux cathédrales gothiques. Le baptistère Saint-Jean à Poitiers (VIIe siècle) n'est qu'une salle de thermes gauchement décorée (fig. 5). Sur les reliques vénérées des saints se posent de lourdes cryptes. Dans celle de Jouarre les six colonnes à fûts de marbre sont empruntées aux édifices antiques, et les chapiteaux probablement apportés d'Afrique ou d'Asie Mineure. Mais dans ce type latin le culte nouveau et les modèles orientaux installent peu à peu le glorieux avenir. Le transept en effet s'affirme, et donne à l'église son plan cruciforme. Sur la croisée se dresse une tour en bois qui deviendra la majestueuse tour-lanterne des abbatiales romanes. A l'extrémité le déambulatoire tourne déjà, comme au Saint-Sépulcre de Jérusalem, autour d'une abside en hémicycle. L'archivolte déroule son arcade là où l'architrave tendait sa ligne droite.

Puis voici qu'au temps de Charlemagne la charpente, équarrie dans la forêt prochaine, fait place à des formes qui sont déjà de la structure. La voûte en cul-de-four se pose timidement sur l'abside, et la voûte d'arêtes sur les collatéraux. Comme les Mérovingiens ont dépeuplé les temples antiques de leurs colonnes, on y substitue des piliers, déjà accostés de pilastres. A la fin, de toutes petites tribunes se superposent aux arcades, et la tour de la croisée se précise comme Kodja-Kalessi. Ainsi commencent à Saint-Pierre de Jumièges, à Saint-Philibert de Grandlieu, de grandes choses. Du reste, à côté de ce type latin une autre forme devait séduire au temps de l'Empereur qui résume la beauté de l'Italie dans Ravenne et celle de l'Orient grec dans Byzance. L'église à plan ramassé nous apporte son quatrefeuille ou sa croix grecque que couronne une coupole. Géométrie pure qui s'achève en harmonie. La chapelle palatine d'Aix (fig. 6) est une réminiscence de Saint-Vital de Ravenne, à laquelle elle a pris les colonnes de marbre, ou des

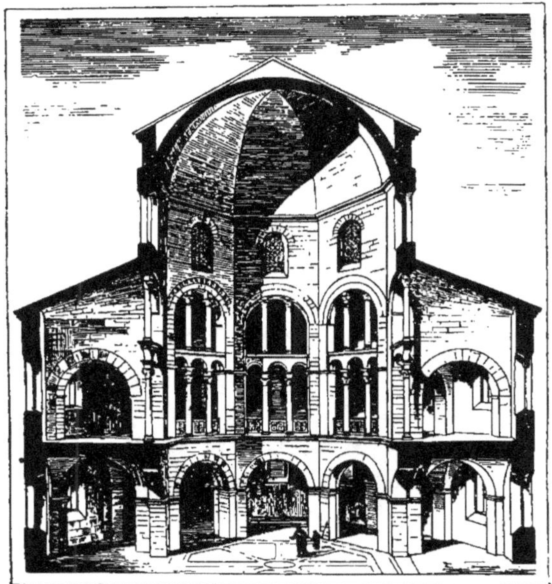

Fig. 6. — AIX-LA-CHAPELLE. CHAPELLE DU PALAIS DE CHARLEMAGNE.

796-804. Réminiscence maladroite de la byzantine Saint-Vital de Ravenne, d'où viennent les colonnes. Impuissance à faire tourner en travées trapézoïdales, autour de la rotonde, les voûtes des bas-côtés et des tribunes, qui sont divisées alternativement en carrés et triangles, par expédient.

églises circulaires d'Asie Mineure; et Germigny-les-Prés, en plein Loiret, une réminiscence d'Aix, peut-être même du type arménien transmis par l'Espagne wisigothique. Puis, quand le chef franc quitte la ville, c'est pour aller à sa villa se reposer et chasser. Cette rurale, c'est cette fois le contact avec la vie et la terre, qu'elle exploite. Ferme et logis, elle rejette spontanément la tradition gréco-italique et s'ouvre en π grec autour d'une cour sur les moissons quelle engrange. Noyau d'une bourgade future qui gardera le nom latinisé du maître, elle-même contient en virtualité cette merveille d'organisation : le monastère roman.

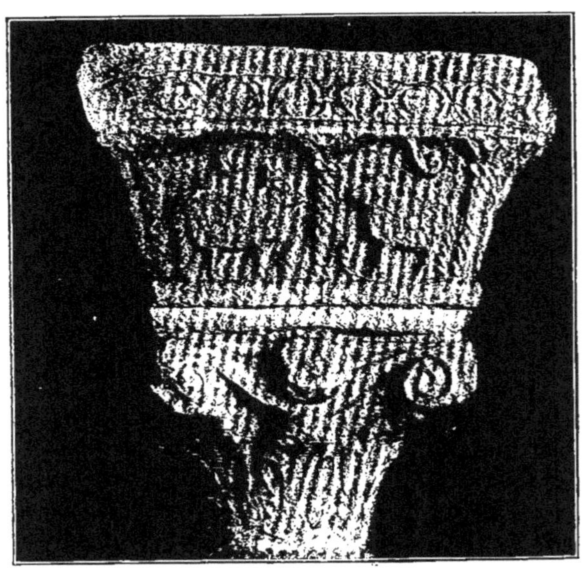

Fig. 7. — Chapiteau de Saint-Laurent de Grenoble.

VIIe siècle. Art classique pénétré par les influences nouvelles de Constantinople et de l'Orient chrétien. Énormité du tailloir selon les prototypes byzantins, motifs du christianisme primitif, exécution grossière et par méplats. Bel effet décoratif. *Photo N. D.*

La sculpture elle aussi semble avoir tout d'abord disparu. Le génie barbare, oriental en son essence, répugne comme le christianisme primitif au relief et à la forme, surtout quand il s'agit de Dieu. Très peu de ronde-bosse, mais du relief, toujours très bas et taillé en méplat selon la technique que Byzance avait elle-même reçue des civilisations de l'est. La vision orientale, celle de la Syrie, de l'Arménie, de l'Égypte chrétienne et de la Perse, décore comme un tissu plaques d'ambon et chancels. Tandis qu'aux sarcophages de l'ancienne capitale constantinienne, Arles, persiste quelque souvenir des modèles romains, ceux du sud-ouest n'offrent que le végétal aplati et schématisé (fig. 8). Décidément l'Antiquité s'étiole. Au chapiteau (fig. 7) de la crypte de Saint-Laurent à

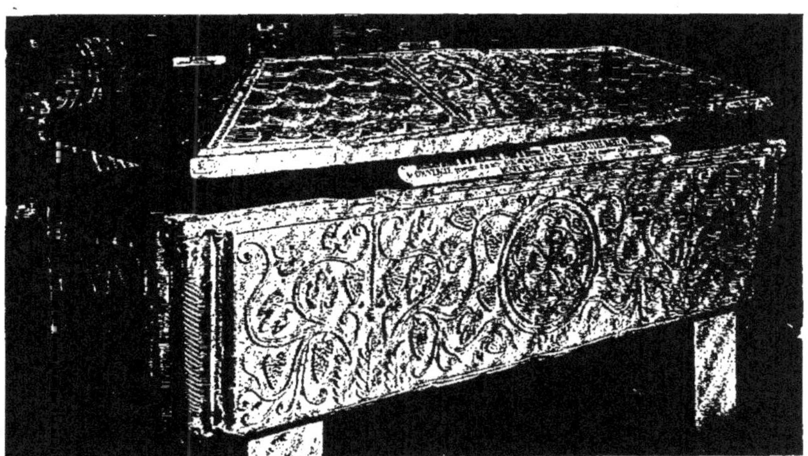

Fig. 8. — SARCOPHAGE DE SAINT DRAUSIN, ÉVÊQUE DE SOISSONS.
(*Musée du Louvre*)

VIIe siècle. Sarcophage mérovingien du type du sud-ouest. Tandis que les ateliers d'Arles se souviennent des modèles romains à relief vigoureux, ceux-ci ne pratiquent, à l'exclusion de la figure humaine, que le végétal aplati et stylisé, ici la vigne et le blé, nourriture eucharistique, le chrisme constantinien, et l'étoile aux branches multiples qui vient de Syrie. *Photo Giraudon.*

Grenoble, la belle acanthe corinthienne vit toujours, mais au lieu de se dérouler dans l'espace elle se recroqueville, et les volutes ioniques se cachent d'un mouvement rétractile sous le tailloir, énorme comme un morceau d'entablement. Végétaux et animaux se stylisent, s'affrontent ou s'adossent comme aux tissus sassanides. Dans cette symétrie l'effet décoratif naît spontanément, mais la vie ligotée se dessèche. L'animal est un monstre, composé avec des formes réelles par une fantaisie d'asiatique enivré. A l'époque mérovingienne, presque pas de figure humaine. L'Orient (non l'Extrême-Orient), source de leur génie, l'avait laissée à l'art méditerranéen, qui l'exalta dans le monde antique et va bientôt la reprendre. En revanche l'ornement est d'une richesse inouïe : zigzags et spirales qui sont l'apport des barbares, rosace, hélice ou soleil tournant qui vient de Syrie. Orient toujours, interprété à la franque.

A l'époque carolingienne les éléments syriens et égyptiens du décor sculpté s'agencent déjà mieux. La tresse ou l'entrelacs abonde, venant des fresques coptes et, par delà, de la Mésopotamie, pour nous donner l'idée de l'indéfini sous la loi du perpétuel retour. Tandis que l'esprit gréco-latin en effet, toujours déterministe, commence et conclut le développement des lignes, le génie à demi oriental du carolingien cherche en des combinaisons de 8 une polygonie sans cesse renaissante, où début et fin sont indiscernables (fig. 9) parce qu'ils se rejoignent. Mais peu à peu la forme se naturalise : hélice et entrelacs s'animent et deviennent feuillages. Et surtout la figure humaine commence à ressusciter comme Lazare, peureuse et laide. C'est le dernier reflet de la beauté grecque fixé sur les œuvres byzantines, qui opère ce miracle. Les reliures d'Évangéliaires, sculptées dans les plaques d'ivoire, se multiplient du VIIIe au Xe siècle, transposant de la miniature anglo-saxonne, sous le stimulant des diptyques byzantins, des scènes religieuses que le filigrane d'or et le bijou en cabochon encadrent de luxuriance (fig. 10). Plus encore qu'à l'ivoire la figure divine, c'est-à-dire humaine, est confiée à l'orfèvrerie, art précieux des reliquaires : car l'or et l'argent sont sacrés.

C'est dire l'immense supériorité des arts de la couleur.

Il en est toujours ainsi quand l'Orient règne, et toujours le contraire quand domine l'esprit occidental. Byzance, Syrie, Égypte, nous dispensent généreusement les luxes qui éblouissent. La peinture murale a disparu, mais la fleur délicate des cloîtres, la miniature, foisonne. Purement ornementale d'abord, restreinte aux lettres initiales,

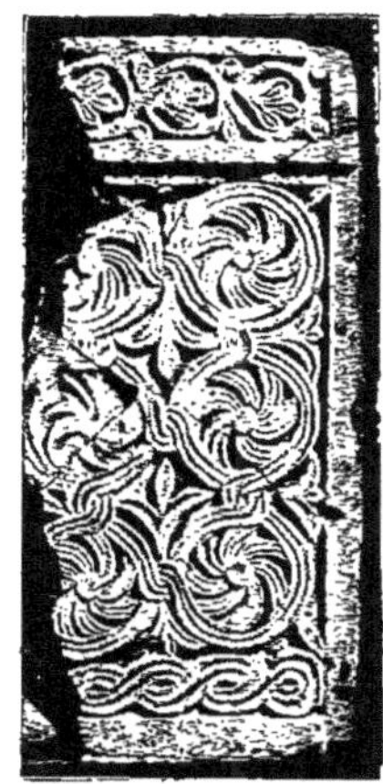

Fig. 9. — SAINT-MARTIN D'ANGERS. BALUSTRADE DU IXe SIÈCLE.

L'art décoratif carolingien. Principes orientaux de la symétrie et du perpétuel retour. Motifs mésopotamiens de l'entrelacs, de l'hélice, de la tresse et de la fleur de lis.

réduite à quelques tons qui la font austère, elle prodigue les géométries millénaires, la spirale et l'entrelacs que recélaient déjà les tombes de Mycènes. Dans ses rets elle enlace les animaux étranges échappés de la Perse sassanide et amenés (après la traversée des steppes sibériennes) par l'art des moines irlandais : gypaëte et perroquet, paon ocellé, léopard et bouquetin, même le lion du désert. Dans le Sacramentaire de Gellone, saint Jean a une tête d'aigle : souvenir du pays étrange des Pharaons où les dieux avaient sur un corps d'homme des figures d'animaux. Mais voici que Charlemagne et surtout

Charles le Chauve encouragent l'art qui est frère de la calligraphie et accompagne la pensée. Alors, c'est un renouveau étincelant. Bibles, Évangéliaires et Sacramentaires, enluminés dans les écoles de Saint-Denis, de

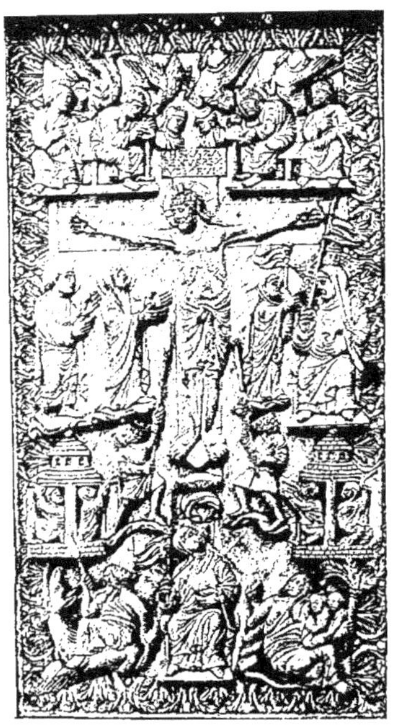

Fig. 10. — CRUCIFIEMENT. COUVERTURE D'ÉVANGÉLIAIRE.
(*Bibliothèque nationale* (ms. lat. 9383)

Ivoire carolingien du IXe siècle. Renaissance de la forme humaine et du style classique qui l'avait jadis glorifiée; mais compartimentage symétrique venu des miniatures anglo-saxonnes. *Photo Giraudon.*

Tours, de Reims, de Corbie, prodiguent l'or et l'argent sur un fond de pourpre (fig. 11). Souvent l'écriture elle-même est d'or, et toutes les finesses de la gouache soutiennent son éclat. La splendeur est inouïe. Et déjà des portiques à fronton, des coupoles même abritent les colonnes grêles des canons de l'Évangile. Le décor se fait architectonique : donc il s'ennoblit. Alors il était fatal que la figure humaine y reparût. Elle est bien déformée encore. Mais en général ce revenant, c'est le type de la décadence antique, le dignitaire constantinien, le romain togé. Ainsi,

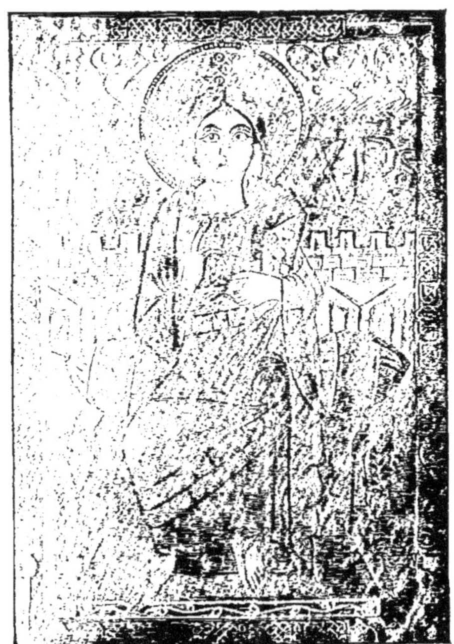

Fig. 11. — LE CHRIST ENSEIGNANT. ÉVANGÉLIAIRE DE CHARLEMAGNE EXÉCUTÉ PAR GODESCALC.
(*Bibliothèque nationale* (nouv. acq. 1203)

En 782. Miniature inspirée d'une peinture monumentale du ve siècle. La monumentalité y est restée. Retour au dessin antique de la figure humaine, dans l'ovale du visage, dans la grandeur des yeux, la plénitude des formes et le rythme des draperies.

à côté des influences irlandaises, syriennes, et au delà, persanes, voici la noble inspiration classique qui monte comme une aube. Le Christ en majesté, assis en sa cathèdre, est une vision grandiose, qui va bientôt se fixer dans la pierre sur les tympans romans.

En même temps la mosaïque de pavement retrouve les tons des étoffes coptes et persanes, celle des parois l'étincellement des absides ravennates. Mais il va sans dire qu'avec de pareils goûts c'est l'art de l'orfèvrerie qui prime. Que pèse alors une statue, même un édifice, à côté d'un bijou qui pare la personne ? Le luxe est chose « barbare », et le luxe barbare est toujours raffiné. Les sépultures mérovingiennes ont rendu à la lumière celui qui faisait chatoyer les fibules, les plaques de ceinturons et les poignées d'épées : la verroterie cloisonnée. Dans ses menus compartiments de métal un grenat est pris; parfois une goutte d'émail rouge est figée comme une goutte de sang. Le ton est éclatant et chaud (fig. 12). Le roi mérovingien en costume d'apparat devait ressembler à un roi de Perse. Rien d'étonnant quand on sait qu'à travers la Crimée la Perse sassanide nous a envoyé l'art qu'elle avait créé. Ce n'est pas que les Mérovingiens n'aient cultivé la grosse orfèvrerie, mais elle a disparu malgré l'immense réputation de saint Éloi. C'est aux Carolingiens qu'il était réservé de nous léguer châsses, reliquaires et pixides, chefs-d'œuvre des ateliers abbatiaux. La valeur artistique y dépasse maintenant l'effet décoratif, car cette fois, au milieu des vieux thèmes linéaires gravés, deux précieuses nouveautés surgissent : l'émail champlevé, intense, velouté, apport de la sensuelle Byzance, et la figure humaine, encore ankylosée.

Ainsi, le Christianisme; les barbares, fourriers de l'Orient grec et asiatique; Rome latine et alexandrine, tour à tour rayonnante comme une souveraine, puis éclipsée, puis remise en honneur par l'Empereur d'Occident que hante la grandeur du monde antique, voilà les éléments en fusion dans l'époque trouble qui va de César aux derniers héritiers de Charlemagne. C'est le heurt tumultueux de plusieurs mondes. Mais l'art carolingien finissant

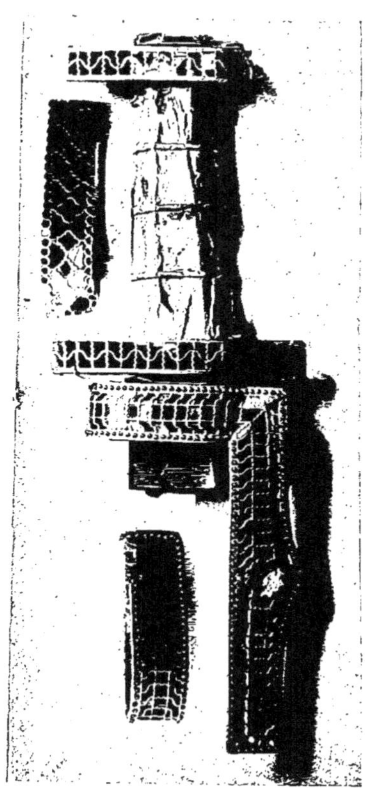

Fig. 12. — POIGNÉE D'ÉPÉE ET ANNEAUX DE CHILDÉRIC Ier.
(*Cabinet des Médailles, Paris*)

Trouvés à Tournai dans le tombeau du père de Clovis, mort en 481. Grenats enchâssés dans des alvéoles d'or. Somptueuse industrie française de la verroterie cloisonnée, venue, par la Crimée, de la Perse sassanide. *Photo Giraudon.*

laissait déjà prévoir qui vaincrait : il annonce et prépare l'art roman.

L'ART ROMAN

CHAPITRE PREMIER

LA RENAISSANCE DE L'ARCHITECTURE

Avènement du génie national. — Circonstances historiques et morales. — Règne de l'esprit monastique. — La voûte en pierre et ses variétés. — Conséquences de la voûte : structure, proportions, élévation, effet esthétique de l'église romane. — Diversité et fécondité des Écoles régionales. — Les Abbayes.

La première expression de notre génie national, c'est l'art des XIe et XIIe siècles : l'Art roman. Celui qui le précède, à l'époque carolingienne, est en un sens moins à nous : il ne fait que préparer, dans le chaos des influences étrangères et le réveil un peu trouble de l'esprit latin, la double renaissance qui inaugure franchement l'art français : celle de l'Architecture et de la Sculpture.

La paix capétienne, le retour des reliques, les afflux de foules qui se pressent vers elles, suscitent les monuments, stimulent les constructeurs et les imagiers. Dès le XIe siècle la France commence à se couvrir d'une « blanche robe d'églises ». Ce mot fameux d'un moine, Raoul Glaber, nous rappelle à propos que ce sont les moines précisément qui ont le plus aidé à ce magnifique renouveau. La féodalité et les Ordres rajeunis sont les grandes forces françaises de réaction contre l'anarchie : ils refont l'art en même temps que la société. La Bourgogne, dans ses vallées fécondes, est le foyer de cette résurrection. Alors, avec la réforme de Cluny (930) commence l'expansion de l'Ordre bénédictin, héritier de ce qui restait de latinité dans le monde, et avide de progrès. Il a foi en la valeur spirituelle de l'art, à son action profonde sur les âmes par la séduction des sens. Il y voit, comme dans les lettres, une des formes éminentes de la pensée. Jamais l'art ne sera trop riche puisque son faste même est une piété! Saint Bernard au contraire est l'ardent ascète qui veut ramener l'Ordre à la simplicité des siècles apostoliques : l'art qu'il crée à Cîteaux (1113) est une sorte de jansénisme anticipé où tous les arts de la décoration se taisent pour laisser chanter la pureté grave des formes. Mais, bénédictins ou cisterciens, les instigateurs des grandes constructions romanes sont les abbés, les foyers de l'activité artistique sont des abbayes, les plus beaux monuments sont des abbatiales. Les ateliers s'ouvrent sous les cloîtres : le plus souvent le moine est lui-même l'architecte, le sculpteur, le peintre et l'orfèvre, et il signe. L'art nouveau va être tout pénétré d'esprit monastique.

Et pourtant il n'y en a pas de plus ouvert que cet art fermé. Le moine, s'il est le reclus dans sa cellule, est aussi le cénobite d'une communauté et surtout le commissionnaire d'un Ordre qui essaime par le monde. S'il reste dans son monastère, l'art antique, l'art syrien et mésopotamien, l'art lombard, y viennent l'envoûter. S'il en sort, ce n'est pas sa vision intérieure, ce sont ses yeux même qui découvrent des horizons indéfinis. Jamais on n'a tant voyagé qu'aux XIe et XIIe siècles, et nul n'y voyage plus que le moine. Il colporte deux puissants stimulants de l'art, le culte des saints et celui de la Vierge. Il piétine les routes de la croisade qu'il prêche, des pèlerinages qu'il institue, des grandes foires qui s'installent autour des reliques. C'est lui qui entraîne les foules sur les chemins qui mènent aux grands tombeaux sacrés : ceux de saint Jacques en Galice, de saint Pierre et de saint Paul à Rome, de Jésus à Jérusalem. Par lui se fait le va-et-vient des influences entre l'Occident et l'Orient. Aussi un monument, une sculpture, un objet des XIe et XIIe siècles n'offre-t-il jamais l'unité de goût de l'époque gothique : tout en étant nôtre il évoque des civilisations très lointaines dans le temps et dans l'espace. Cet art claustral résume des mondes.

Voilà comment il a sa part glorieuse dans les grandes initiatives françaises de l'époque. Au temps où naissent la Chanson de Roland, la poésie des troubadours, les romans d'aventures, les tournois, la colonisation de l'Orient latin, les royaumes français de Jérusalem, d'Angleterre, de Sicile, et les libertés communales, il retrouve des secrets perdus : bâtir une voûte, tailler une image, et peindre sur verre.

C'est par l'Architecture, qui est le nombre et le rythme, que commence la résurrection. A peine née elle révèle une initiative féconde. Regardons surtout les édifices religieux puisque c'est au logis de Dieu qu'elle a consacré ses meilleurs efforts. Elle a osé tous les plans, le cercle, le trèfle, le quatrefeuilles, le simple rectangle. Mais le plan basilical est le préféré : il est le plus commode pour le culte, et la figure même de la croix où fut fixé le Sauveur. Les bénédictins en donnent le type classique. Un des bras du transept amorce une des galeries du cloître à l'intérieur du monastère : l'église et la demeure claustrale se pénètrent ainsi intimement. A la nef s'adjoignent deux bas-côtés, quelquefois quatre en faveur des

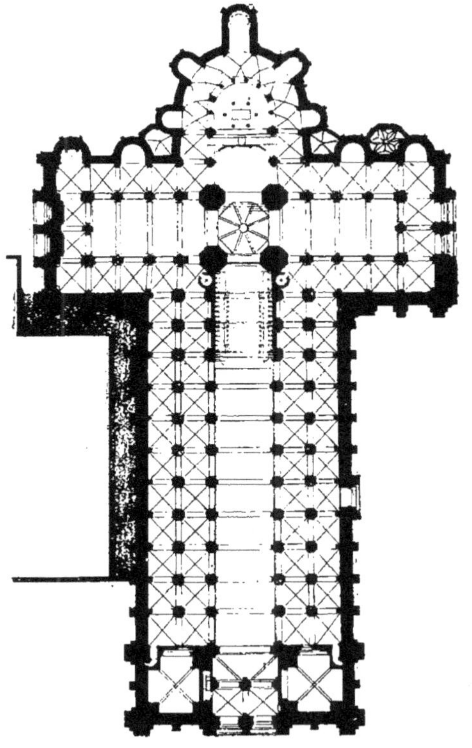

Fig. 13. — TOULOUSE. PLAN DE L'EGLISE SAINT-SERNIN.

Plan d'église romane. Grande abbatiale bénédictine des XIe-XIIe siècles. Doubles collatéraux le long de la nef comme à Cluny, la grande église de l'Ordre. Collatéraux même le long des bras du transept comme à Ste-Foy de Conques et à St-Martial de Limoges sur le « chemin de St-Jacques ». Autour du chœur, déambulatoire avec chapelles rayonnantes.

basiliques les plus vénérées, comme Cluny en Bourgogne et Saint-Sernin à Toulouse (fig. 13).

Mais la grande innovation, qui sera une des caractéristiques de l'art roman, c'est de faire tourner autour du Saint des Saints un flexible déambulatoire, un bas-côté enveloppant, qui assure la circulation autour d'un autel vénéré. Est-ce à la basilique du saint des Gaules, à Saint-Martin de Tours dès 919, au XIe siècle à la Couture du Mans, à Saint-Aignan d'Orléans, ou peut-être en Auvergne, qu'a été conçue cette idée de génie? Toujours est-il que sur ce pourtour s'ouvrent à leur tour en rayonnant des chapelles absidales où reposent d'autres reliques. C'est déjà la fameuse « carole », dont l'art gothique fera sa plus belle parure. La distribution se projette à l'extérieur en chevet souple et harmonieux. Parfois, avant l'entrée même de la nef, se développe en largeur un narthex, une sorte d'atrium, si vaste, qu'il devient à lui seul une petite église d'axe perpendiculaire à la grande. Aux jours de fête la foule des pèlerins s'y entasse en attendant l'approche des reliques. L'abbatiale n'est donc pas exclusivement réservée aux moines. Jamais la communauté ne fut assez nombreuse pour peupler des édifices immenses comme l'Abbaye-aux-Hommes à Caen. Si l'architecture monastique est si belle, c'est qu'elle n'est point restée repliée sur elle-même : un large souffle du dehors l'a élargie et soulevée. Ainsi, à ses deux extrémités, au seuil et au sanctuaire, la maison de Dieu gagne presque soudainement en grandeur et en magnificence.

Mais cet espace si vaste, surtout la grande nef, comment le couvrir ? Difficile problème technique pour une époque jeune. Or, voici la première gloire de l'art roman : il a délibérément, savamment pratiqué la voûte. Depuis la fin du monde romain on l'avait presque oubliée. Les architectes carolingiens en usaient avec une grande timidité. Mais voici qu'au lieu des charpentes fragiles, inflammables, matériaux communs qui abondaient alors aux portes mêmes de l'abbaye ou de la cité, dans la forêt voisine, la pierre de France est appareillée là-haut selon une science spéculative : la Géométrie. Dans une sorte d'allégresse,

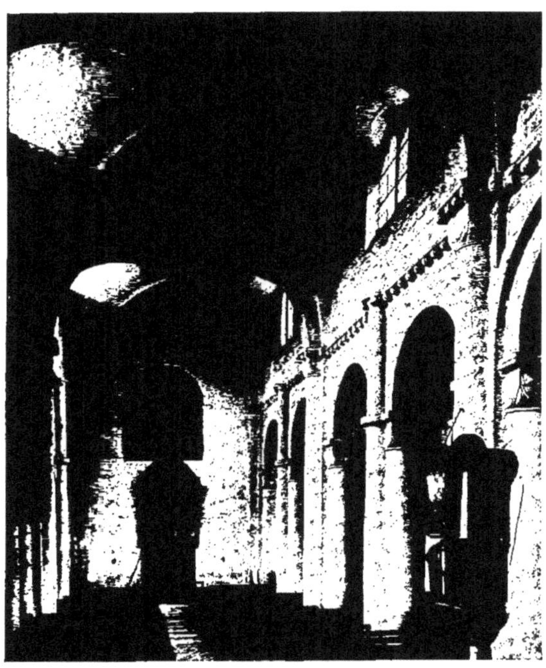

Fig. 14. — SAINT-DIÉ. ÉGLISE NOTRE-DAME.

Type excellent de voûtes d'arêtes (refaites) qui localisent les poussées, et séparées par des arcs doubleaux. Caractères de l'École rhénane, fréquents aussi en Normandie : alternance de piles fortes et de piles faibles, et massifs chapiteaux cubiques. *Photo M. H.*

architectes et maçons recréent des types de voûtes très divers de technique et d'effet, et si adaptés aux besoins que leur fortune dure encore. C'est le berceau en plein cintre, si beau en sa gravité romaine, et dont le tracé en demi-cercle est une des données premières de la pensée; le berceau brisé, plus léger aux murs qui le portent, et qui apparaît vers la fin du XIe siècle, venant peut-être des profondeurs de la Perse. C'est la voûte d'arêtes (fig. 14), qui localise déjà ses poussées aux extrémités ; enfin la coupole souveraine. Cette couverture pose sur la maison de Dieu, qui est l'Éternel, l'Infini, une couronne majestueuse, presque indestructible. Quel progrès en cinquante ans ! Dès le XIe siècle, avant toute autre nation, la France a des églises entièrement voûtées, comme l'énorme abbatiale de Hugues à Cluny (1088). Au XIIe siècle, presque toutes nos grandes églises, sauf en Normandie, sont voûtées. Quelle science il a fallu retrouver, depuis la fin du monde antique, pour en tailler et agencer les durs matériaux !

Seulement, cette cape de pierre est lourde. Pour la porter l'édifice se ramasse, épaissit ses murs, raréfie et restreint ses ouvertures, épaule la nef avec les voûtes des bas-côtés, qui montent parfois presque aussi haut. Il se mesure la lumière et l'élan pour avoir la robustesse. Quelque chose de romain reste ainsi dans sa masse ; le nom de l'art « roman » consacre une de ses dettes, qui n'est du reste pas la plus importante. Il lui faut s'appuyer sur des piliers solides. Mais déjà ils se cantonnent de colonnes sur les quatre faces pour recevoir, soit l'intrados des arcades, soit les retombées de la voûte, soit les arcs doubleaux régulièrement espacés qui la soutiennent en scandant la suite de ses travées. C'est le pilier cruciforme, beau de sa force et surtout de sa simplicité logique. Il est comme projeté par la nécessité. En ce lourd organisme on sent déjà un effort virtuel d'ascension. Il crée presque spontanément les organes qui, plus tard, se libéreront du poids pour monter tous ensemble vers la lumière. On peut dire que l'architecture romane est la lutte dramatique de la lumière et de l'ombre. L'une cherche à s'épandre dans le monument, mais au risque de trop l'alléger, l'autre s'accumule à l'abri des masses qui consolident. Pour avoir cherché la grande clarté la voûte de Vezelay, dès l'origine, menaçait ruine (fig. 32).

L'usage de la voûte engendre une autre nouveauté, qui

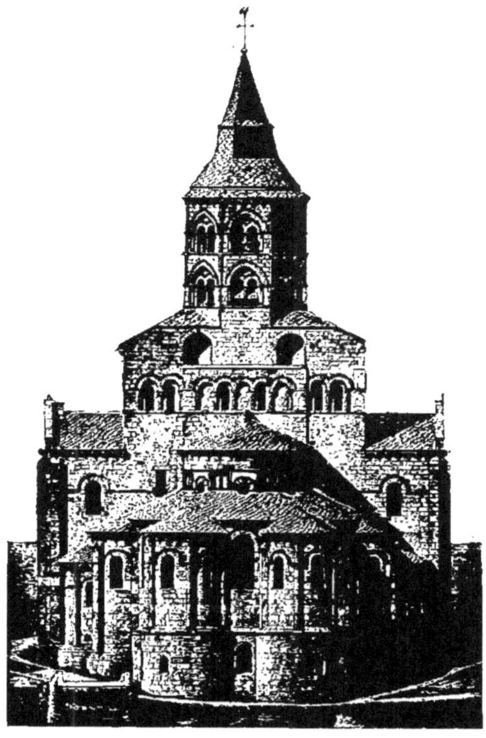

Fig. 15. — ORCIVAL (PUY-DE-DOME). VUE DU CHEVET.

Art roman d'Auvergne. Superbe ascension des masses, qui pyramident en étages depuis les absidioles jusqu'au clocher octogone (comme à Orcival, à Issoire, à Riom, à St-Nectaire, à St-Saturnin, à Notre-Dame-du-Port). Polychromie des matériaux.

va modifier la structure et l'aspect. Pour contrebuter ses poussées latérales là où elles sont le plus fortes, des contreforts se dressent à l'extérieur. En donnant au mur le rythme qui le scande, ils le soutiennent. Ces forces adverses s'opposent donc perpétuellement au cœur des pierres : elles se neutralisent dans l'équilibre immobile, mais vivant, qui fait durer presque indéfiniment ces édifices déjà si anciens. Ce dynamisme interne, l'Antiquité ne l'avait pas recherché à ce point. Elle ne l'avait pas ignoré. Dans les couloirs de ses amphithéâtres (Nîmes, rez-de-chaussée) Rome semble contenir par des contreforts, colonnes engagées dans le pilier, la poussée formidable de ses voûtes en berceau. Mais on sent très bien que c'est moins un organe qu'un décor. Si elle n'existait pas, l'énorme pilier suffirait à la tâche par la seule robustesse de sa masse. L'architecture romaine de l'Empire en effet supprime les problèmes par la force de la cohésion : elle est un bloc. C'est donc l'architecture romane qui la première a le sens de l'équilibre, dont l'art gothique perfectionnera le jeu délicat. C'est même elle qui inventera (timidement) l'arc-boutant. Le dynamisme monumental est une des grandes inventions du Moyen Age, une trouvaille du génie humain.

Fier de sa science, l'art roman, dans les grands édifices, superpose aux bas-côtés des tribunes. C'est la belle tradition orientale puis latine, le partage de l'élévation en trois étages, qui restera le *leitmotiv* de notre architecture monumentale française, même publique et civile. C'était du reste doubler l'espace utilisable; mais en interceptant à mi-hauteur le regard et la pensée, au lieu de les laisser monter directement du sol à la voûte. L'heure n'est pas venue de l'unité souveraine. Ces hautes arcades qui s'ouvrent sur la nef répètent celles d'en bas, et la suite de tous ces arcs sur deux étages s'achemine vers le sanctuaire avec le rythme des grands aqueducs romains. L'art roman voûte aussi les tribunes, et du même coup consolide la nef en l'épaulant. C'est d'une logique déjà bien française. A l'extérieur certains chevets, surtout dans le Plateau central, ordonnent harmonieusement les absidioles autour de l'abside, et toutes paraissent monter vers le chœur, que domine à son tour la nef, puis, plus haut, la tour sur la

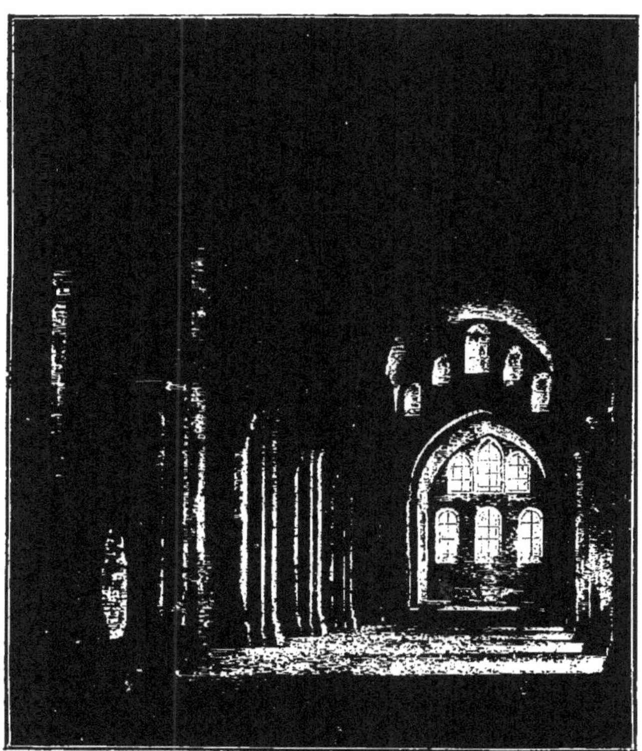

Fig. 16. — FONTENAY (COTE-D'OR). INTÉRIEUR DE L'ÉGLISE.

1139-1147 Type authentique de roman cistercien en Bourgogne. Plan tout en lignes droites, transept bordé à l'est de chapelles carrées, chevet plat, arcs sans moulures, chapiteaux presque nus, verrières jadis blanches. *Photo L. Bégule.*

croisée (fig. 15). Cette belle perspective pyramidale, c'est celle des grands chevets bénédictins. L'Ordre l'a voulue : il communique à tout ce qu'il fait richesse, puissance, élan. Deux tours coiffées de flèches flanquent la façade à pignon.

En Normandie particulièrement elles donnent à l'abbatiale un puissant aspect féodal. Aux baies, l'arc en plein cintre décrit son demi-cercle, qui est un dessin primordial, parfait pour l'esprit. Il achève l'impression de gravité générale Seul du reste, il a les reins assez solides pour lutter contre la pesanteur à laquelle cet art est asservi. Ainsi, dès la fin du XIe siècle l'art de chez nous excelle à capter l'espace dans la pierre. La véritable architecture est ressuscitée. Bien mieux : l'édifice roman pressent et prépare le chef-d'œuvre de logique qui va venir.

Le génie de nos architectes a trouvé au problème des solutions variées. Variées d'abord comme les deux grands Ordres monastiques qui ont fait la résurrection. Chacun en effet conçoit à sa façon le logis de Dieu, et ce sont façons opposées à combler d'aise les chercheurs de contrastes. L'abbatiale bénédictine, dérivée de Cluny (fig. 37), se déploie en tous sens. Conquérir de l'espace, puis le peupler de formes, enfin le faire vibrer de couleurs, voilà son idéal. Il est ambitieux. Son plan complet à trois nefs, parfois à cinq, et à transept saillant, se termine par un chœur en hémicycle sur crypte. Autour du chœur bordé de bas-côtés tourne un souple déambulatoire où s'ouvrent des chapelles rayonnantes. Chorégraphie autour de l'autel. Des absidioles jumelles, mais inégales, s'ouvrent aussi sur les bras de la croix. Au dehors, le cortège de ces absidioles aux côtés de l'abside fait l'effet de fleurons autour d'une couronne. Ainsi, partout une ampleur qui se développe. Partout aussi une magnificence décorative qui anime. De Jumièges à Saint-Sernin de Toulouse et de Saint-Denis à Cluny ces fières basiliques chantent l'hosannah. Mais autant l'église bénédictine se déploie, autant se recueille la cistercienne. Elle est bourguignonne aussi, puisque, née à Cîteaux (1098), elle établit ses filles à Clairvaux, à Fontenay (fig. 16), en attendant d'en envoyer à Obazine en Limousin, à Silvanès en Aveyron, à Silvacane en Provence, et bien loin ensuite par l'Espagne et l'Italie. De l'austérité partout, et comme une concentration de vie intérieure, sans « divertisse-

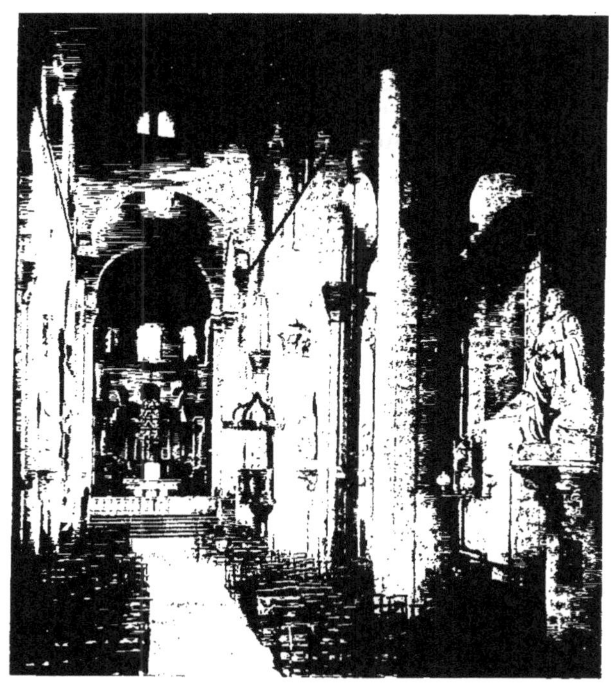

Fig. 17. — CLERMONT. NOTRE-DAME-DU-PORT

Art roman d'Auvergne. Lourde voûte en berceau, non éclairée, sur la nef. Des tribunes obscures. Fenêtres seulement aux bas-côtés. Déambulatoire autour du chœur, qui est haussé sur une crypte ; et partout chapiteaux richement sculptés. *Photo N. D.*

ments ». Façade nue ; ni tours, ni haute lanterne ; pas de décrochements. Sur la nef un berceau, en attendant que Cîteaux adopte et propage d'enthousiasme le style gothique, et au fond un chevet carré. Sur les croisillons, de simples chapelles carrées. L'opulente courbe bénédictine fait place ici à la sévère ligne droite. Un décor très sobre et des vitraux monochromes achèvent l'impression d'austérité, en laissant se dégager la pure beauté architectonique des lignes et des masses. L'architecture cistercienne est d'essence mathématique.

Solutions variées aussi comme les types que nous proposent les régions immédiates ou lointaines : Rome elle-même peut être, Rome impériale, puisqu'en 1918 les fouilles de la Porta Maggiore nous ont restitué une crypte du Ier siècle, qui est avec son plan basilical à trois nefs et à piliers carrés, son abside, son narthex rectangulaire et sa voûte en berceau, une véritable petite église romane ; Rome, qui a probablement couvert de coupoles sur pendentifs certaines salles des Thermes de Caracalla, le nymphée circulaire de Nerva Medica et tel tombeau de la Voie Nomentane. Que si dès le Ier siècle Rome, dit-on, était orientalisée, il faut se souvenir pourtant que la Syrie ne nous offre avant le IVe siècle rien qui soit analogue à la vénérable petite basilique souterraine de la Porta Maggiore, et qu'à partir du IVe siècle jusqu'au VIIIe les monuments qu'elle couvrait de belles voûtes n'étaient eux-mêmes que l'art romain transformé. Entre Orient et Rome telle fut la réciprocité qu'il est bien difficile de réserver à l'un ou à l'autre le mérite de l'initiative et la gloire de l'initiation. Puis c'est la Gaule barbare, où le type basilical restait çà et là comme l'héritier transformé de la grandiose tradition antique ; l'Italie lombarde aux maçons renommés ; le monde byzantin, subtil constructeur des voûtes sphériques sur pendentifs, que d'ailleurs il n'a point inventées ; enfin l'inépuisable créateur, l'Orient, celui de la Perse, de la Chaldée, de l'Anatolie, de la Mésopotamie, qui avait déjà tant donné à l'art préroman. Quand de Voguë parcourut la Syrie centrale avec ses villes intactes,

Ezra, Bozra, Bacquouza, Qualb-Louzé; quand Dieulafoy explora le vieil Iran des Sassanides (226-641); quand nos archéologues d'hier ont refait avec nos régiments syriens

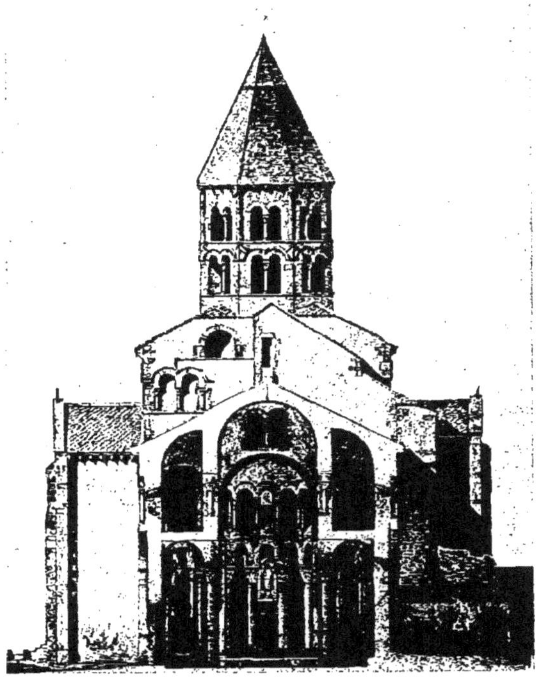

Fig. 18. — SAINT-SATURNIN (PUY-DE-DOME). COUPE SUR LA NEF.

Roman d'Auvergne. Par prudence, la massive voûte de la nef, en berceau cintré, est contrebutée de chaque côté par les voûtes en quart de cercle des tribunes, qui montent presque aussi haut qu'elle sous les rampants d'une même toiture. Type solide et ramassé. Déambulatoire autour du chœur. Toujours l'effet pyramidal des masses.

le chemin qu'avait suivi la civilisation, ils furent stupéfaits de retrouver dans des solitudes semées de ruines les formes et le décor que notre génie latin devait recomposer à sa manière : nef percée en haut de fenêtres comme en Bourgogne, nef aveugle contrebutée par les bas-côtés comme en Poitou, nef unique comme en Provence. Nous repérons même peu à peu l'itinéraire qu'elles ont suivi pour arriver jusqu'à nous : la Crète, la Grèce, enfin la France mérovingienne hantée de moines et de marchands asiatiques. Le narthex bourguignon et la façade avec porche entre deux tours carrées étaient déjà à la grandiose basilique de Tourmanin (VIe siècle). L'arc brisé, si précieux puisqu'il atténue les poussées et que ne connurent ni l'architecture antique d'Occident ni Byzance, dessinait la grande porte du palais persan de Ctésiphon et les baies du palais de Mschatta en Mésopotamie. Même dans ces palais à demi écroulés nos pionniers reconnurent aux voûtes certaines techniques, la coupole sur trompes d'angles par exemple, qu'Auvergne et Poitou ont abondamment pratiquée.

Solutions variées enfin comme la tradition de nos vieilles provinces, latine ici, là carolingienne; comme les matériaux, calcaire, lave ou arkose, brique; comme le climat, qui modèle de haut les formes. La merveilleuse spontanéité régionale fait de cet art, né d'hier, une sorte de foisonnement. Regrettons ce temps où, dans une France déjà une et multiple, l'invention naissait partout à la fois des forces vives de chaque « pays ».

Quand on parcourt cette variété, un fait s'impose immédiatement à la pensée. Le style roman est méridional : dans le midi seul il a créé des édifices complets, organiques, qui sont chez eux comme s'ils étaient nés du sol. Dans le nord il ne voûte pas; on sent qu'il n'est pas chez lui. Il semble attendre le gothique, qui est par son origine, par son développement et sa vitalité, l'art septentrional. Les deux France que la Loire sépare (et unit) se retrouvent donc ici comme dans les dialectes, comme dans la poésie des trouvères et des troubadours. Mais « oil » et

« oc » étaient contemporains, simultanés, tandis que la structure gothique, s'imposant par sa perfection même, remplacera partout le style roman, qui ne laissera plus

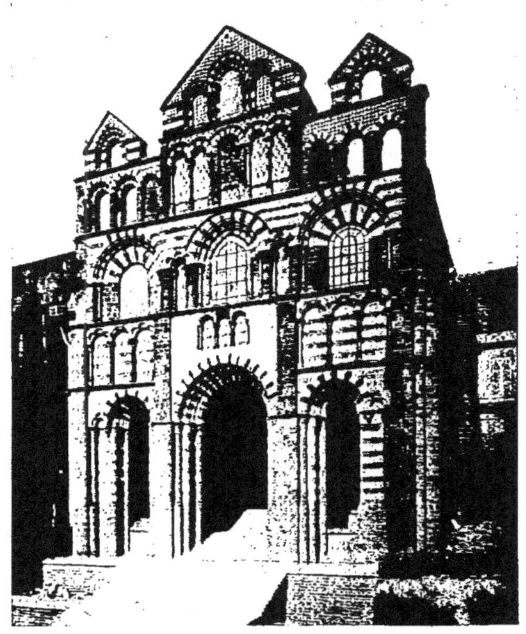

Fig. 19. — LE PUY. FAÇADE DE LA CATHÉDRALE.

Polychromie obtenue par les pierres de couleurs agencées en dessins géométriques. Avec les vantaux de porte à caractères coufiques, les arcs polylobés et certains modillons à copeaux, elle atteste l'influence arabe venue de l'Espagne, avec laquelle l'Auvergne entretint d'actifs rapports artistiques. *Photo N. D.*

d'original après lui que des « traditions » ou des « survivances ».

Un autre fait s'impose à qui ne se contente pas de concepts généraux : la diversité des formes entre les grandes et les petites églises. En chaque École il y a deux styles : celui de la région, local, rustique même, et celui que les grands courants d'influences et la fierté des grands Ordres ont répercuté sur de vastes espaces. Rien n'est plus différent, par exemple, que l'auvergnate basilique

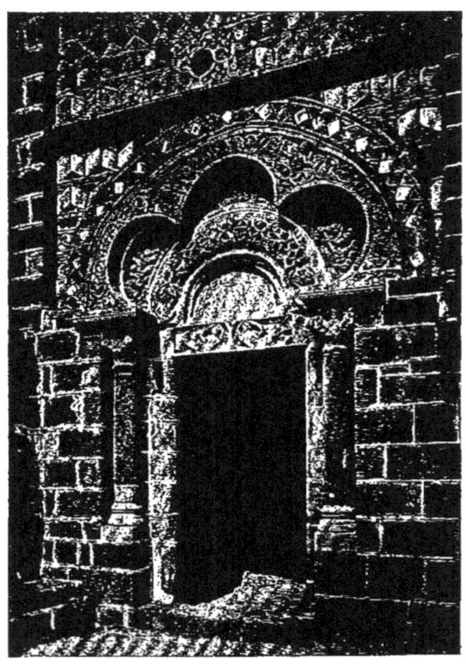

Fig. 20. — LE PUY. PORTAIL DE LA CHAPELLE SAINT-MICHEL.

XIe siècle. Décoration auvergnate d'aspect général presque mauresque : polychromie des matériaux, arc polylobé qui outrepasse le plein cintre et se resserre en fer à cheval. Sculpture délicate comme refouillée dans du plâtre. *Photo N. D.*

Saint-Sernin à Toulouse et les types proprement languedociens comme Moissac, dont le clocher-porche fortifié évoque l'histoire du pays. Mais puisqu'il s'agit d'art et de beauté, c'est vers le plus grand effort que doit aller l'historien.

L'Auvergne s'organise une des premières. C'est qu'elle a

mieux conservé dans ses montagnes l'instinct des grands bâtisseurs du monde, les Romains. Elle construit sur ses plateaux, avec l'arkose ou la lave de ses « puys », des

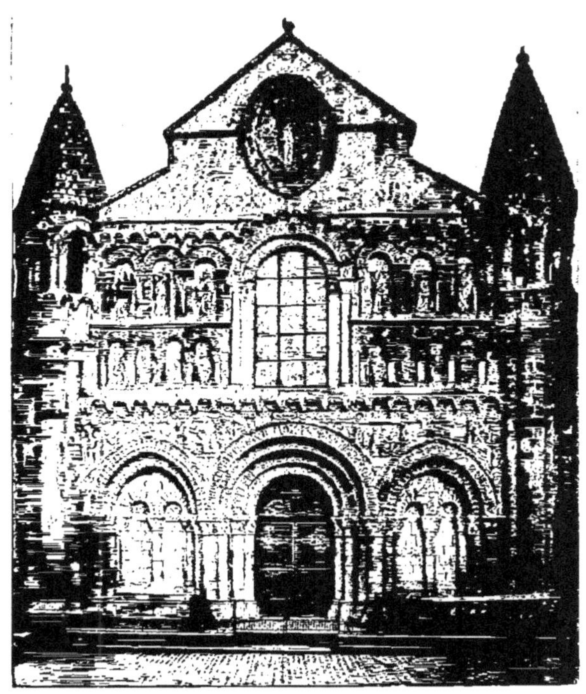

Fig. 21. — POITIERS. FAÇADE DE NOTRE-DAME-LA-GRANDE.

Art roman poitevin (XIIe siècle). Structure timide à l'intérieur, mais façade entièrement sculptée dans un calcaire tendre qui se prête à la richesse du décor. Quand il n'y a point de sculpture, comme au pignon, des combinaisons d'appareil forment des dessins variés. Cependant, absence du tympan, si propice au bas-relief. *Photo N. D.*

églises massives et sombres (fig. 17) comme Notre-Dame-du-Port (XIe siècle), Saint-Nectaire, Orcival, Saint-Saturnin (fig. 18), Issoire, Brioude, en harmonie avec le paysage austère de montagnes. C'est elle peut-être qui trouve ou retrouve, dans la crypte de la cathédrale de Clermont-

Ferrand consacrée en 945, une des plus belles idées de l'art roman, et féconde d'avenir, le bas-côté enveloppant autour du sanctuaire et les chapelles rayonnantes. C'est elle qui pratique le plus les trompes d'angle pour recevoir, sur la croisée, la coupole qui porte le clocher. Sous le lourd berceau en plein cintre de la nef elle se garde bien d'ouvrir des fenêtres, et, pour le contrebuter, hausse presque à la même hauteur les voûtes en quart de cercle de ses tribunes. C'est puissant, concentré, un peu farouche. Il est vrai que si on regarde les chevets, les étages se superposent en belle pyramide. La seule fantaisie, c'est au dehors la marqueterie des pierres volcaniques, noires comme la lave, grises comme le basalte, quelquefois rouges comme si elles sortaient du cratère. Ici ou là, au Puy surtout, telle corniche décorée de fleurettes en creux à 8 pétales (fig. 19 et 20), le chant alterné des matériaux de couleur, la dentelure des arcs polylobés et souvent outrepassés, telle inscription même en caractères coufiques, de riches modillons à copeaux, évoquent la splendeur des monuments arabes. Jusque dans ce farouche pays, de tous temps en relations avec l'Espagne, sont parvenus des reflets de la mosquée de Cordoue et du Moghreb.

Le Poitou, par exemple à Saint-Hilaire et à Notre-Dame-la-Grande à Poitiers (XIIe siècle), à Saint-Savin qui dès la fin du XIe siècle est entièrement voûtée, fait comme l'Auvergne. Mais à vrai dire, épauler ainsi la voûte centrale par celles des nefs latérales, n'est-ce pas chercher l'équilibre des forces et réaliser déjà la formule gothique? Sans doute il alourdit encore la nef en posant directement sur les grandes arcades la voûte en berceau, sans fenêtres ni tribunes. C'est supprimer un des trois étages classiques et ramasser ses épaules pour plus de force. La peur de ne pas être assez solide contracte cette École. Mais elle prend sa revanche dans ses façades, qui, bien que dépourvues de tympans sculptés, sont d'une richesse décorative inouïe (fig. 21).

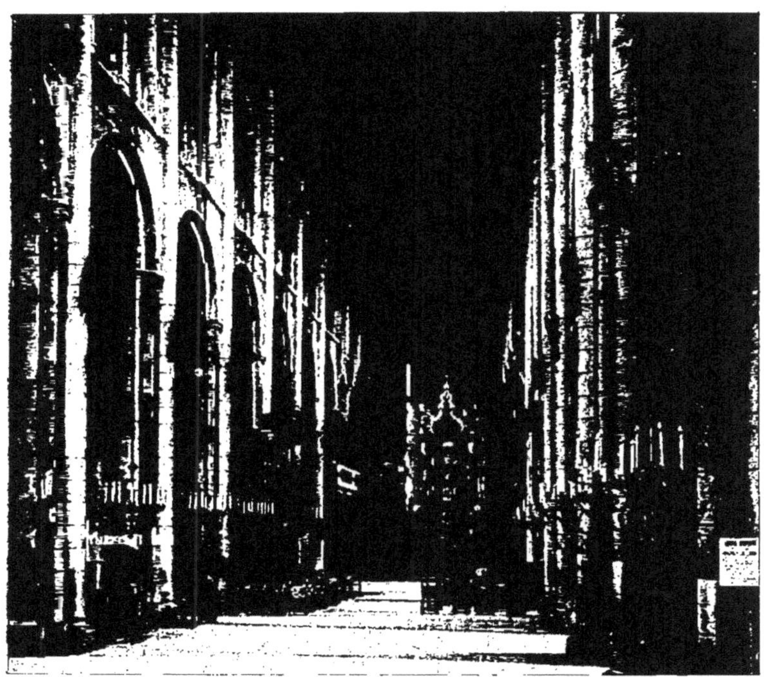

Fig. 22. — TOULOUSE. NEF DE SAINT-SERNIN.

Roman languedocien. Ample voûte en berceau soutenue par des arcs doubleaux. Vastes tribunes s'ouvrant sur la nef par des arcs en plein cintre qui répètent ceux d'en bas. Élan des colonnes engagées qui reçoivent les doubleaux de la voûte. Mais la nef n'est pas éclairée directement. La plus grandiose église romane du midi, sur la voie de St-Jacques de Compostelle. *Photo H. Olivier.*

L'École languedocienne est aussi sœur de l'auvergnate. Seulement, elle est sur le chemin qui mène à Saint-Jacques de Compostelle, grande voie de pèlerinages et de marchés. Or on sait depuis les travaux de MM. Bédier et Male ce qu'est alors l'appel de la route. Comme dans la Gaule mérovingienne le sanctuaire de Saint-Martin se posait au bord de la voie romaine, ainsi sur les chemins de Galice se posent maintenant monastères et foirails. Il y avait des relais là où étaient conservées des reliques. C'étaient des abbayes bénédictines, dominées par de splendides abbatiales, où se répercute comme un écho un même type, très grandiose, doté parfois de cinq vaisseaux, d'un vaste porche, d'un déambulatoire à chapelles rayonnantes, de tribunes enfin sous un pesant berceau que des doubleaux soutiennent. Pas de fenêtres hautes ici non plus. La sculpture, très précoce, est riche et mouvementée. Saint-Martial de Limoges (1065), aujourd'hui disparue, Sainte-Foy de Conques (1033-1065) où est resté l'éblouissant trésor, Saint-Sernin de Toulouse (XIe siècle) de briques roses (fig. 22), Saint-Jacques de Compostelle en Galice (1078), jalonnaient comme des reposoirs monumentaux cet itinéraire mystique. En dehors même des édifices, manuscrits à miniatures, objets travaillés, chansons épiques, c'est-à-dire art et poésie, artisans et jongleurs, l'ont parcouru entre France et Espagne avec étape finale au sanctuaire où reposaient les restes du Saint, miraculeusement indiqués jadis par une étoile. Traînée lumineuse, parallèle à celle qui brille toujours au ciel par les soirs d'été, et que le peuple appelle encore le chemin de Saint-Jacques.

La Provence est très timide : c'est qu'elle conserve la tradition antique du temple. Nef large et parfois unique, sans déambulatoire ni tribunes. Pas d'ouvertures, sauf parfois de toutes petites fenêtres entre les grandes arcades et la voûte en berceau brisé, qui se touchent. Comme le temple aux pays du soleil, ce vaisseau d'ombre est un refuge à la splendeur accablante du dehors. L'arcature haute supprimant la corniche et la bande lombarde originaire de la Perse, importée par les maçons fameux qui travaillaient entre Pavie et Côme, décorent ses parois extérieures. Comme il sied, il se donne pour façades des petits temples à frontons (fig. 23) comme à Saint-Trophime d'Arles (fini vers 1180), ou de grands arcs de triom-

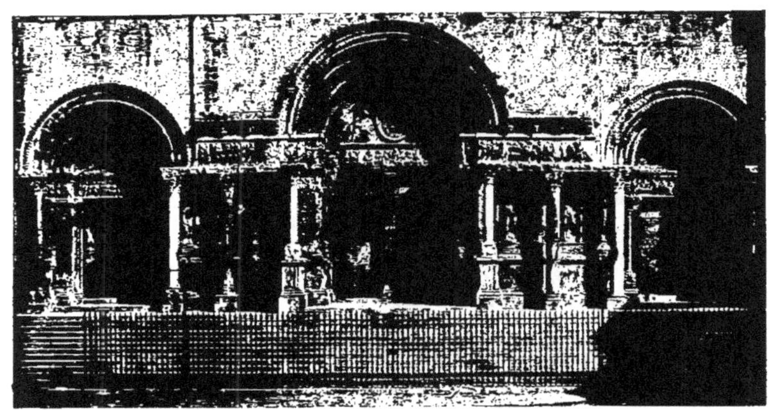

Fig. 23. — SAINT-GILLES (GARD). FAÇADE DE L'ÉGLISE.

Roman provençal. Façade conçue comme un arc de triomphe antique à trois baies, portées sur des colonnes corinthiennes, des pilastres cannelés, des entablements sculptés comme des parois de sarcophages. Les colonnes, indépendantes, projettent sur le fond de belles ombres.

phe à trois baies comme à Saint-Gilles (fondé 1116). A Vaisons, à Saint-Restitut, la maison de Dieu avec ses pilastres cannelés, ses colonnes corinthiennes et ses corniches coupantes, se revêt de majesté antique et païenne (fig. 24). La Renaissance recommencera un jour cette belle alliance. Seulement, ce qui sera de sa part une audace réfléchie n'est ici que le génie naturel d'un pays que la Grèce, puis Rome, celle de César, celle de Constantin, fécondèrent durant des siècles entre le cyprès et l'olivier. Christianisme et antiquité s'y pénètrent toujours.

On n'aurait qu'une idée incomplète de la fécondité mé-

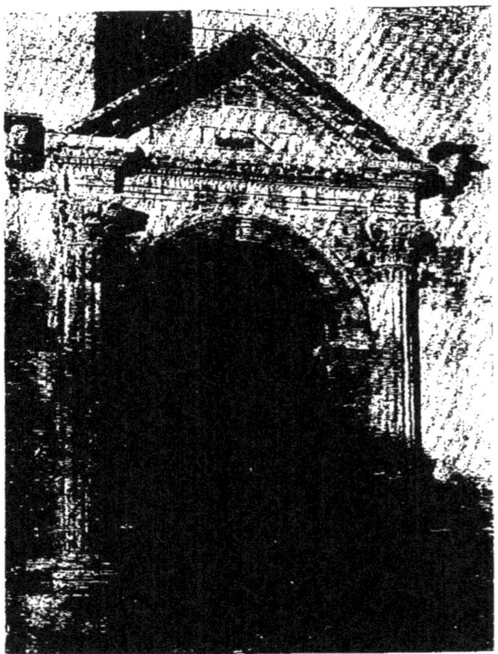

Fig. 24. — SAINT-RESTITUT (DRÔME). PORTE LATÉRALE DE L'ÉGLISE.

Porte d'Église en façade de temple. Arc en plein cintre, encadré de colonnes corinthiennes cannelées, fronton grec dont les rampants et la corniche sont ornés de modillons ou de denticules. Survivance des « ordres » antiques en ce pays de Provence.

Photo Mornas.

ridionale si l'on ne regardait les églises fortifiées du XIIe siècle récemment étudiées par M. Rey. L'adaptation d'une armure au sanctuaire de la prière, c'était un beau problème technique en même temps qu'une entreprise paradoxale mais nécessaire. Dans la montueuse Auvergne et sur les côtes de Provence il a fallu que l'église se mette en défense contre le féodal rapace et le sarrasin qu'apporte le flot. Alors elle se contracte, se réduit à une nef unique avec ou sans transept, aplatit son chevet pour offrir moins de saillies, et ne perce ses murs que de rares et étroites fenêtres qui la font sombre mais sûre. Elle devient donjon; et ce donjon est un cube hautain. Agde la première (vers 1149-1173) le couronne d'un chemin de ronde et de machicoulis continus (fig. 25). Ce sont les emprunts que nos Croisés avaient faits en Syrie aux techniciens arabes quand ils élevaient les fiers châteaux qui subsistent encore, par exemple le Krak des Chevaliers. Orient encore, et toujours. Orient aussi les échauguettes qui surveillent, et les talus en glacis qui protègent de la sape. Orient enfin les contreforts altiers qu'une arcade réunit au sommet pour porter les machicoulis, comme les Croisés en avaient vu aux murs d'Antioche : ils dessinent superbement les membrures de la cuirasse. Aux Saintes-Maries-de-la-Mer, à deux pas de la Méditerranée d'où surgissent les pirates, les défenses s'étagent en retrait l'une sur l'autre, dominant la plage et la mer horizontales. Là aussi apparaît le machicoulis sur corbeaux (fig. 26). Ce système puissant, l'auvergnate Royat le complète par des machicoulis d'angles. Il ne restera plus à Richard Cœur de Lion qu'à condenser la science et l'expérience de l'Orient, des Croisés, de nos bas-languedociens, dans le formidable chef-d'œuvre qui surveille un coude de la Seine : Château-Gaillard des Andelys (1196).

N'ayons garde d'oublier l'École rhénane. Elle a laissé aussi dans nos provinces françaises, en Alsace et en Lorraine, à Neuwiller, à Andlau, à Rosheim, à Murbach, etc., des monuments moins grandioses qu'à Cologne, mais fort originaux. C'est un pays fidèle : il garde longtemps la charpente et le plein cintre. Mais il a le sens des belles masses, robustes. Il les relève d'ailleurs de hautes tours, les couronne de galeries légères sous la corniche, et les anime à l'intérieur de vives peintures (fig. 27).

L'Ile-de-France, elle non plus, ne voûte pas, et décore

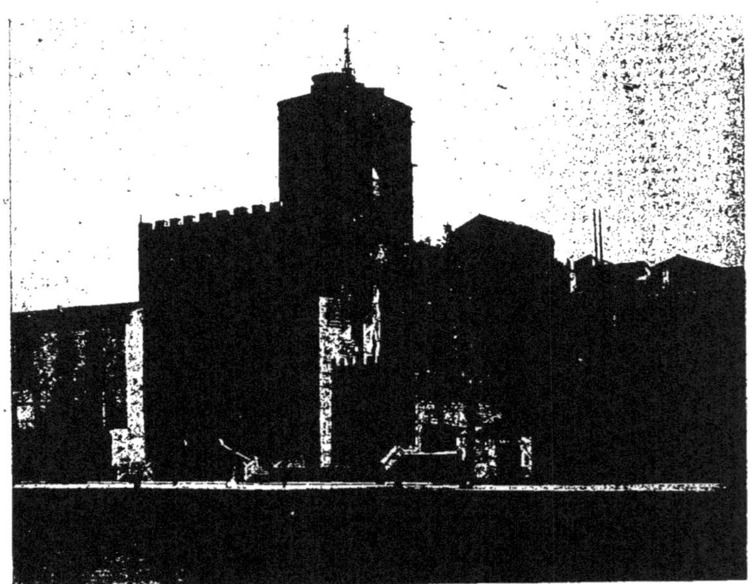

Fig. 25. — AGDE (HÉRAULT). L'ÉGLISE.

Vers 1175. Église romane fortifiée, comme Royat, les Stes-Maries-de-la-Mer, etc..., contractée en une masse cubique dont les contreforts réunis en arcades supportent pour la première fois chemin de ronde et machicoulis continus venus de Syrie. Clocher-donjon.
Photo Touring-Club.

pauvrement. Elle couvre d'une charpente, à la façon ancienne, l'ample nef de Saint-Rémi de Reims (XIe siècle), une des premières basiliques pourtant qui furent construites en grand appareil, et dédiée au saint qui catéchisa Clovis! Même archaïsme sur celle de Saint-Germain-des-Prés, qui touchait pourtant aux murs de Paris, capitale du domaine royal! C'est qu'elle est proche de la Normandie, et se recueille pour une autre initiative, décisive celle-là!

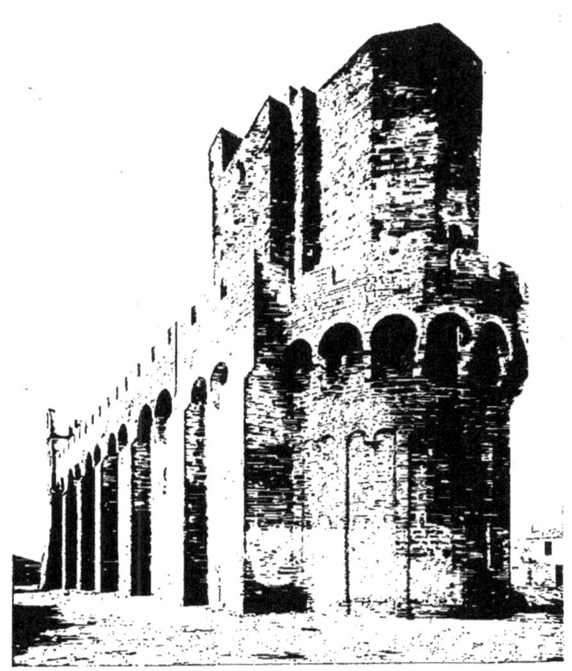

Fig. 26. — Les Saintes-Maries-de-la-Mer.

Milieu du XIIe siècle. Domine de sa masse formidable la plage et surveille la mer. Murailles épaisses avares de fenêtres (en meurtrières). Machicoulis en encorbellement ou sur contreforts. Étage en donjon. Les leçons de l'Orient retournées contre le Sarrasin.

Photo N. D.

Dès 1140, la voûte d'ogives va triompher solennellement, tout près d'ici, dans l'abbaye royale de Saint-Denis.

Toutes ces écoles résolvent sans grande hardiesse, sinon sans beauté de formes, le redoutable problème de la voûte et de l'éclairage. Mais en voici trois qui font grand honneur à notre esprit d'à-propos.

L'Aquitaine est le pays des coupoles. Elles font la gloire du Périgord, de l'Anjou, des Charentes et même du Languedoc puisque les plus anciennes couvrent la nef de la

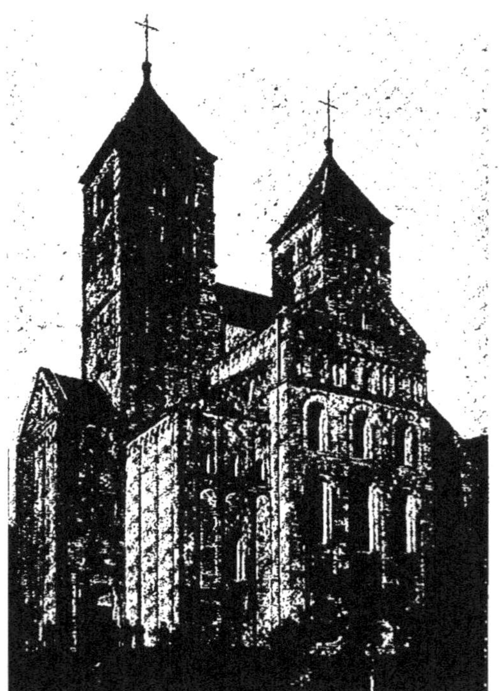

Fig. 27. — MURBACH (ALSACE). LE CHEVET DE L'ÉGLISE.

École rhénane en Alsace. Vieille abbatiale dont la nef est détruite. Belle composition des masses pleines, goût des tours imposantes (ici sur le transept), des arcatures hautes et des plates-bandes à la façon lombarde. *Photo E. Lefèvre-Pontalis.*

cathédrale de Cahors (1119). C'est une couronne impériale posée sur la maison du Tout-Puissant, et souvent non plus isolée sur la croisée, mais en file sur la nef et sur le transept. Quelle beauté, essentiellement spéculative et logique, quand elle s'élève cinq fois au centre d'une croix grecque et sur ses branches égales, comme à la basilique de Saint-Front (fig. 29 et 30) à Périgueux (1120-1173). Symétrie en tous sens, qui satisfait l'esprit comme un absolu! Mais le cas est exceptionnel. Presque toujours la nouvelle venue se superpose au vieux plan de la basilique

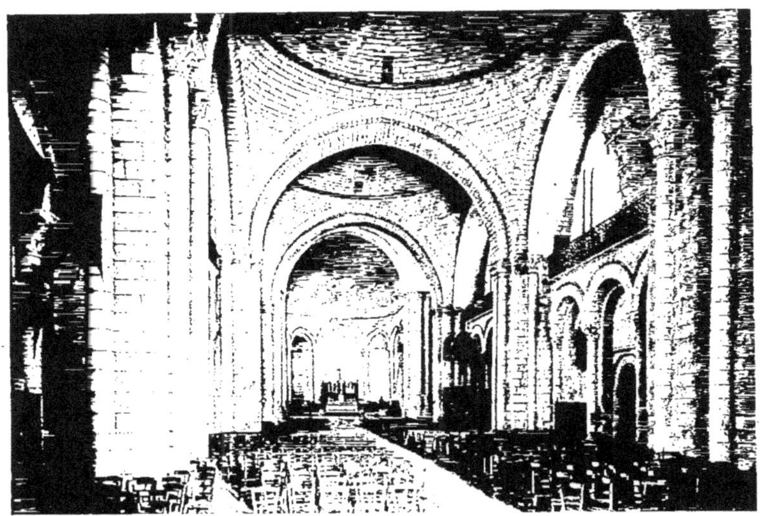

Fig. 28. — ANGOULÊME. NEF DE LA CATHÉDRALE.

Églises à coupoles de l'Aquitaine. Second quart du XIIe siècle. Nef à trois coupoles posées sur des pendentifs. Bel exemple de ce procédé technique pour « racheter » le carré. Origine complexe : forme orientale, exécution indigène.

latine ou de la nef unique comme à Cahors et à Souillac. Grave problème que de couvrir d'une demi-sphère une travée carrée! L'Auvergne et le Poitou rachetaient la différence par des trompes d'angles dont les plus belles sont à Notre-Dame du Puy; mais c'est expédient trop simple bien qu'il ait l'autorité prestigieuse des romains, et des persans qui construisirent les palais de Sarvistan et de Firouz-Abad. Le sud-ouest a fait mieux, en nous proposant une énigme. Ici la coupole repose sur des pendentifs sphériques, qui font une transition insensible entre le carré et le cercle. Savante invention et de technique difficile, où les subtils byzantins avaient excellé.

Aussi peut-on se demander si ce type étrange est étran-

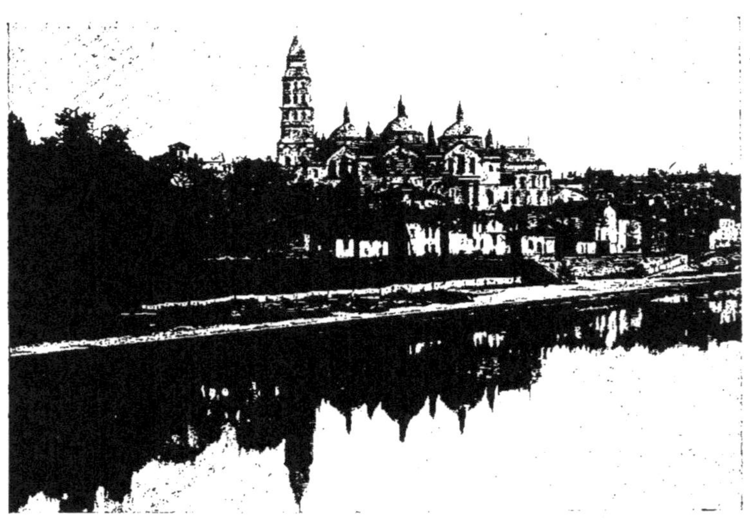

Fig. 29. — PÉRIGUEUX. ÉGLISE SAINT-FRONT (APRÈS 1120).

École romane du Périgord. — Plan en croix grecque. Réminiscence probable, ainsi que Saint-Marc de Venise, de l'église byzantine des Saints-Apôtres à Constantinople. Cinq coupoles, posées à l'intérieur sur des pendentifs. Silhouette orientale, technique locale.
Photo Touring-Club.

ger. Assurément le plan ramassé à coupole vient de Rome, et perfectionné par Byzance il s'est acclimaté dans notre France carolingienne. (Ch. Diehl.) Mais le type accompli, Saint-Front, sœur de Saint-Marc de Venise dont elle reproduit aujourd'hui le plan, est-elle fille des Saints-Apôtres de Constantinople, ou de Saint-Jean d'Éphèse? Remonte-t-elle aux églises de Chypre, à cinq coupoles en croix et de belle pierre, Peristerona, Saint-

Barnabé, Larnaca? En tous cas, Chypre ou empire byzantin, c'est encore et toujours l'Orient, père des idées et des formes. Mais cette vision orientale, nos maçons indigènes la réalisent à la façon de chez eux, par une technique de chez nous. A la brique ils substituent la pierre, qui est le « matériau » roman par excellence,

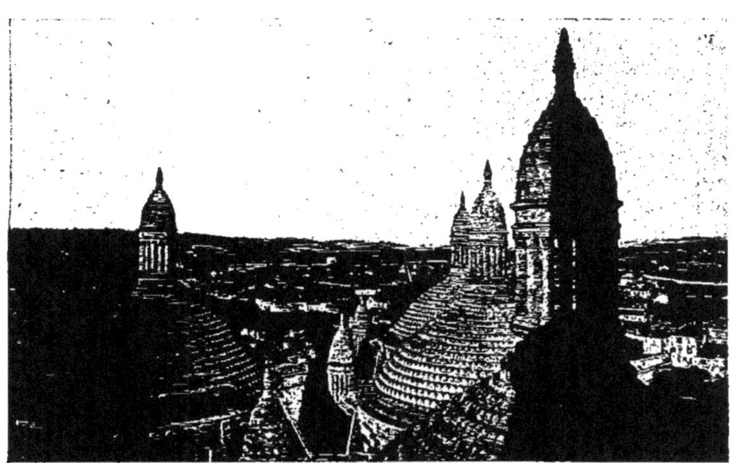

Fig. 30. — PÉRIGUEUX. LES COUPOLES DE SAINT-FRONT.

Après 1120. Restauration. Couvertures des coupoles, non sphériques mais coniques comme celles de St-Étienne, montées sur tambour circulaire et surmontées de lanternons périptères d'esprit antique comme la tour-clocher. *Photo N. D.*

font la coupole en blocage sur cintre, avec lits rayonnants, élancent son galbe au lieu de le dessiner en sphère, suppriment à la base cette admirable ceinture de fenêtres qui la faisait aérienne, comme suspendue, et en braves maçons qu'ils sont, peu subtils, peu virtuoses, élèvent en encorbellement des pendentifs maladroitement gauchis. Enfin, pour mieux porter son poids ils dessinent en tracé brisé les grands arcs d'encadrement. Exécution française, avec les ressources locales, d'un thème oriental, ne serait-ce pas le mot de l'énigme? Si l'aspect général de Saint-Front nous fait penser à une

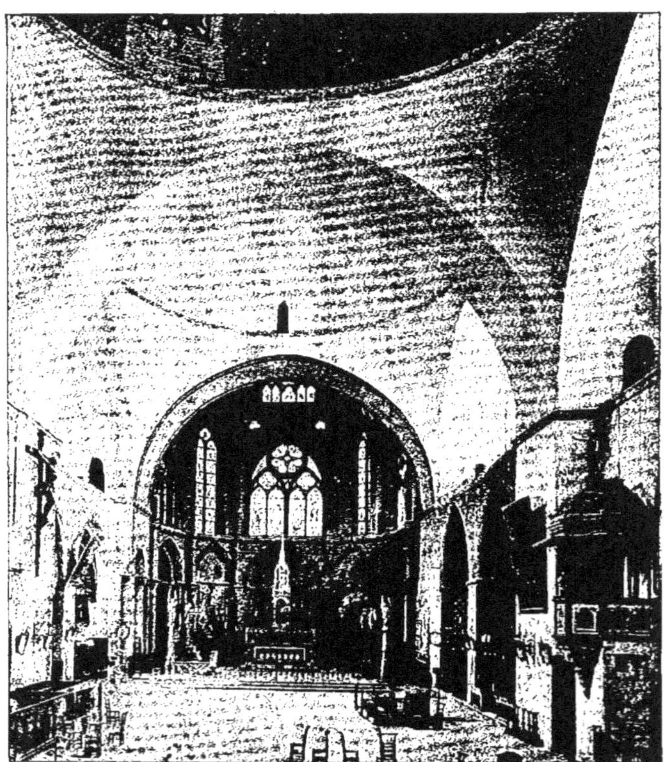

Fig. 31. — CAHORS. INTÉRIEUR DE LA CATHÉDRALE.

Vers 1119. Probablement la première grande église à coupoles sur pendentifs, avant celles de Périgueux, de Souillac, d'Angoulême, d'Agen et de Moissac. Conquête de l'espace et de la lumière avant les initiatives gothiques.

mosquée, c'est que l'architecte au sens pratique n'a trouvé l'exotisme que par surcroît. La coupole, en vérité, lui permet de réaliser le rêve qui les obsède tous : éviter le plus possible les poussées formidables de la voûte en berceau pour couvrir le plus vaste espace possible. Les coupoles de Cahors ont 16 mètres de largeur pour couvrir une nef énorme de 20 mètres (fig. 31). Le principe de la

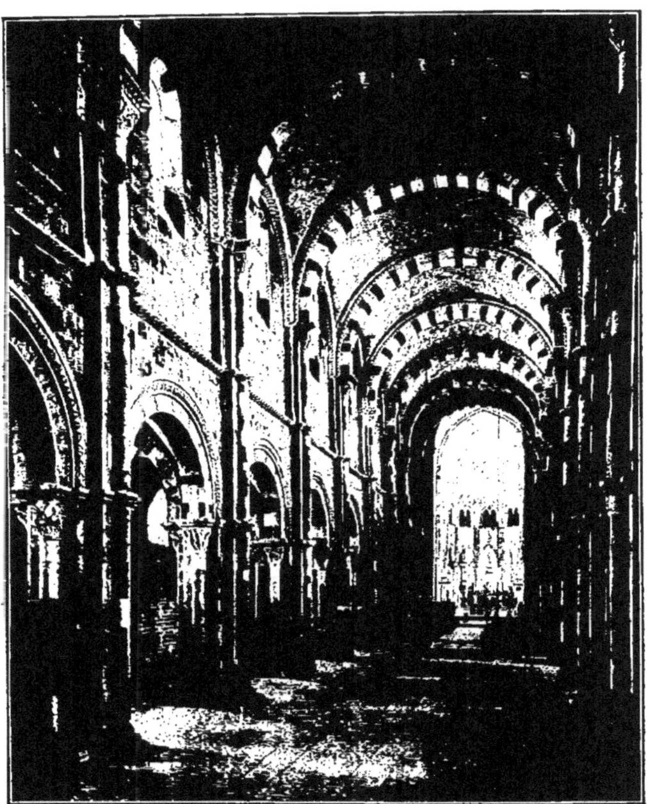

Fig. 32. — VÉZELAY (YONNE). ÉGLISE ABBATIALE.

Roman bourguignon. Première moitié du XIIe siècle. Ample et lumineuse nef, précédée d'un narthex, couverte de voûtes d'arêtes sur doubleaux en pierres blanches et jaunes. Murs très minces, encore évidés de fenêtres. Audace dangereuse, mais clarté, où vibrent le coloris et la plastique. *Photo N. D.*

coupole, qui ne pousse pas, c'est la soif de l'espace et de la lumière. Elle est le premier pas dans la recherche passionnée qui va susciter l'art gothique.

Plus audacieuse encore est la Bourgogne, Sa vallée du Rhône fut toujours un grand passage de peuples et d'influences. Les villes romaines la jalonnent encore de monuments augustes. De plus, l'esprit d'entreprise des deux grands Ordres, bénédictin et cistercien, bénéficiaires de la leçon antique, la stimule. Le premier surtout donne dans

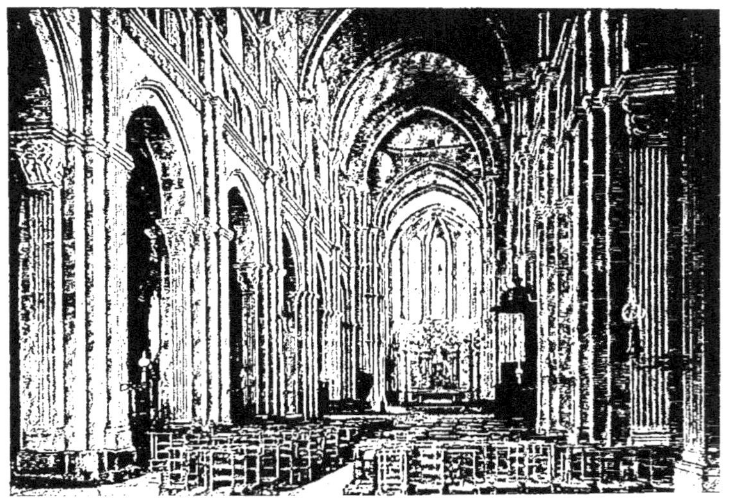

Fig. 33. — AUTUN. ÉGLISE SAINT-LAZARE.

Roman bourguignon (XIIe siècle). Voûte hardie en berceau brisé pour atténuer la poussée, et posée sur des parois que des fenêtres évident. Tracé brisé aussi aux arcades. Aux corniches et pilastres cannelés, influence des monuments antiques tout proches.

l'église-mère de Cluny (1088), qui fut la plus grande de la Chrétienté, à cinq vaisseaux et deux transepts, l'archétype de la basilique bénédictine. La passion de l'espace la travaille : elle veut retrouver l'ampleur des basiliques antiques où remuaient les foules. Alors elle lance l'architecture romane jusque dans la voie de l'aventure. C'est elle qui invente (après l'Orient) la façade encadrée de tours : idée de majesté. C'est elle qui fait précéder la nef d'un vestibule monumental : le narthex, véritable petite église perpendiculaire à l'axe de la grande. Et cette nef n'est pas seulement vaste (Vézelay a 14 mètres de large), mais svelte,

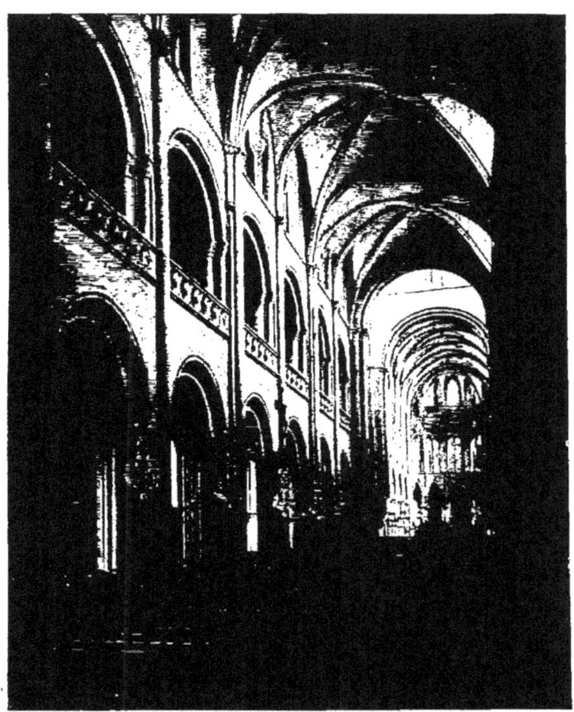

Fig. 34. — CAEN. ABBAYE-AUX-HOMMES.

Seconde moitié du XIe siècle. Roman de Normandie. Majesté de la nef, jadis couverte d'une charpente. Vastes tribunes, éclairage abondant, tour-lanterne lumineuse sur la croisée. Nul risque en l'absence de voûtes. Alternance caractéristique de piles fortes et faibles, propice à la voûte future sur nervures croisées. *Photo Magron.*

claire, parce que l'architecte ose percer immédiatement sous la voûte des fenêtres qui évident les murs déjà trop minces (fig. 32). Mais il a fallu payer cette présomption, d'ailleurs très noble : en 1125 la voûte de Cluny s'effondra. La magistrale abbatiale de Vézelay (fig. 32), pour être digne de recouvrir les reliques de sainte Madeleine, a couru les mêmes risques. Air et lumière y affluent pour faire chanter la polychromie des pierres blanches et jaunes alternées, et éclairer la vie frémissante des chapiteaux. Mais il a fallu dès le XIIIe siècle maintenir par des tirants de fer et épauler plus tard d'arcs-boutants cette voûte hardie, qui déjà voulait la fin sans avoir les moyens. Elle est d'ailleurs composée d'une série de voûtes d'arêtes d'énorme portée, séparées par des arcs doubleaux : ne serait-ce pas un apport de la Terre Sainte, que Vézelay, où fut prêchée la deuxième croisade, connaissait bien? La voûte de l'imposante Tournus (1009-1019) a aussi pour elle une tradition lointaine dans l'espace et dans le temps : sous ses étranges berceaux transversaux l'imagination est ramenée dans les grandes salles de certains palais persans. Toujours, même dans cette vallée que le peuple-roi piétina durant cinq cents ans entre Autun et Lyon, le prestige de la merveilleuse Asie! Et pourtant aucune province, pas même la Provence, n'a mieux senti la latinité. Après l'ampleur de l'espace, la hantise romaine se reconnaît dans la décoration, aux pilastres cannelés, à l'ordonnance classique du triforium. La cathédrale d'Autun (fig. 33) est en élévation la porte gallo-romaine d'Arroux. Nulle part on ne perçoit mieux le duel (ou l'alliance) des deux génies qui se partagent alors le monde occidental : Rome et l'Orient.

Le cas de l'École normande est plus complexe. Elle mêle à l'audace une traditionnelle prudence. Prudente, elle s'en tient à la simplicité basilicale : ni déambulatoire, ni chapelles absidales. Les bas-côtés qu'elle donne au chœur s'arrêtent au commencement de l'abside. Prudente encore, elle s'abstient de voûter la nef et conserve la vieille couverture en bois, dont les descendants des charpentiers scandinaves agencent habilement les fermes, flèches et entraits, peints et sculptés. Affranchie du poids, elle peut donner à ses abbatiales une merveilleuse ampleur, inondée de clarté. La tour-lanterne pose sur la croisée une couronne de lumière (fig. 34). De hautes et larges tribunes agrandissent encore l'espace. Mais les piles, alternativement fortes et faibles, semblent pressentir, attendre, la voûte gothique à six quartiers. Une décoration géométrique, où l'on sent la survivance de la sculpture du bois, orne sobrement ces monuments grandioses. Ils ne doivent leur beauté, presque abstraite, qu'aux lignes et aux proportions. École originale. Si elle doit beaucoup à ces grands abbés lombards, Guillaume de Novare, Guillaume de Volpiano, Lanfranc, conseillers des ducs, fondateurs d'abbayes, aussi puissants organisateurs que le sera l'abbé Suger à Saint-Denis-en-France, elle a de son côté conquis l'Angleterre (1066) avec le duc Guillaume, et la Sicile avec les d'Hauteville. A Waltham-Abbey comme à Cefalù un Normand se sent chez lui. Et puis cette retardataire recèle l'avenir. Elle invente le type de façade qui fera fortune : façade à pignon, austère, ornée seulement aux baies de quelques combinaisons linéaires et sèches, mais puissante, flanquée de hautes tours qui proclament l'autorité féodale de l'abbé. Celle de Jumièges, la plus belle ruine de France, garde dans l'élan une irrésistible puissance (fig. 35). C'est déjà le verticalisme. Devant les tours de Notre-Dame de Paris, impossible de ne pas se souvenir de la fière Abbaye-aux-Hommes de Caen (fig. 36) (après 1066). Peut-être même est-ce elle qui a donné à la France et au monde l'architecture gothique. Lente à voûter, elle adopte presque soudainement la voûte d'ogives! En attendant, les deux abbatiales de Caen, celles de Boscherville (XIIe siècle), de Jumièges (1040-1067), de Saint-Albans en Angleterre, sont parmi les monuments les plus « personnels » de l'époque romane.

A l'ombre de l'abbatiale se développe l'abbaye ; lieu d'ha-

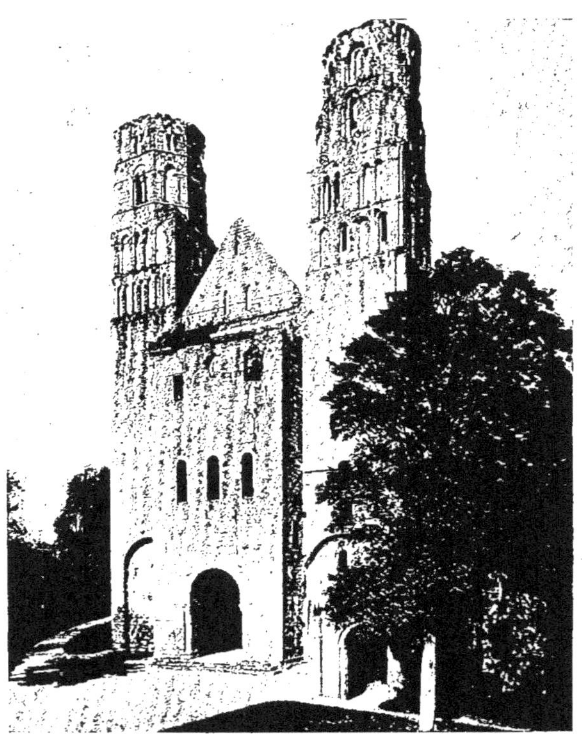

Fig. 35. — JUMIÈGES. L'ÉGLISE NOTRE-DAME.

1040-1067. Type de façade des grandes abbatiales normandes du XIe siècle. Élan et majesté. Austérité nue qui se passe même de contreforts. Annonce la façade de l'Abbaye-aux-Hommes de Caen. *Photo N. D.*

bitation et de prière, ferme, hôtellerie, atelier. Le renouveau de l'architecture monastique témoigne du rôle immense des moines dans la civilisation du XIIe siècle. Si les principes de construction restent les mêmes, les formes diffèrent, suscitées par les besoins d'une vie mi-religieuse, mi-pratique, qu'une haute sagesse avait réglée (fig. 37). Sagesse diverse pourtant. La règle de saint Benoît, à

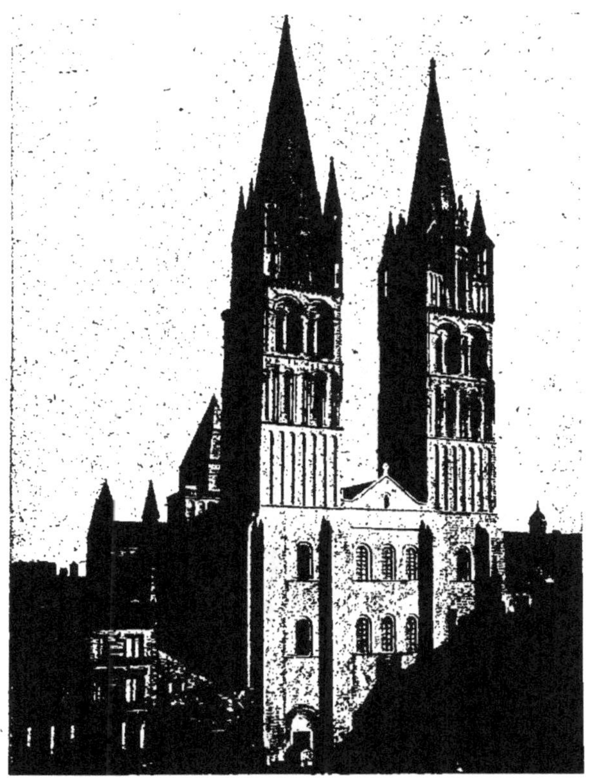

Fig. 36. — CAEN. ABBAYE-AUX-HOMMES.

Façade normande, sobre et grave, de beauté presque géométrique, soutenue de contreforts sans glacis, et surmontée de tours que couronnent des flèches gothiques. Type de façade qui s'est imposé aux premières cathédrales gothiques (Notre-Dame de Paris). Tour-lanterne, jadis plus haute, sur la croisée. *Photo M. H.*

Cluny, à Vézelay, à la Charité-sur-Loire, à Moissac, etc., prodigue la magnificence comme un hommage à Dieu. Au contraire, la règle austère de saint Bernard fait surgir des abbayes plus simples, Cîteaux (1098), Clairvaux (1115), Fontenay (1118), etc., autour d'églises au chevet carré, sobres elles aussi de décoration peinte ou sculptée, chefs-d'œuvre de logique déjà janséniste (fig. 38). Mais l'une et l'autre disposent de même, en les voûtant toujours, dortoir, salle capitulaire, réfectoire, souvent partagé en deux nefs par une épine de piliers, autour du cloître, qui est

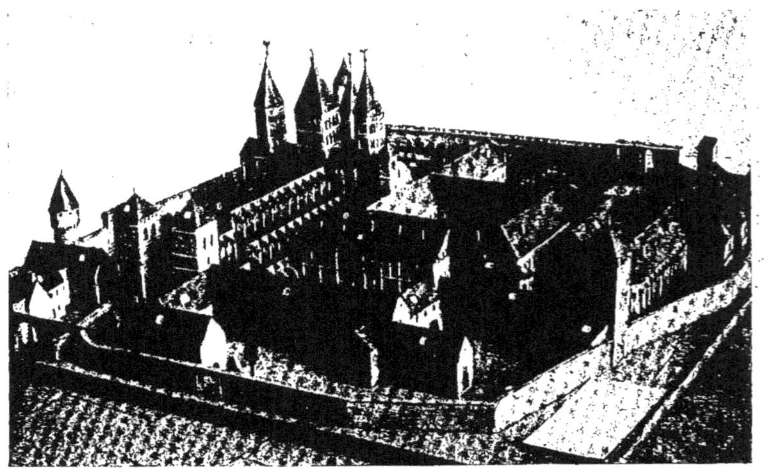

Fig. 37. — L'ABBAYE DE CLUNY AU XVIIIe SIÈCLE. RECONSTITUTION.

Disposition des bâtiments abbatiaux autour du cloître, qui s'accole au flanc de l'Église. Grandiose abbatiale bénédictine (1088-1135), élevée par saint Hugues, à doubles collatéraux, double transept, tour-lanterne sur la croisée, et précédée d'un narthex à deux tours (1220). Cluny, berceau en France de l'ordre bénédictin réformé, et peut-être d'une École d'architecture. *Photo Bourgeois.*

l'ancien atrium des basiliques chrétiennes. Autrefois en avant de l'église, le voici accolé à son flanc. Une de ses galeries vient buter contre le transept. Voûtées ou non, celles-ci sont posées sur des arcades que portent des colonnes ou de solides piliers-contreforts, en alternance rythmée. Il est le centre et comme le Forum de la petite cité. Au Puy, à Moissac (fig. 39), à Montmajour, à Saint-Trophime, à Elne, à Ganagobie, conventuel ou séculier, en lui se concentre l'effort de l'art monastique, qui prend sa revanche de la clôture en enchâssant entre ces cadences, où jouent l'ombre et la lumière, un carré de ciel

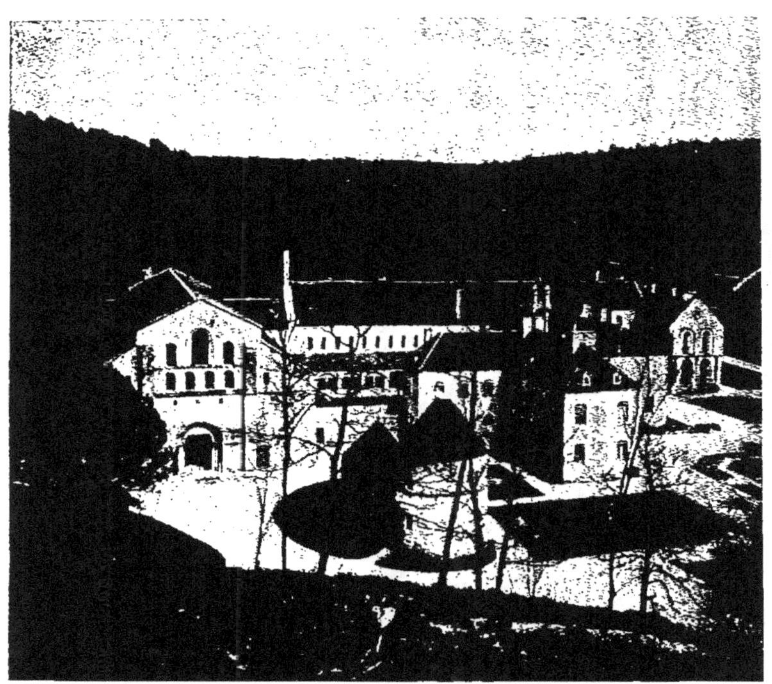

Fig. 38. — ABBAYE DE FONTENAY (CÔTE-D'OR).

Type cistercien, de simplicité austère. Abbatiale 1130-1147 sans tours sur la façade, sans tour-lanterne sur la croisée, et à chevet carré. Aucune décoration adventice. Bâtiments abbatiaux simples et graves autour du cloître. Offices et communs. Colombier au premier plan.
Photo L. Bégule.

et de verdure, c'est-à-dire un morceau de la beauté universelle. En somme, la part de l'Orient ici est évidente : c'est le plan des grands monastères de là-bas, qui est resté visible encore dans le plan de Saint-Gall; ce sont aussi les étranges bas-reliefs des chapiteaux, parfois la décoration des colonnettes elles-mêmes, tordues en spirales de mouvement varié comme celles des cloîtres du Latran ou de Monreale. Mais le monastère d'Occident modernise aussi dans ses dispositions générales le type de la grande villa gallo-romaine, qu'il adapte à toutes

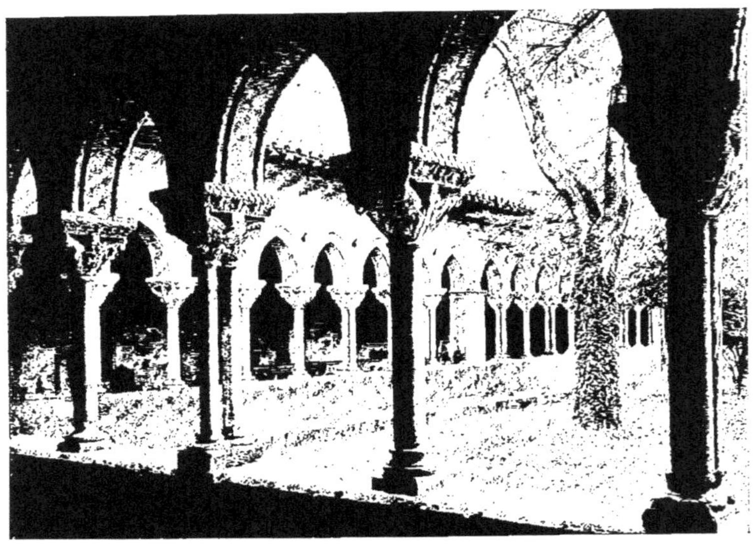

Fig. 39. — MOISSAC (TARN-ET-GARONNE). LE CLOITRE.

Arcades gothiques du XIIIe siècle, mais sur colonnettes romanes en marbre des Pyrénées, alternativement simples et géminées. Aux milieux et aux angles, piliers rectangulaires pour résister à la poussée. Soixante-seize chapiteaux sculptés (vers 1100) sous l'influence des miniatures et des objets orientaux. *Photo L. Bégule.*

les formes du travail aussi bien qu'aux actes de la vie religieuse. Régulier, très classique en ses formes un peu lourdes, il a été pensé par des esprits latins. Ainsi, grâce au Christianisme, à l'Orient, à l'indéfectible vertu de Rome, la grande construction de pierre, l'Architecture, a reparu dans le monde renouvelé, et c'est en France qu'elle s'organise savamment.

CHAPITRE II

LA RENAISSANCE DE LA SCULPTURE ET LA PRIMAUTÉ DE LA FRANCE

Retour au relief et à la forme. — La Sculpture ornementale : les thèmes, le style, l'obsession orientale. — La Sculpture monumentale et historiée. — Influence de la Miniature et initiative du midi. — La prééminence du bas-relief et ses causes. — Le progrès du XIe au XIIe siècle. — Chapiteaux, pieds-droits, et grands tympans. — Les Écoles régionales et leur originalité. — La polychromie.

Ces masses grandioses, il fallait les décorer. C'est à la sculpture surtout que l'art roman confie ce soin. Or c'est ici son autre gloire : il l'a ressuscitée, et c'est en France que s'accomplit ce miracle, aussi méritoire que celui de Lazare. Depuis la fin du monde antique en effet l'Occident avait perdu le sens du relief, qui nous fait jouir d'une des beautés du monde : les formes. Installer le volume dans l'espace avait été la gloire des peuples riverains de la Méditerranée, de l'Égypte à la Grèce et à Rome. Des Pharaons en granit à l'Hermès de Praxitèle, au Laocoon, même aux vigoureux bustes romains et même à la décoration des églises byzantines (car l'art byzantin reste fidèle à la sculpture), l'antiquité avait prodigué la forme au point que jusqu'au XIXe siècle elle n'apparaîtra plus au monde étonné qui exhuma ses restes que comme un peuple de statues. Mais ce fut fini, ou presque, avec la poussée des peuples à la fois plus vieux et plus jeunes qui apportaient de loin une vision des choses opposée. L'Orient, sinon l'Extrême-Orient, et les peuples venus du Nord y répugnaient. Encore aujourd'hui ce sont des tapis, des bois ajourés ou incrustés, du métal ciselé, c'est-à-dire des arts de décoration plate et de couleur, que nous envoient Smyrne, le Kurdistan, la Perse, le Maroc. La peinture même, ignorante des valeurs et du modelé, n'y a jamais que deux

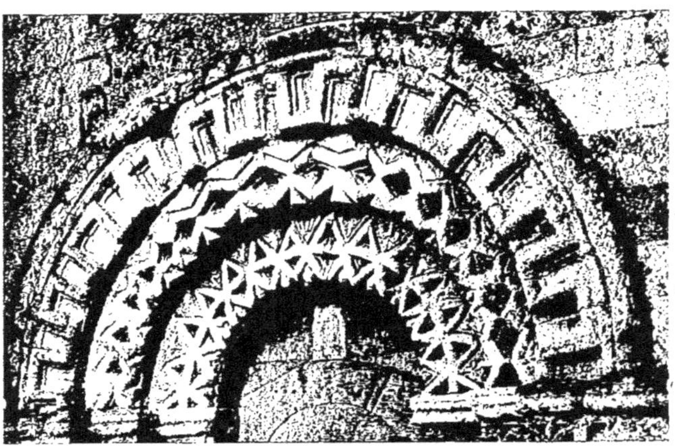

Fig. 40. — PORTAIL D'AUDRIEU.

Tympan normand. Décoration géométrique et linéaire d'où la figure humaine est exclue. Frette crénelée, dents de scie, bâtons brisés, toujours l'arrière-goût scandinave du bois. *Photo E. Lefèvre-Pontalis.*

dimensions. L'évolution de la plastique entre le VIIIe et le XIe siècle a été le duel émouvant entre leur génie et la latinité héritière de l'hellénisme. Notre pays sera, plus qu'un autre, par suite des circonstances géographiques et historiques, le champ clos de ces génies ennemis qu'il trouvera le moyen de réconcilier en son originalité neuve. Lentement, très lentement, la France s'est mise à tailler la pierre en épargne afin de ménager pour le regard et le toucher de belles saillies que la pensée et le regard feront frissonner.

Mais deux catégories sont à distinguer. Il y a une sculpture purement ornementale, qui se développe en bas-relief sur les voussures des arcs et des baies, aux bandeaux, aux corniches, au plat des murs, surtout aux corbeilles

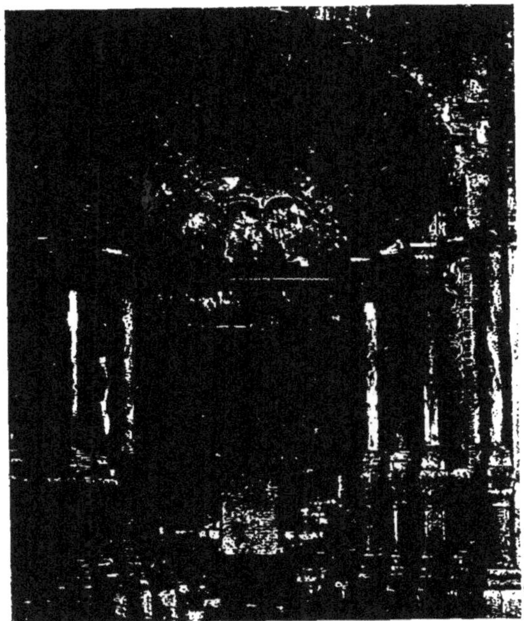

Fig. 41. — AVALLON. PORTAIL SUD DE SAINT-LAZARE.

Sculpture décorative luxuriante aux pieds-droits et aux voussures, motifs le plus souvent carolingiens et orientaux (rinceaux, tresse, torsade, rosace, ruban, fleur de lis). A chaque claveau suffit son décor. Portail traité comme un énorme bijou. *Photo M. H.*

des chapiteaux. Tantôt elle est purement géométrique. Zigzags, dents de scie, dents de loup, frettes crénelées, étoiles, cordes, tresses et entrelacs, rappellent les combinaisons linéaires apportées par les barbares de l'est ou du nord, et qu'eux-mêmes tenaient de l'Orient, où fleurit encore la polygonie primitive (fig. 40). Tantôt des bandelettes perlées, de relief très plat, rappellent Byzance par la richesse et la qualité du travail. Cette technique ressemble bien plus à la ciselure ou à la verroterie cloisonnée qu'à la vraie sculpture. L'Orient est là, toujours, avec sa peur du modelé et sa passion du luxe. Certains portails, comme à Saint-Lazare d'Avallon (fig. 41) ou à Saintes (fig. 54), sont d'énormes bijoux. Le détail, soigné de très près et comme ciselé, y laisse d'ailleurs intact le grand effet monumental. Au-dessous de la Loire, en Bourgogne, en Provence, l'ornement antique, grecque, rosaces, oves, rais de cœur et chapelets de perles, se souvient du temps magnifique où la Gaule fut romaine. Il est toujours de très grand style en sa sobriété. Mais que ces souvenirs classiques sont peu de chose à côté de l'obsession orientale!

C'est le végétal et l'animal qui représentent la vie. La façon de les traiter est ce qui révèle le mieux les tendances profondes du génie roman. Toujours les formes vivantes sont stylisées. La symétrie dessèche la feuille, affronte ou adosse les bêtes de chaque côté du « hom » à la manière persane, comme sur les tapis de Boukhara ou de Téhéran encore de nos jours (fig. 42). Cet art semble avoir l'horreur du réel : on le dirait énivré de haschich, tendu à la poursuite de visions dont quelques-unes, à force d'étrangeté maladive, sont de véritables cauchemars. Les monstres grimaçants, griffons, dragons, léopards, sirènes et gypaètes, venus de bien plus loin que l'antiquité classique, combinent des formes éloignées les unes des autres avec un raffinement d'imagination paradoxal. Ce qui s'interpose ainsi entre la nature et l'imagier, c'est sans doute une sorte de rêve, qui paraît s'exalter dans le silence du cloître. L'artiste, qui est le plus souvent un moine, vit dans une cellule, hors de la vie.

Certes cet art est monastique en son essence. Mais sa vision de solitaire est faite d'images venues des contrées les plus diverses du vaste monde. Elles lui sont apportées par les objets précieux que véhiculaient sur les routes anciennes le commerce et les pèlerinages : tissus de soie de Perse ou de Sicile, où passe parfois la masse gigantesque des éléphants, toujours affrontés, que nous retrouvons aux chapiteaux d'Aulnay ; ivoires byzantins, coptes et sarrasins, où la forme humaine étrangement dénaturée s'en-

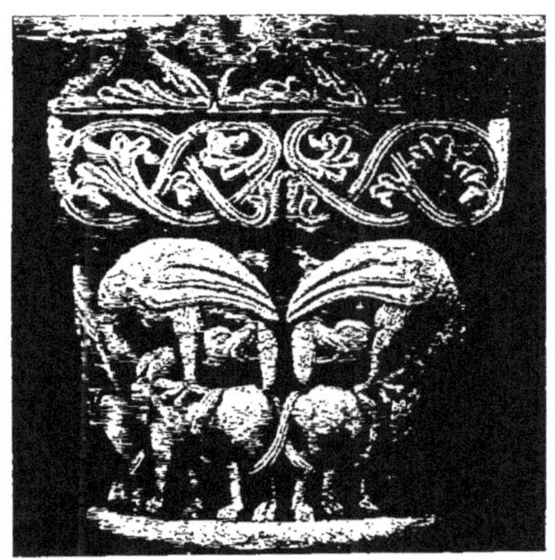

Fig 42. — SAINTES. CHAPITEAU DU TRANSEPT DE SAINT-EUTROPE.

Stylisation romane du réel sous l'influence de l'Orient. Motif oriental des animaux s'entre-dévorant. Thème décoratif, oriental encore, de l'affrontement. Passion de la symétrie. Un tissu d'Orient a servi probablement de modèle. *Photo E. Lefèvre-Pontalis.*

lace de rinceaux, comme aux chapiteaux toulousains ; manuscrits anglo-saxons et syriens aux délirantes calligraphies, où monstres et hommes s'entre-dévorent, comme à notre trumeau de Souillac ; boucles scandinaves, où se pose l'oiseau au bec crochu. Parfois peut-être, comme dans la nef de Bayeux, il semble que l'imagination soit entraînée bien plus loin encore, vers le pays des brûle-parfums de bronze et des masques grimaçants : l'Extrême-Asie (fig. 44). Jamais, si ce n'est en nos XIXe et XXe siècles,

5

l'Orient n'a tant hanté l'art français. A chacune de ces Nativités « les Rois Mages nous apportent leurs trésors ».

Seulement, ces trésors n'enchantent aujourd'hui que notre curiosité. Orientalisme d'amateur, heureux de quitter un instant son temps et sa civilisation. A l'époque romane au contraire, l'Orient est l'atmosphère même où l'on respire. Le progrès consistera précisément à s'en évader. Nous, nous allons à l'Orient pour échapper à nous-mêmes. L'esprit roman cherche à lui échapper pour revenir à la latinité.

Un moine, un cistercien, vit le danger : saint Bernard (1124). Il protesta contre ces formes horribles ou grotesques, dont la belle horreur même était pour le moine en prière une distraction. Mais les bénédictins pensaient que rien n'est trop riche, trop raffiné, pour la maison de Dieu. S'ils ont encouragé cette sculpture, c'est qu'elle est souverainement décorative. On ne stylise que pour l'effet. Ces arrangements de formes obéissent au rythme; et leurs inflexions choisies tombent toujours juste. La symétrie se fonde sur la loi du retour, et c'est une loi musicale. Cet art, qui préfère les combinaisons imaginaires à la nature, pose impérieusement devant l'esprit la question des rapports entre l'effet décoratif et le réalisme, entre le style et la vie.

Malgré tout, ce n'est pas là que se révèle le m. eux l'initiative de notre génie. Il y est trop asservi aux influences étrangères. C'est dans la figure humaine et par elle qu'il s'affranchit. Après six siècles que la civilisation romaine était morte, il retrouve, pour représenter Dieu et l'homme, l'art de faire tourner la forme dans l'espace. L'esprit du Christianisme, de l'Église, répugnait d'abord à ces prestiges qui avaient prêté la vie aux faux dieux. Même répugnance chez lez barbares venus du nord, qui avaient forcé les barrières de l'Empire. Lorsque, vers 1020, l'écolâtre d'Angers Bernard et son compagnon, visitant en pèlerins les sanctuaires du midi, aperçurent sur les autels les statues de Sainte-Foy et de Saint-Gérald, ils crurent au retour des idoles. Voici que reviennent, mais cuirassés de métal, ces dieux que le Christianisme a jetés au noir

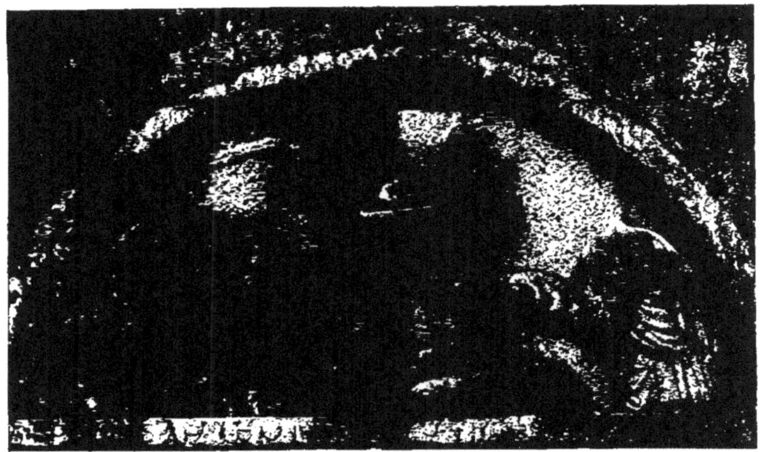

Fig. 43. — MAURIAC. MAISON ROBIN. SAMSON FRACASSANT LA MACHOIRE DU LION.

XIIe siècle. La déformation décorative (jambe démesurée et position incorrecte du personnage, pour l'effet). *Photo L. Bréhier.*

séjour du démon, ces déesses qu'il a confinées dans les bois où elles sont devenues des fées. Et ils retrouvent des adorateurs qui ne se doutent de rien! Vénus ou Diane? Mars ou Jupiter? Il y avait quelque chose de vrai dans l'erreur de ces septentrionaux puritains. Ce qui ressuscitait, en effet, ce n'étaient point précisément les divinités païennes : c'était la plus belle audace de l'orgueil humain, celle qui partout a fait surgir le grand art plastique : l'anthropomorphisme. Le pays vers lequel « descendait » l'écolâtre est baigné au sud par la Méditerranée, d'où était née, selon la poétique légende, la divine Aphrodite. Il avait gardé le souvenir émerveillé des formes romaines, sculptées sur notre sol ou importées durant cinq cents ans.

Certes, comme pour la sculpture ornementale, l'Orient nous envoie par l'intermédiaire des précieux manuscrits carolingiens ou syriaques ses motifs, ses symétries, son dessin tourmenté. M. Male a lumineusement montré la part de la miniature dans ce grand renouveau plastique. Que d'attitudes, de gestes, de grandes compositions même sont passés du feuillet de parchemin sur le tympan de pierre! C'est une immense révélation, par exemple, que la découverte dans un manuscrit espagnol de l'Apocalypse commentée par Beatus d'une miniature qui est déjà, tout entière, le formidable tympan de Moissac. Ce sujet grandiose, cette ordonnance magistrale, ces gestes, ces détails dont nous sentions qu'ils avaient un modèle, ce concert de violes, nous comprenons tout maintenant. Ou du moins presque tout. Car M. Émile Male le déclare formellement : « la miniature ne donnait pas tout à l'artiste ». Elle ne lui donnait pas la faculté de la « transposer elle-même dans l'espace » en la dotant « d'une dimension de plus ». La miniature carolingienne n'est que graphie en effet, c'est-à-dire idéogramme : du chromatisme et de l'à-plat, sans modelé d'ombres, sauf rarement et par hachures qui elles-mêmes sont du trait. Quelle que fût sa vertu de suggestion, eût-elle suffi à réveiller chez les hommes imprégnés du génie d'Orient le sens occidental par excellence, celui de la troisième dimension, qui donne aux choses la substance concrète, aux êtres la plénitude de la vie? Entre les deux techniques il y a un monde. Lorsque l'imagier a détaché du fond, sur un bas-relief, un corps qui bombe, un geste qui fait saillie, par exemple au chapiteau toulousain de la Cène ; lorsque (plus rarement) il fait surgir du bloc une statue autour de laquelle tour-

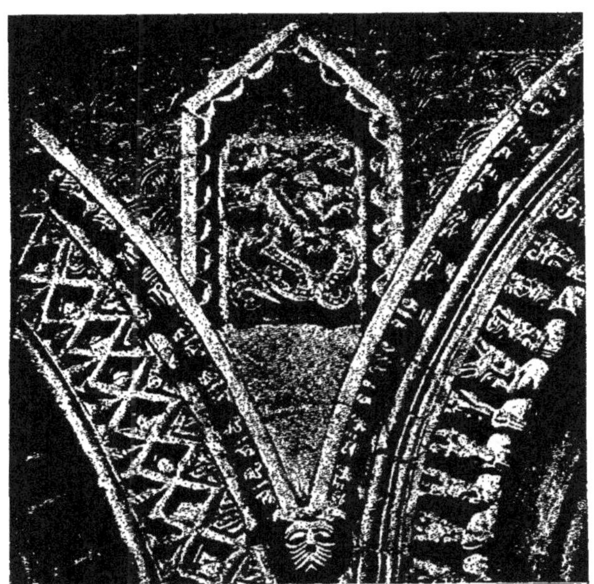

Fig. 44. — BAYEUX. CATHÉDRALE. ÉCOINÇON D'UNE ARCADE.

Décoration normande, où s'associent des motifs scandinaves et des motifs d'Extrême-Orient : têtes plates, losanges, dragons entrelacés et masque strié qui font penser à l'art chinois : entrelacs d'osier qu'on retrouve aussi dans le roman anglo-saxon. Sens très sûr de la stylisation décorative. *Photo E. Lefèvre-Pontalis.*

nent l'air, les yeux et la main, il a créé cette chose immense qui est la forme même de l'existence : la profondeur.

L'antiquité gréco-latine préside, avec la miniature, à la renaissance de l'art formel, plastique, auquel elle avait de préférence confié l'expression de sa pensée. Aussi la région où il renaît n'est pas douteuse. Ce ne pouvait être ni la Normandie, qui ne se plaît qu'aux combinaisons géométriques, ni l'Ile-de-France, qui s'inspire de ce que fait le Languedoc, ni le pays rhénan qui ne demande sa décoration qu'à la peinture, ni même la Loire puisque l'écolâtre d'Angers s'offusque de rencontrer dans le Plateau central les chefs-reliquaires, résurrection sournoise des dieux païens. Il renaît au-dessous de la Loire, dans le Languedoc, sur un sol encore pénétré des traditions antiques, chez un peuple artiste, qui fut toujours plus prompt par tous ses gestes, même par le seul mouvement de sa main dans l'espace, à saisir la forme, à figurer spontanément la vie. Dès le début du XIe siècle (1020) le linteau de Saint-Génis des Fontaines, dans les Pyrénées-Orientales, est un essai de bas-relief, maladroit mais riche de promesses ; et à la fin de ce même siècle les chapiteaux de Moissac tournent dans la forme, c'est-à-dire dans l'espace, les inventions des miniaturistes. Très vite, au XIIe siècle, la sculpture romane acquiert le sens de la masse. Ce n'est pas seulement parce qu'il faut que l'énergie de la saillie réponde à la robustesse du monument; c'est qu'elle se souvient aussi des bas-reliefs gallo-romains, surtout des sarcophages qui abondaient sur notre vieux sol. Parfois même, dans les Pyrénées, elle ne parvient pas à se dégager de la lourdeur des stèles gallo-romaines, semblables à des blocs de montagne dégrossis. Le sens plastique lui vient encore des petits arts du relief qui subsistaient dans le naufrage de la forme glorieuse : stucs des chapiteaux, ivoires, que l'époque carolingienne avait déjà aimés; orfèvrerie surtout, soit châsses décorées au repoussé, qui donnent le modèle d'un des plus beaux motifs de la sculpture monumentale romane, le personnage logé sous des arcades, soit « majestés d'or », si nombreuses en Auvergne, faites comme la Sainte-Foy de Conques (xe siècle) d'un bloc de bois à peine taillé et plaqué de métal. Sur la voie que traçait la miniature vers la conquête de la forme, le métal malléable a précédé la pierre.

Cet art qui vient de renaître n'est guère que bas-relief. De la ronde-bosse il se donne seulement l'illusion dans les « chefs » en métal sur forme de bois, qui ne sont ni taille, ni modelage, mais simple placage. Vers la fin du xII^e siècle, il est vrai, quand il évolue vers le gothique il l'aborde directement en des Vierges-mères de bois ou de belle pierre. Statues doubles même, puisque l'Enfant en est une plus petite, qui se superpose à l'autre. Mais qu'est cela en comparaison des innombrables « histoires » qui courent sur le champ de la pierre où elles restent attachées, et font ainsi partie de la masse même de l'église qu'elles décorent? Serait-ce que le bas-relief est plus facile à traiter? Tableau sculpté, il n'est qu'à deux dimensions, tandis que la statue en a trois, celles mêmes des êtres vivants et de l'espace où ils se meuvent. Bas-relief d'abord, puis ébauche de statuaire dans les « chefs » reliquaires de l'Auvergne dès le xe siècle, enfin la statue, chef-d'œuvre du sens de l'espace, autour de laquelle l'air se promène librement : telle serait l'évolution de la technique et la marche du progrès, du midi latin au nord barbare.

Il se peut que dans la plus ancienne civilisation la statue soit antérieure. Elle est la forme réelle, donnée immédiate de nos sens, tandis que le bas-relief est une fiction qui suppose un travail plus complexe de l'esprit et des mains. C'est par elle que l'art humain a commencé. Mais chez nous c'est sur le bas-relief que l'art de la forme fait ses premiers pas, du moins ceux qui comptent, et c'est là qu'il s'est longtemps complu. C'est que cette technique non seulement transpose la miniature carolingienne, mais surtout est comme une émanation de l'architecture. A une époque où la sculpture est un art complémentaire, le bas-relief se fixe au monument qu'il décore, comme en Grèce à la frise de la cella ou aux métopes de l'entablement. Et puis, il raconte : il est donc le préféré de cet art, qui n'est plus assez enfant pour s'en tenir au symbole, mais qui reste assez jeune pour se plaire au récit.

Ses progrès sont d'ailleurs bien plus rapides que ceux de la statue. Les « chefs » ou statues-reliquaires, immobiles et les yeux fixes, ont quelquefois, comme la Sainte-Foy de Conques (xe siècle), l'air d'une idole sauvage constellée d'amulettes. La Vierge, fixe sur son axe, portant sur ses genoux l'Enfant vertical comme elle et comme elle de face, abuse de la frontalité. Mais qu'on suive l'évolution, du linteau de Saint-Génis des Fontaines au tympan de Moissac (vers 1130). Certes la main de l'artisan suit des conventions religieuses ou techniques. De là l'insignifiance dans les figures, le hiératisme dans certaines attitudes, ou au contraire la frénésie, car la recherche naïve du mouvement aboutit au tumulte sans cause. De là aussi l'absence de perspective, lorsque ayant assis au tympan un immense personnage comme le Souverain Juge, il déjette de côté ses genoux par impuissance à les montrer de face. Il noue de torticolis les têtes des vieillards de l'Apocalypse, levées vers lui. La gaucherie des gestes n'a d'égale que le style artificiel des draperies. L'influence de la miniature est partout. Si les Apôtres des piliers de Moissac sont comme des dessins gravés, si ceux du tympan de Vézelay sont vêtus de paraphes comme dans certains manuscrits de l'Apocalypse, c'est que le ciseau a contracté les habitudes de la plume. L'imagier avait admiré les virtuosités du scribe. Cette plastique sort donc tout droit de la calligraphie. Et puis, tout en étant bien plus véridique que la sculpture ornementale, elle s'obstine à regarder de loin et de haut le réel, en cherchant même son point d'horizon en dehors et au delà. C'est un art libre et fier, qui

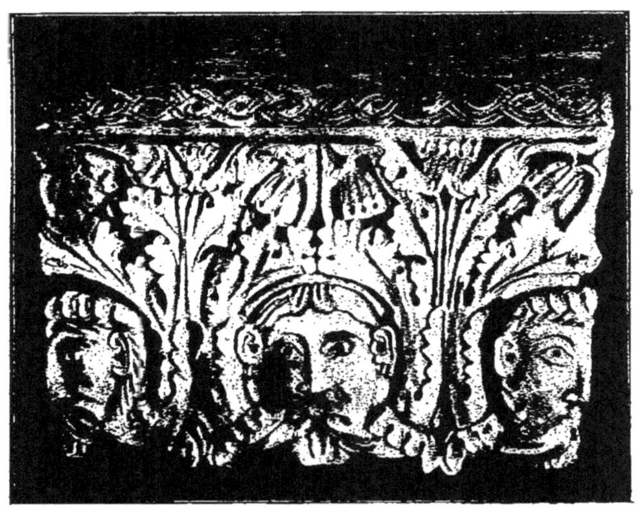

Fig. 45. — LYON. CHAPITEAU DE L'ÉGLISE SAINT-MARTIN D'AINAY.

Fin du XIe siècle. Hantise de l'antiquité, aperçue sur les sarcophages des ateliers d'Arles. Acanthe corinthienne et masques de théâtre. Mais l'acanthe ne se déroule plus, et le masque devient insensiblement un « grotesque ».

ne copie jamais, interprète presque toujours, et de gaieté de cœur déforme, l'être humain aussi bien que l'animal, ou le végétal, ou les choses. Il ne se soumet qu'à deux autorités qui ennoblissent toujours leur servant : l'idée et le monument. C'est le symbolisme selon la tradition de la mosaïque byzantine et de la miniature, qui fait colossal le Christ du tympan, au milieu d'apôtres plus petits et de vieillards de l'Apocalypse tous menus comme des insectes... Et c'est l'esprit monumental qui l'allonge du linteau à l'archivolte pour occuper tout le champ de l'énorme pierre. La vraisemblance? La correction? La science? Vanités d'esprits courts. Après sept siècles notre Néo-Archaïsme recommence cette ignorance ou ce parti pris superbe, qu'il préfère à la perfection de Reims. L'art roman, même dans les scènes sacrées, qui ne font que sanctifier la figure humaine familière, reste un supernaturalisme. Malgré tout quand on compare ses œuvres du début et de la fin on est stupéfait de sa faculté de progrès : on le voit découvrir peu à peu le mouvement, même l'expression du visage où l'âme se révèle comme en modelé. C'est au XIIe siècle que la momie, déliée, remue, vit et nous parle. Le festin d'Hérode sur le chapiteau de Saint-Étienne à Toulouse, les représailles d'Adam contre Ève sur le chapiteau de Notre-Dame-du-Port à Clermont-Ferrand, l'inhumation de Saint-Paul ermite sur le chapiteau de Vézelay, pour ne citer que quelques exemples, sont des chefs-d'œuvre de vie, même avec l'incorrection ou ... par elle. Les grimaces qui y restent nous touchent comme des cris de sincérité. Le tympan d'Autun est bien ingénu de sentiment, bien barbare de formes : pourquoi est-il si dramatique (fig. 46)?

Le bas-relief tourne sur les quatre faces des chapiteaux, où se déroule l'histoire des personnages sacrés. Le chapiteau historié est presque propre à l'art roman. Lorsqu'à la fin du XIIe siècle il délaisse les « histoires » pour la flore, c'est que le naturisme gothique monte comme une aube. En apparence, c'est un illogisme de faire vivre et agir ainsi un petit monde entre le pilier et l'arcade qu'il supporte : terribles forces ennemies dont le heurt va l'écraser ! Mais l'art romain déclinant avait déjà inséré des figures humaines entre les acanthes corinthiennes. La corbeille simplement végétale elle-même, qu'elle soit antique ou gothique, n'est pas plus logique. Les imagiers romans ont d'ailleurs donné à ces petits bas-reliefs la vigueur qui convient à un support, une fermeté et une largeur qui s'accordent à l'effet monumental. Du reste ils se développent, comme des frises sur

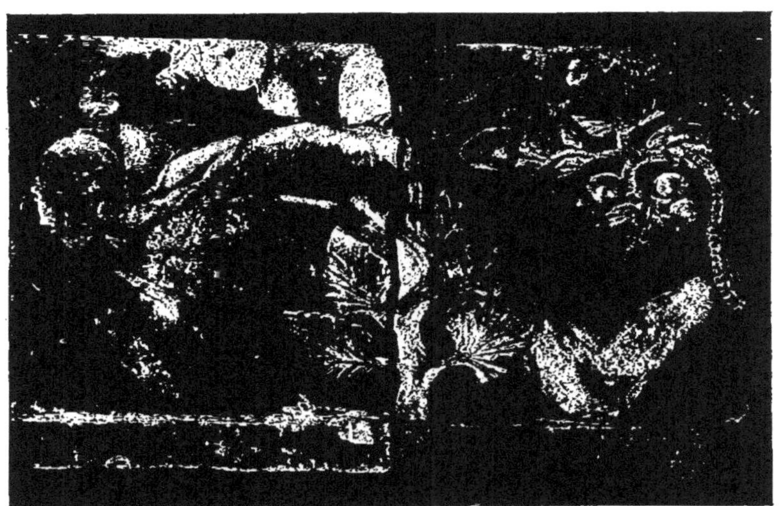

Fig. 46. — AUTUN. PORTAIL LATÉRAL DE SAINT-LAZARE. LINTEAU DE L'ANCIEN TYMPAN.

Intelligence pénétrante du sujet. Ève onduleuse et furtive comme le serpent qu'elle écoute. Souplesse des formes, grâce des courbes, combinaison heureuse de la figure humaine, de l'animal et de la plante; effet décoratif dans la vertu expressive.

Photo M. H.

l'entablement, à l'abri d'un tailloir énorme qui nous rassure. Quel grouillement de vie, et déjà (XIIe siècle), quelle justesse de gestes et d'attitudes aux chapiteaux de Notre-Dame-du-Port, de Saint-Nectaire, de Mozat, de Vézelay et de Toulouse!

Il décore aussi les pieds-droits du portail. De grandes histoires lapidaires, comme à Moissac celle du Mauvais Riche, du clerc Théophile, du châtiment des Vices, ou bien des personnages sacrés de grandeur naturelle, accueillent le fidèle à son entrée. L'antiquité n'avait pas eu l'idée de cette audace, sauf l'Égypte à la porte de ses hypogées. Mais surtout le bas-relief s'étale à l'aise sur le tympan, vaste espace demi-circulaire compris entre le linteau et l'arc de la porte.

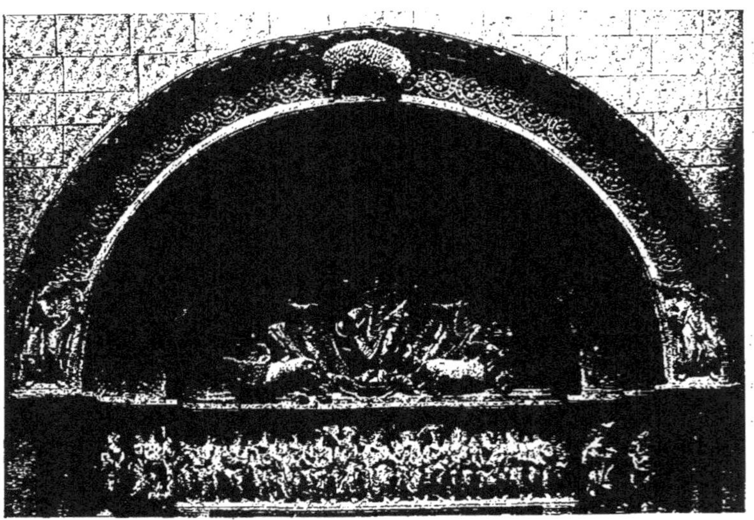

Fig. 47. — CHARLIEU (LOIRE). TYMPAN DU PORTAIL.

Milieu du XIIe siècle. Très beau type de ces grands bas-reliefs demi-circulaires qui couronnent de la vision de l'Apocalypse les portails. Le Christ en majesté dans la mandorle, entouré des symboles des Evangélistes. Au linteau, la Vierge et les Apôtres. Transposition probable dans la pierre d'une fresque de Lavaudieu. Elegance et finesse de l'exécution.

C'est l'art roman qui invente cette magnificence où s'enveloppe une grande leçon chrétienne, et c'est là que la sculpture du XIIe siècle a composé ses meilleures pages, amples comme des poèmes. On voit sur quelques-uns la Pentecôte ou Mission des Apôtres (fig. 51). L'imagier de Vézelay (1120-1132) y sculpte le soleil et la lune, avec les ondulations de la mer et de la terre. Le Bernin dans l'abside de Saint-

Pierre du Vatican, et tous les sculpteurs baroques qui solidifient le nuage et le rayon, ne feront pas autre chose; et s'ils leur donnent plus de vie, c'est en leur enlevant ce style monumental. L'artiste roman ose même affronter ce qu'il y a de plus spirituel au monde, la communication de la

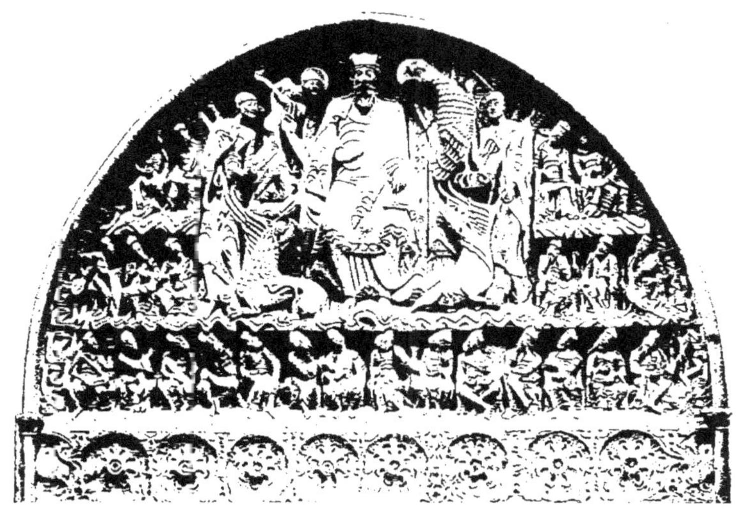

Fig. 48. — MOISSAC (TARN-ET-GARONNE). LE TYMPAN DU PORTAIL (1er QUART DU XIIe S., VERS 1130).

Le Christ entre les symboles des Évangélistes, et les 24 vieillards de l'Apocalypse. Prestige inouï des manuscrits à miniatures de l'Apocalypse, et influence sur la Renaissance plastique. Clarté latine dans l'interprétation de la confuse vision orientale, majesté de l'ordonnance et robustesse de la forme. *Photo M. H.*

pensée. Des rayons inspirateurs vont des larges paumes du Christ aux Apôtres, recroquevillés sous ces atteintes de feu. Le Christ lui-même, agité par l'esprit divin, mais ligoté par la maladresse du sculpteur qui suit le miniaturiste, se trémousse sur son trône comme la Sibylle sur son trépied, tout déjeté. Mais c'est surtout l'Apocalypse de saint Jean qui hante l'esprit des clercs et des imagiers, parce qu'elle est une vision : vision de solitaire au désert, exalté par un soleil brûlant! D'ailleurs les miniatures des manuscrits en donnaient d'admirables modèles. En sa forme la plus simple, le Dieu de Majesté, gigantesque, inscrit dans la mandorle, est assis comme un basileus byzantin sur une cathèdre enchâssée de gemmes et bénit des deux doigts de la main levée. Il trône dans une attitude de souveraineté, avec une expression d'éternité, entre les quatre figures demi-animales des Évangélistes ou « Tétramorphe », reflet des grands Kheroubim qui montaient la garde devant les palais des rois assyriens, et des dieux à têtes d'animaux que les sculpteurs des pharaons taillaient dans le basalte ou le granit. L'art copte qui en avait hérité les a transmis à l'Europe paléochrétienne. Cette vision, encore très simple dans son étrangeté, c'est celle que l'imagier de Charlieu sculpte vers 1090 dans un cadre d'élégance grecque (fig. 47). Mais elle se complique par la présence de douze Apôtres comme à Carennac, puis, comme au grandiose tympan de Moissac (vers 1130), des vingt-quatre vieillards de l'Apocalypse qui, les regards fixés sur Dieu, jouent de la guitare, à l'espagnole (fig. 48). Chartres, Le Mans, Angers, Provins, imiteront Moissac. Il n'y a pas vingt-cinq ans que la sculpture française est en possession de ses moyens, et voici que le tailleur de pierre ose affronter avec le ciseau des hallucinations éperdues. Mais c'est un latin : il les ordonne en des compositions claires, déjà classiques. Tout ce fantastique se discipline et s'apaise. Il arrive même, à Carennac par exemple, que le champ du tympan est divisé par des sortes de meneaux en compartiments géométriques, qui imposent aux fulgurances de l'apparition le catégorisme précis de l'Occident. C'est enfin l'immense drame du Jugement Dernier, grandiose vision dantesque. Le seul tort de ces œuvres formidables, à Beaulieu, Conques, Autun, Moissac, c'est d'avoir été dépassées par les tympans des cathédrales gothiques. Mais leur mérite, c'est de les avoir préparés. Tout, idées et formes, ampleur et pondération de l'ordonnance, y est déjà en germe.

Comme l'architecture, la sculpture romane surgit

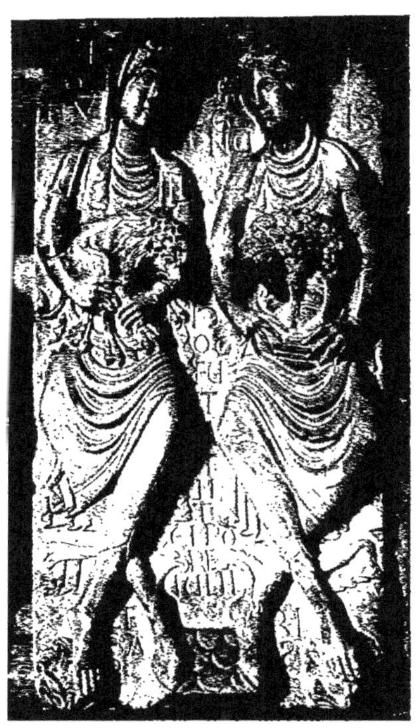

Fig. 49. — TOULOUSE. BAS-RELIEF DE SAINT-SERNIN.

Femmes portant le lion et le bélier. Attitude assise avec les jambes en X selon une habitude des ateliers de Moissac et de Toulouse, contractée sous l'influence de miniatures méridionales. *Photo de Mély.*

presque à la fois dans toutes nos provinces. Il semble bien pourtant que le réveil se soit accompli vers la fin du XIe siècle, dans l'heureux midi, surtout dans le Languedoc raffiné, tout imprégné des traditions de la sculpture romaine, proche des marbres pyrénéens qui sont aussi beaux que les marbres grecs, et stimulé par les miniatures d'Apocalypses espagnoles. C'est jusqu'à l'atroce croisade contre les Albigeois (1208), le jardin fleuri de la gaye science et des troubadours. A Moissac (fig. 48), le tympan (vers 1130) et les chapiteaux doubles du cloître (vers 1100) ciselés comme des ivoires sarrasins, sculptent les feuillets enluminés de l'Apocalypse. Les animaux

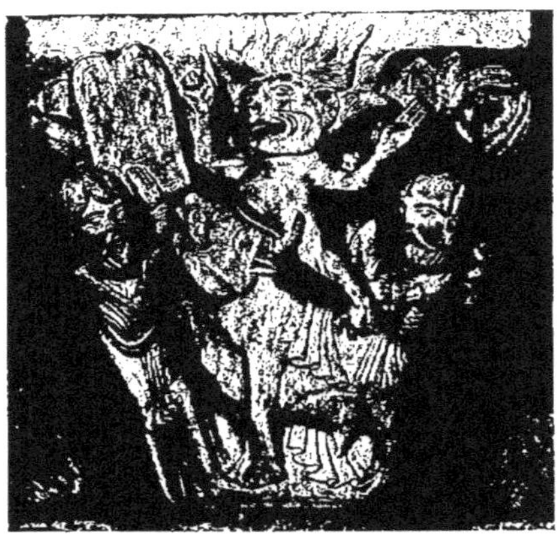

Fig. 50. — VÉZELAY. CHAPITEAU : LE VEAU D'OR.

Sculpture bourguignonne : fréquence du Démon, sens du drame et don du mouvement. Le « réalisme » est déjà un caractère de l'École, bien avant Claus Sluter et le XVe siècle.

Photo N. D.

enchevêtrés du trumeau de Souillac sont échappés des miniatures anglo-saxonnes. Ce sont peut-être des diptyques byzantins qui ont inspiré les bas-reliefs de marbre du déambulatoire de Saint-Sernin de Toulouse (fin du XIe siècle), d'ailleurs polis comme l'ivoire. Partout, dans les prieurés clunisiens, à Moissac, à Souillac, à Toulouse, l'École lance en mouvements fougueux des personnages dégingandés. Leur corps désaxé tressaute dans la pierre. Autour de leur pantomime les draperies claquent violemment. Quand par hasard ils sont assis, ils croisent les jambes, comme d'impatience. Recherche technique pour déployer la forme et obtenir d'intéressants sinus de draperies. Ainsi les croisaient en forme d'X leurs frères aînés des miniatures dans certains manuscrits du sud-ouest (fig. 49). L'immobilité même, ici, est dynamique! Les

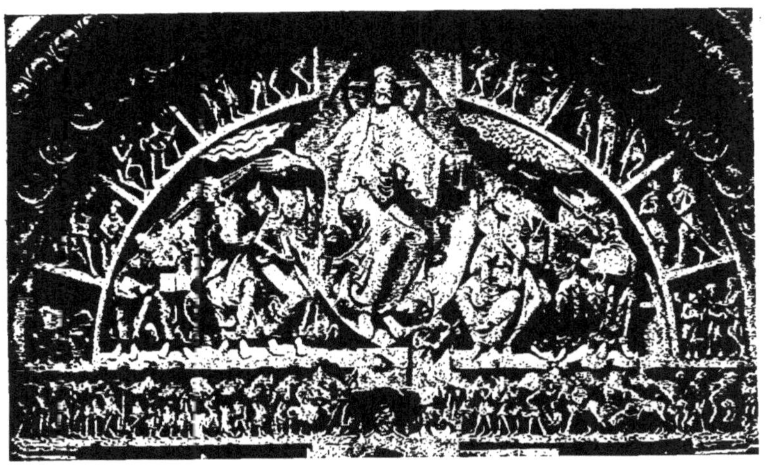

Fig. 51. — VÉZELAY. TYMPAN DU GRAND PORTAIL DE LA NEF.

Vers 1132. La Pentecôte, sur le linteau les peuples de la Terre. Réminiscence d'une miniature de manuscrit. Dessin et paraphes du scribe transposés dans la pierre. Maladresse des raccourcis, allongement de la taille, don du mouvement et grandeur monumentale.
Photo E. Lefèvre-Pontalis.

imagiers du pays ont porté jusqu'en Provence et à Saint-Denis-en-France cette sculpture toute en ressorts. Le Jugement Dernier du portail de Saint-Denis est vers 1135 une réminiscence de celui de Beaulieu. En appelant ces ateliers pour décorer sa basilique, après un voyage où leur génie l'avait frappé, l'abbé Suger proclamait l'hégémonie féconde du Languedoc sur la sculpture romane française. Ici aussi, à Moissac, sur la tombe de l'abbé

Durand, est né au XIe siècle un genre qui nous est national : le portrait.

La sculpture bourguignonne a été stimulée, elle aussi, par la tradition antique, toujours vivace dans les vallées du Rhône et de la Saône, grande voie de pénétration de l'art romain. Et quelle impulsion que celle de l'abbaye de Cluny ! Aussi est-ce le pays des grands tympans. Sur ceux-ci et autour des chapiteaux, à Cluny, à Vézelay, à Autun, foisonne une vie intense, extrêmement dramatique. Le démon y multiplie contorsions et grimaces (fig. 50). Or, en art, il est le mouvement, la frénésie. Aux miniatures des manuscrits qu'on enluminait tout à côté dans le monastère sur les modèles byzantins, l'imagier emprunte les paraphes calligraphiques dont s'habillent ses figures indéfiniment allongées. Ces retroussis du bas des robes, ces coups de vent, c'est caprice de plume tout comme les jambes croisées et les attitudes dansantes. La merveille, c'est que ces habitudes de scribe ne l'empêchent jamais de rester « monumental ». De Bourgogne elles iront séduire l'Ile-de-France : en souvenir d'elle les statues colonnes d'Étampes seront costumées de paraphes. L'École invente même le grand mausolée à statues, à vraies statues en ronde-bosse comme l'imposant ensemble de Saint-Lazare d'Autun (fig. 52). Mais cette hardiesse, vers 1180, ouvre déjà la porte à l'art qui vient.

L'Auvergne est un pays de montagnes. La technique du bas-relief gallo-romain, travaillé au trépan, s'était conservée sur ces plateaux. Aussi taille-t-elle des chapiteaux trapus (XIIe siècle), où les figures s'enlèvent en relief vigoureux sur des creux pleins d'ombre. Les figures de Notre-Dame-du-Port, de Saint-Saturnin, de Saint-Nectaire, d'Orcival, de Mozat, sont de l'art populaire, plein de verdeur et de familiarité (fig. 53). Sur l'usurier, sur Ève responsable de la faute, le gros humour auvergnat s'en donne à cœur joie. Têtes énormes à pommettes saillantes, aux traits accentués par l'énergie du ciseau, coiffées à petits rouleaux, sur corps bref mais ramassé. La dureté des matériaux,

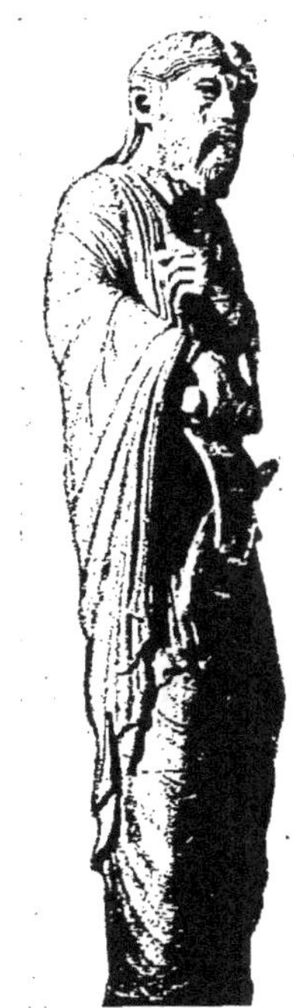

Fig. 52. — AUTUN. L'APOTRE SAINT ANDRÉ.

Statue en ronde-bosse de très grand style, par le moine Martin, entre 1170 et 1189. Provient du monumental tombeau de Saint-Lazare, détruit. Annonce de l'art gothique.

lave ou arkose, leur confère largeur et décision, mais gaucherie. Enlevées fortement en clair sur le fond, elles sont des plus vivantes qu'il y ait, dans des formes lourdes. C'est cette rude École qui crée le type de la statue ou du chef-reliquaire, en bois doré ou plaqué de métal.

Saintonge, Poitou et Charente-Inférieure cisèlent leurs

riches façades comme une orfèvrerie énorme (fig. 54). C'est un de nos étonnements que cette luxuriance ornementale n'enlève rien à la monumentalité. Dépourvues elles aussi de vrais tympans, elles prennent leur revanche en logeant aux voussures des figurines, et dans le sens même de la courbe. Parti ingénieux et hardi, que s'empressera de

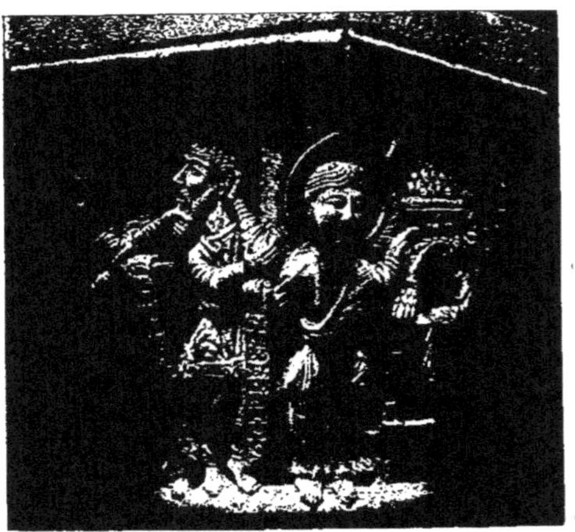

Fig. 53. — CLERMONT. CHAPITEAU A NOTRE-DAME-DU-PORT.

L'Ange et saint Joseph. Art auvergnat, de relief vigoureux, de formes robustes, et très animé. Oppositions fortes d'ombres et de lumières. Usage constant du trépan.

Photo N. D.

reprendre la sculpture gothique! Il est né ici ou à Cahors, à l'ombre des coupoles. Çà et là chevauche pesamment un cavalier mystérieux qui foule un vaincu: Saint Jacques tueur des Mores? Saint Martin? Roland le preux? souvenir plus probable, mais très confus, du Marc-Aurèle de la place du Latran à Rome, qui passait pour l'empereur Constantin. N'est-ce pas celui-ci qui avait fait sortir l'Église des catacombes et des chapelles domestiques, et donné l'essor à la Chrétienté? Le groupe équestre est né en

France, au XIIe siècle, dans ces églises du sud-ouest. Il est rare, il est vrai : c'est aux sceaux que le Moyen Age réservera de préférence le noble motif. Pourtant ces figures

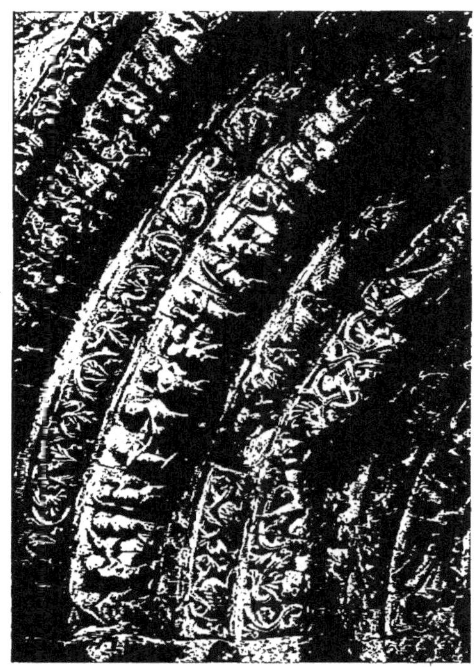

Fig. 54. — SAINTES. ARCHIVOLTE DU PORTAIL DE NOTRE-DAME.

Art saintongeais. Voussures orfèvrées comme un colossal bracelet. Chaque figure étant taillée dans un claveau, il y a 53 vieillards de l'Apocalypse au lieu de 24, et dans la voussure du Massacre des Innocents chaque enfant est aussi grand que sa mère. Soumission absolue aux matériaux d'architecture. *Photo Lefèvre-Pontalis.*

guerrières sont les seules en haut-relief ou ronde-bosse, et de grandes proportions, de l'art roman français. Quand le cavalier reparaîtra chez nous au XVIe siècle, revenant d'Italie, il se retrouvera chez lui. Une fois de plus notre Renaissance n'est pas un élan, mais un retour.

Dans l'antique Provence, Saint-Gilles et Saint-Trophime

sont décorées à la romaine (fin du XIIe siècle). La grecque, l'acanthe et le rinceau s'y posent aux corniches, aux chapiteaux, aux panneaux. Elle imite, non sans lourdeur, le décor déjà épais des stèles funéraires et des premiers

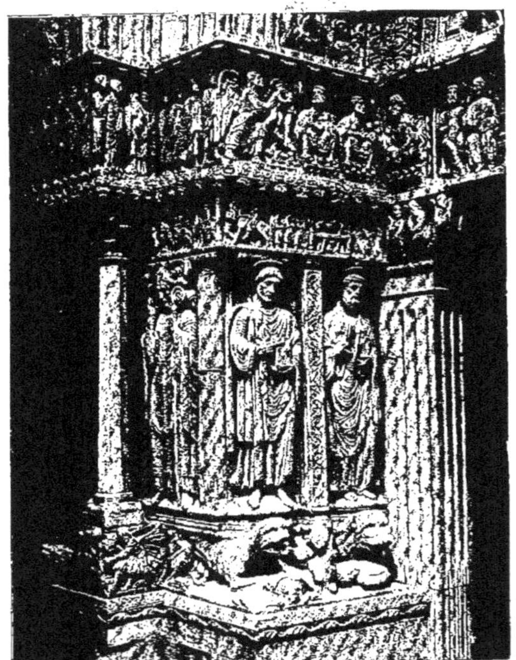

Fig. 55. — ARLES. PORTAIL DE SAINT-TROPHIME. STATUES DES APOTRES.

Sculpture tardive, de la fin du XIIe siècle. Rencontre d'influences antiques (colonnes et pilastres, denticules et modillons, etc.), paléochrétiennes (par les sarcophages) et orientales venues par les miniatures (colonnes reposant sur des lions). *Photo N. D.*

sarcophages chrétiens qui peuplaient cette terre de nécropoles. Sans doute l'Asie lui envoie par les miniatures syriaques ses lions féroces qui dévorent des quadrupèdes et portent des colonnes sur leur dos : quelque moine enlumineur les avait aperçus dans les ruines des palais assyriens. Mais les imagiers de Saint-Trophime se sont aussi promenés aux Alyscamps, où les tombes sculptées se pressaient encore. Les Apôtres, encadrés de colonnes corinthiennes ou de pilastres cannelés, sous des corniches à

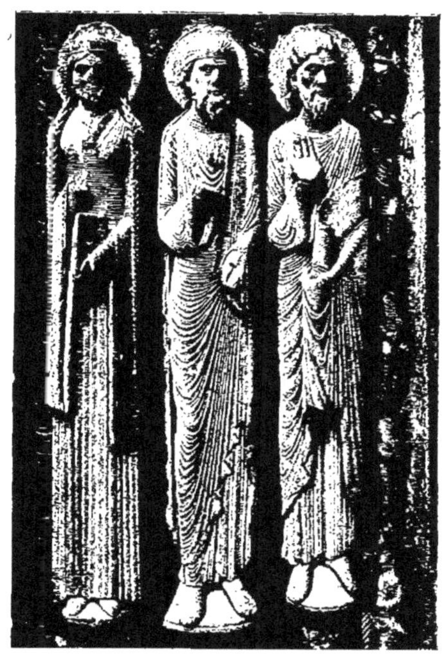

Fig. 56. — PORTE CENTRALE DE CHARTRES : ÉBRASEMENT. FIGURES DE L'ANCIEN TESTAMENT.

Vers 1150. Motif de l'ordonnance monumentale des grands portails, consacré par l'abbé Suger à l'abbatiale de Saint-Denis en 1140-1144. La statue-colonne, à la fois organe de support, thème de décor, et interprétation modelée du corps humain. — Archaïsmes de l'allongement, de la frontalité et du parallélisme; mais vie secrète. *Photo Houvet.*

modillons, ont l'air de sénateurs (fig. 55). Malheureusement le sol provençal était par trop riche de modèles. Abâtardie par l'imitation l'École reste en arrière. Les statues qu'elle dresse à ces façades ne sont pas, comme on l'a cru, qu'une transposition pesante et tardive de celles de l'Ile-de-France. Mais leur tort c'est qu'on l'ait pu croire.

Nous voici, en effet, arrivés à l'École qui détient l'avenir. C'est là que siège la Monarchie, autour de laquelle se groupent les énergies les plus actives du pays. Certes, les chapiteaux sont médiocres, et pauvres en figure humaine. Mais dès le milieu du siècle elle a, la première, une idée féconde : dresser des personnages contre les montants ébrasés du portail. C'est l'abbé Suger qui la conçoit à Saint-Denis vers 1135 après son voyage émerveillé dans le Languedoc. Chartres vers 1145 (fig. 56), Le Mans, Corbeil, Étampes, s'empressent de l'emprunter à l'abbaye royale. Elle a fait son chemin jusque dans l'Italie lombarde, par exemple à la cathédrale de Crémone, côte à côte avec les légendes françaises d'Olivier et de Roland. Certes cette figure étrange est encore une colonne, et qui exerce visiblement sa fonction organique. Longue et mince sur ses jambes parallèles, dans ses draperies verticales comme ciselées, elle a la rectitude du mur où elle s'appuie. Et pourtant c'est déjà la statue monumentale. C'est la forme dans l'espace en même temps qu'adossée, parfois même avec un peu du modelé de la vie, de la vérité dans les traits, du réalisme dans le costume, quelque expression dans le sourire secret. Mais ici, il faut nous arrêter, car ces personnages de grandeur nature et presque en ronde-bosse, qui font la haie pour accueillir le fidèle à l'entrée de l'église, nous introduisent dans un autre monde. Ces portails romans du nord nous ouvrent déjà l'art gothique.

CHAPITRE III

LES ARTS DE LA COULEUR

La passion sensuelle du coloris. — Peinture murale et Vitrail. — Les Arts décoratifs. — Opulence de la matière et des effets. — Originalité de l'art roman. — Évolution rapide et brève durée. — Aspiration ardente à l'art gothique.

La polychromie avivait ces figures de pierre, comme le monument lui-même, et tout entier. L'art roman est comme toutes les époques jeunes, comme l'Hellade primitive, comme le vieil Orient lui-même qui à cet égard en est resté à sa jeunesse, comme la Byzance de Theodora, qui n'avait que deux cents ans : il s'enivre de la couleur. Il faut se représenter les églises du XIIe siècle, non grisâtres comme aujourd'hui, mais luxuriantes, vibrantes, de leurs parois au mobilier. C'est à leur image sans doute que le fidèle se figurait le Paradis. Contre l'excès de ces prestiges aussi saint Bernard a protesté : il se défiait de l'art sensuel entre tous, qui est la volupté des yeux. Mais les bénédictins, qui en font hommage à Dieu, en ont usé allègrement. Le moine enlumine donc son église tout comme le manuscrit; et la statuaire, le bas-relief, participent à cette fête universelle. Jamais le Moyen Age n'a conçu cette abstraction : la statue incolore. Il s'agit d'aider la forme, non à étonner par le rendu, mais à soutenir la tonalité générale où elle baigne. Tons de la miniature, qui reste reine dans ce domaine : ils n'ont aucun rapport avec la réalité. Chapiteaux, tympans, sont relevés vivement de vert, de rouge et de bleu, où l'or fauve éclate. Les grandes pages de pierre de Moissac et de Vézelay, qui en conservent encore des traces, dérobent au feuillet de parchemin qui leur a servi de modèle, non seulement ses « idées », mais sa magie colorée. Et cette fois elle soutient la lumière réelle, celle du plein-air, dans le libre espace.

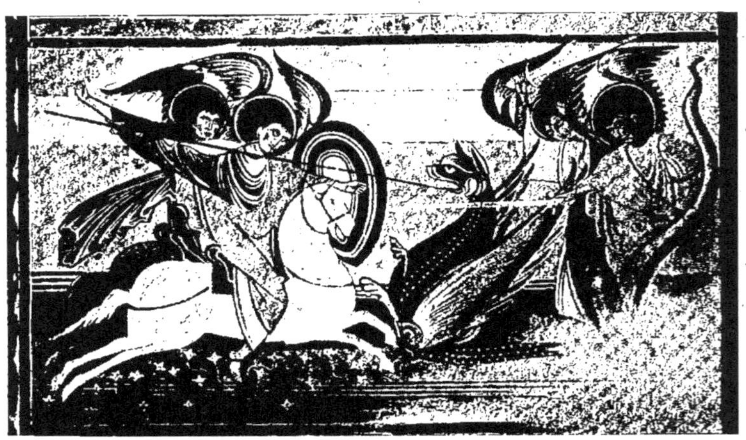

Fig. 57. — SAINT-SAVIN (VIENNE). FRESQUE DU XIIe SIÈCLE.
(*D'après Gélis-Didot et Laffillée*)

Combat de saint Michel et du dragon. Sorte de miniature agrandie. Contour au trait et teintes plates. Les ombres mêmes sont au trait. Art abréviatif et synthétique, donc monumental, qui résume la terre en quelques fleurettes, et stylise à la manière byzantine.

Mais cette polychromie n'est pas la seule. Elle n'est même pas la plus frappante puisqu'elle est humble servante de la forme. L'art roman aime la couleur en elle-même, indépendante de son substratum. Et cela nous surprend. Cet art essentiellement architectonique et plastique, cet art de la masse, aime aussi, passionnément, à faire chanter les surfaces. Coloriste, il l'est dans la peinture proprement dite et dans tous les arts décoratifs, qu'il fait chatoyer. D'après ce que nous savons et le peu qui nous reste de la basilique dionysienne, elle était du pavement

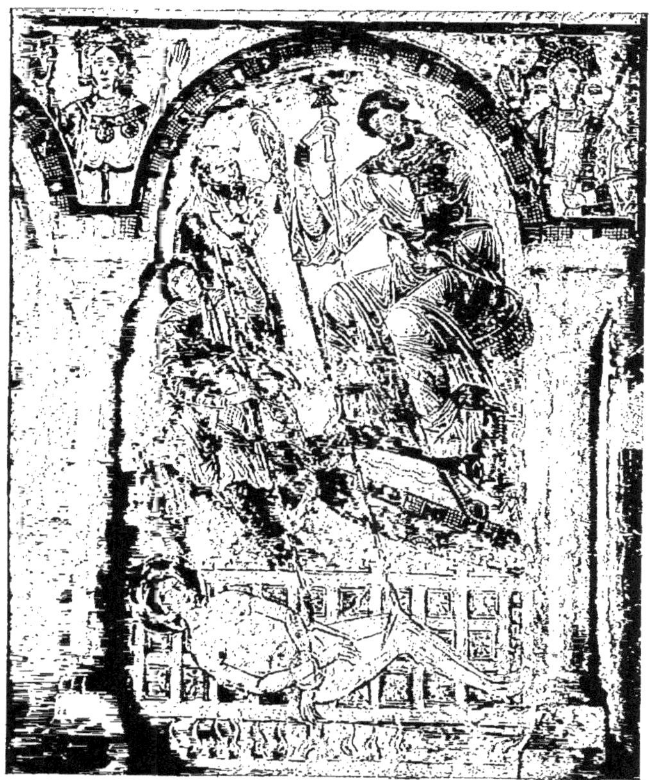

Fig. 58. — BERZÉ-LA-VILLE (SAONE-ET-LOIRE). CHAPELLE DU CHATEAU DES MOINES.

Fresque du XIIe siècle, qu'on prendrait pour une miniature agrandie. Influence byzantine : sécheresse des plis, absence de perspective; dans les écoinçons, saintes aux couronnes de riches pendeloques et aux robes perlées, qui font penser à Théodora dans la mosaïque de Saint-Vital à Ravenne.

au faîte une ardente dionysie! Mais le sens des harmonies l'organisait.

Les XIe et XIIe siècles sont l'âge d'or de la peinture monumentale. Entre l'architecte et le peintre on sent qu'il y a entente préétablie pour l'unité décorative de l'ensemble. Sur ses murs pleins l'édifice ménage de vastes surfaces toutes prêtes. Des fresques grandioses les couvrent dont celles de l'Auvergne, de la Haute-Loire, surtout de Saint-Savin (fig. 57) sont de magnifiques exemplaires. C'est moins que tout autre un art d'observation. Plus de modèles antiques sur lesquels on pût s'appuyer comme pour la sculpture! Pas de point de convergence, car la peinture murale est vue de partout, et non, comme un tableau, du point choisi par le peintre. Pas de perspective. Pas de paysage : un arbre résume la forêt, quelques fleurettes la prairie. Cet art a trop de grandes choses à nous dire pour s'arrêter aux vains prestiges de l'illusion, dont il ignore du reste les moyens. Des traditions gréco-orientales que les moines Théophile et Denys nous ont transmises dans leurs traités conduisent ce dessin, très sûr de lui, mais conventionnel, toujours statique. Il appuie d'un gros trait sur le contour, même quand il lâche en mouvements endiablés des personnages tout en saccades. Le plus souvent il reste grave, de la perpétuelle gravité romane. Devant certaines figures, à Montoire, à Berzé-la-Ville (fig. 58), à Vic, à Poitiers, à Poncé, à Montmorillon, on se croirait revenu devant les mosaïques de Ravenne si çà et là plus de naturel dans le geste, une flamme soudaine de vie, ne nous avertissaient que nous sommes bien en France, à la fin du XIIe siècle, à la veille de l'épanouissement gothique. Bien entendu les types sacrés sont des lieux-communs reçus des vieux traités. Cette longueur des figures et ce parti pris du visage de face, c'est Byzance; cet ovale où s'ouvrent de grands yeux fixes qui voient plus loin que le commun des hommes, c'est l'ovale grec, et Byzance encore y met son éternité. Mais ce qui est de chez nous, c'est l'accent fruste qui rudoie les finesses gréco-orientales; c'est la personnalité de l'artiste, qui loin de disparaître dans la discipline traditionnelle n'y cherche que l'armature de sa propre force, comme un courant

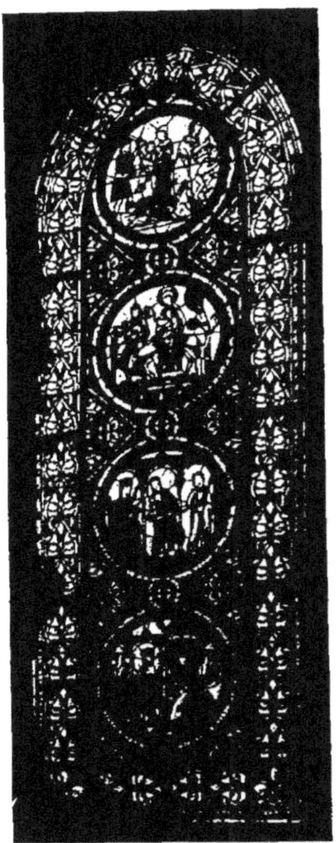

Fig. 59. — SAINT-DENIS. VITRAIL DU XIIe SIÈCLE DE L'ABBATIALE.

Très restauré. Art décoratif de stylisation et de synthèse. Scènes circonscrites en médaillons superposés, et très lisibles de dessin pour être vues de loin en transparence. Fond ornemental et tons somptueux. *Photo Le Deley.*

canalisé. Il y a de notables différences d'une fresque à l'autre : différences des tempéraments. Mais toujours une gamme restreinte, qui s'interdit souvent le bleu parce qu'il est trop cher, et toujours claire pour lutter contre l'obscurité de l'église, étale ses teintes plates. Presque jamais de modelé, ou à peine indiqué. Car le modelé, c'est la substance, la plénitude, le rendu méprisable. La fresque romane est une miniature agrandie. Cet art, qui a déjà tant de grandeur sur le feuillet de parchemin, n'avait pas besoin de se guinder pour l'édifice. Une large et sereine harmonie s'en élève en sourdine. Idéogramme sans doute, mais surtout ample décor monumental, en accord parfait avec l'esprit religieux, avec les lignes de l'architecture, avec l'immuabilité du mur que l'on sent derrière.

Peinture encore, et encore monumentale, le vitrail. Mais cette fois, c'est l'exaltation de la couleur, sublimée par la lumière. Il est la grande trouvaille de l'art chrétien. Si on néglige les morceaux de verre qui garnissaient les petites baies des mosquées, c'est la France romane qui a inventé cette féerie « orientale ». C'est à elle que dès le XIIe siècle le moine Théophile en fait honneur en la disant « précieuse » : elle y était née d'hier. Les premiers vitraux à date certaine sont ceux que le grand abbé bénédictin épris de tous les prestiges de l'Art, Suger, fit monter vers 1145 dans les chapelles de sa basilique dionysienne. Chartres, Le Mans, Angers, Poitiers, suivent à l'envi. Ce fut en effet une idée de génie que d'enchâsser dans des vergettes de plomb coulé des verres de couleur juxtaposés en feuilles et découpés suivant un dessin. Teintes plates comme dans la fresque et la miniature : elles seules sont de style monumental. Les cercles superposés, venus des tissus persans, rappellent que le vitrail n'est que la transposition des voiles de soie transparents que l'on tendait jadis aux fenêtres pour les clore. Les personnages, de contour décisif et synthétique, ont encore une raideur archaïque; mais aux bordures de large dessin s'étalent des fleurs de lis et des entrelacs superbes. Dans cet art essentiellement décoratif le décor prime la figure, et le rythme la pensée. Le dessin lui-même, si beau qu'il soit, se tait dans les résonances polyphoniques de la couleur. Le bleu surtout chatoie : velouté, intense, profond comme un lac insondable. C'est la fête de l'azur sombre. Azur éphémère, d'ailleurs, puisqu'aux vitraux du XIIIe siècle il va pâlir. Il décourage nos maîtres verriers, moins bien servis par leur industrie

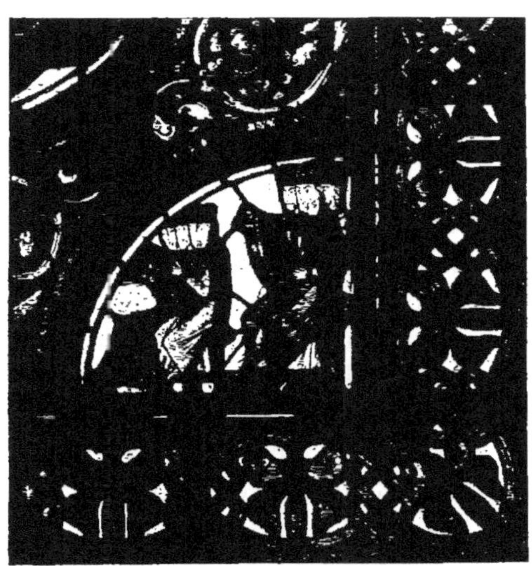

Fig. 60. — SAINT-DENIS. ANGLE DU VITRAIL DE L'APOCALYPSE.

XIIe siècle. Chef-d'œuvre de dessin, où fleurs de lis et entrelacs carolingiens, c'est-à-dire orientaux, s'associent dans la bordure. Composition équilibrée des pleins et des vides, des clairs et des tons opulents.

moderne que leurs ancêtres par les boursouflures accidentelles de la pâte. Le vitrail éblouissant éclabousse de couleur l'obscurité romane. A Saint-Denis, le déambulatoire pose autour du sanctuaire une couronne de gemmes, qui transfigurent la pierre, la lumière, même la pénombre. Architecture et sculpture romanes n'étaient qu'une résurrection, le vitrail est une Nativité (fig. 59 et 60).

Aux parois étaient étalés des tissus. La broderie de la

« reine Mathilde » à Bayeux, est le plus beau (fig. 61) : elle offre en teintes plates cerclées d'un gros trait des chevaux et des cavaliers rouges, verts, jaunes, bleus, qu'on dirait descendus d'un blason. La magie du coloris s'offrait encore sur les carrelages céramiques à dessins orientaux; sur les pavements en mosaïque, où les traditions romaines se relevaient d'une somptuosité de tapis. Même la vraie mosaïque, la mosaïque pariétale en petits cubes de verre, apportait son scintillement. Elle aussi vient de Rome la Grant, mais de Rome presque aussi alexandrine que Pompei, c'est-à-dire imprégnée d'Orient; et en passant par la somptueuse Byzance. L'abbé Suger veut pour sa basilique ce luxe entre tous luxuriant qui a l'éclat, la dureté et l'éternité des gemmes. La Gaule barbare, qui précède la sienne, l'avait déjà beaucoup aimé. Nous conservons encore deux de ces mosaïques dionysiennes, où l'artisan fier de son œuvre s'est représenté et a signé. C'est si bien le triomphe de la couleur, que le dessin se perd dans le papillotement des petites taches cubiques, comme sur une toile de Signac. Il faut de la distance pour lui permettre, ainsi qu'à l'idée, d'émerger de ce trouble sensuel. Mosaïque de parois ou de pavement, tissu, vitrail, fresque : toujours de la décoration chromatique et plate! On est étonné de l'effort qu'il a fallu à la plastique pour dégager son relief de tout cet entourage. La vision romane dans les arts décoratifs reste plane. Ici, elle prend sa revanche de la peine qu'elle a eue pour bâtir et tailler, ce qui est toujours construire en maîtrisant l'espace. Maintenant que c'est fait, elle s'en donne à cœur joie de la pure sensation colorée. Dans l'église neuve le pilier, le bas-relief, quelquefois la statue, émergent d'un remous de taches où rien ne fait saillie.

C'est même la couleur, encore, qui donne leur aspect précieux aux objets orfévrés qui meublent l'église. Au début du XIIe siècle naît à Limoges une des industries les plus opulentes du Moyen Age : l'émail champlevé (fig. 62). Il tient de près à l'orfèvrerie, et l'effet monumental demeure dans ces petites châsses en forme d'église où les figures d'applique s'enlèvent en bosse. Mais si les deux arts majeurs y posent leur marque, l'enluminure des manuscrits y étale la sienne. Que les figures émaillées se détachent sur fond réservé, mais doré, ou qu'elles soient réservées

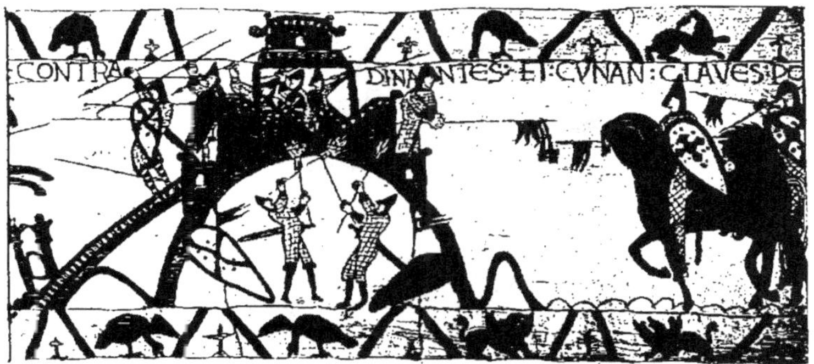

Fig. 61. — BAYEUX. BRODERIE DE LA REINE MATHILDE.

Fin du XIe siècle. Dans les bordures, l'Orient : bêtes stylisées et affrontées, et fleurs de lis. Dans le champ, la réalité contemporaine : siège de Dinan, château du XIe siècle, en bois et sur motte. Un seul plan. Dessin excellent aux chevaux. Art du profil. Teintes plates.

sur fond émaillé, l'émail est toujours là avec son bleu opaque où il y a des remous comme en eau profonde. Tout autour pierreries et perles de cristal jettent leurs feux. C'est pour les yeux une volupté ardente. Le trésor de Conques, où règne la Sainte-Foy pareille à une idole méchante de la Papouasie, mais assise sur un trône d'or massif et ruisselante de gemmes, éblouit par son opulence asiatique. On ne pense pas à son corps quand on regarde ses surfaces. Ses membres ankylosés ne sont que le support de pierres précieuses (fig. 63). On sait bien que si on enlevait la robe de métal où elles sont serties, on ne trouverait qu'un bloc de bois à peine dégrossi. La couleur s'étalait aussi aux pieds des candélabres, ouvragés d'un lacis de rinceaux aussi inextricables que les entrelacs des manus-

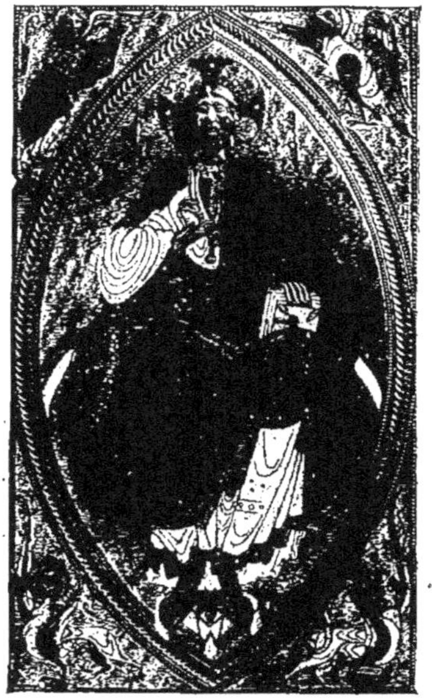

Fig. 62. — ÉMAIL LIMOUSIN, XII° SIÈCLE.
(*Musée de Cluny*)

Plaque d'Évangéliaire : Christ de majesté. Grandeur du dessin. Chef-d'œuvre de coloris obtenu par une triple technique : têtes de rapport fondues et ciselées, émail cloisonné dans le métal (champlevé) pour les vêtements, cloisonnage rapporté pour les bordures.

crits carolingiens. Les reflets dansaient dans ce treillis d'ombre quand les bras de lumière étincelaient là-haut. Couleur encore, toujours, aux lampadaires, aux couvertures d'Évangéliaires constellées de pierres précieuses en table ou en cabochon. Une splendeur, que notre goût anémié de purs occidentaux ne supporterait plus, accompagnait de sa symphonie la sculpture historiée, latine d'origine et déjà classique d'esprit.

Quand on regarde cet art roman dans son ensemble, il apparaît encore plus digne d'attention qu'on ne le dit

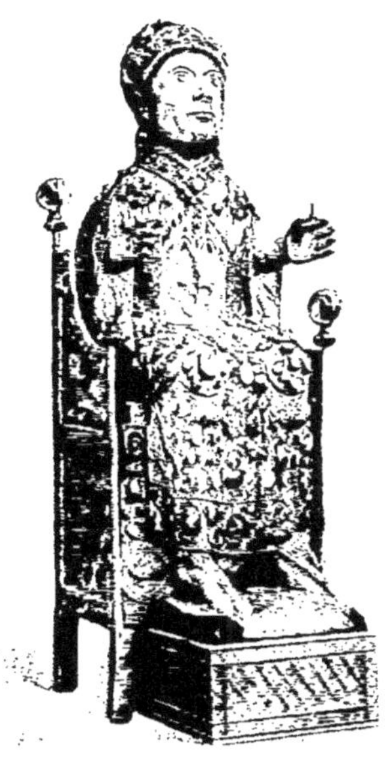

Fig. 63. — TRÉSOR DE CONQUES (AVEYRON). « MAJESTÉ D'OR » DE SAINTE-FOY.

Xe siècle. Réveil du sens plastique. Plaques d'or sur âme de bois, non taille ou modelage. Forme barbare, opulence asiatique de la matière et de la couleur, où concourent gemmes antiques et pierres précieuses en tables ou en cabochons. *Photo Carrère, Rodez.*

communément. L'art gothique n'évoluera que sur lui-même. L'art roman, enlacé d'influences étrangères, se dégage d'un mouvement continu et puissant. Il est l'éveil du génie national, offrant le spectacle dramatique d'un duel entre l'esprit latin et l'Orient, qui le presse par le nord anglo-saxon et scandinave, par l'Espagne wisigothique et sarrasine, par les barbares de l'est. — Il est riche et varié de substance puisque l'analyse y découvre des apports lointains. Même très original, par exemple au Puy, à Vézelay, son originalité est faite avec des souvenirs qui nous entraînent loin dans le temps et l'espace, de Cordoue à l'Irlande, de Rome, de Ravenne, de Byzance à Firouz-Abad et à Sarvistan. C'est une large évasion. L'Art gothique va nous ramener chez nous : et ce sera une autre joie, celle du chez soi après l'intérêt du beau voyage.

A s'en tenir à l'art pur, il apparaît avant tout de beauté monumentale. Ce n'est pas qu'il ignore le mouvement. Toute la sculpture du Languedoc, même celle des tympans bourguignons, remue dans la pierre comme une « possédée ». Une frénésie diabolique secoue les prophètes de Souillac et les chapiteaux de Vézelay. Les figures des manuscrits carolingiens la leur ont communiquée. L'art gothique sera un apaisement. Mais ce magistral style roman lui-même garde toujours quelque hiératisme théocratique que l'époque suivante humanisera. Il a le sens de la masse pour l'édifice et du plein pour la forme plastique, enfin dégagée au XIIe siècle de tous les à-plats. Son dessin va droit à la synthèse incorrecte qui brusque le raccourci : il y reste quelque chose des grands schémas qui décoraient les absides ravennates et les fresques de Cappadoce ou d'Égypte. Si les Christ sont si grands sur les tympans, les prophètes de Souillac et les figures des pieds-droits au porche de Moissac si longs, c'est pour occuper, avidement, l'espace qu'offre le panneau. Pour avoir la beauté spatiale il déforme. Or déformer c'est styliser. Simplificateur toujours, il n'explique pas : il suggère. Déformant et stylisateur, il est merveilleusement décoratif. La période qui va venir ne perdra certes pas les qualités qui imposent : elle ira cependant du simple au composé, des pleins autoritaires aux évidements et à l'accent de détail. Du tympan de Moissac à celui de Bourges, de la massive basilique de Cluny (ou de Tournus) à la fine cathédrale de Reims l'art perd peut-être en puissance ce qu'il gagne en condescendance explicite. Notre synthétisme actuel ne dissimule plus ses préférences pour ce maître grandiose, un peu sauvage, encore insouciant de l'analyse qui risque de disperser l'idée et d'énerver le sentiment en effritant la forme.

Dans tous les cas l'art roman s'est assuré une double gloire : il a presque réinventé l'architecture voûtée et la plastique. Il retrouve le secret de la double beauté qui fait le prestige du monde ancien : capter l'espace avec la pierre appareillée et sculpter la forme. Et cela, tout en pratiquant sur les surfaces la magie des effets colorés. Le génie national, désormais, existe et se connaît. Il s'est dégagé des langes où l'Orient l'enserrait. L'initiative des grandes abbayes bénédictines, surtout de l'abbaye de Saint-Denis, où l'esprit le plus ardent du Moyen Age marche de l'avant avec l'abbé Suger, le pousse à pas de géant. Sa marche vers le progrès est si rapide, qu'en cent ans à peine l'art roman parcourt sa destinée. Pour la construction de la voûte il est maître de ses ressources à la fin du XIe siècle et produit ses belles œuvres au XIIe. Mais déjà, dès le premier tiers du siècle, il crée lui-même les nouveautés dont il mourra. Non seulement il invente avec ses seules ressources l'équilibre des forces, mais il trouve la voûte nervée. En sculpture, au XIe siècle il balbutie encore. Mais vers 1135, aux portails de Saint-Denis, il inaugure la grande statuaire des cathédrales. Entre ce qui le précède et ce qui le suit il est comme coincé. A bien regarder, il n'est qu'une aspiration ardente et brève au gothique. Quand l'historien essaie d'en serrer l'étude, il le sent presque s'évanouir.

L'ART GOTHIQUE

Les Origines. L'Apogée au XIIIe siècle.

CHAPITRE PREMIER

L'ARCHITECTURE GOTHIQUE DES ORIGINES A LA FIN DU MOYEN AGE. — LES ARTS DÉCORATIFS.

L'immense et profond renouveau. — Circonstances historiques : l'esprit séculier et l'esprit communal. — La voûte sur ogives ou nervures croisées, et la série logique de ses conséquences : l'arc-boutant. — Nouveautés du plan. — Le lieu d'origine. — L'ouvrage français. — Évolution de l'Architecture religieuse du XIIe au XIIIe siècle. — Le type général à la grande époque. — Les grandes cathédrales et leur personnalité. — Souplesse vivante du système gothique. — Variété selon les régions. — Variété selon les programmes et les besoins : saintes-chapelles, abbayes, châteaux.

La beauté urbaine. — Les Villes neuves.

Les Arts Décoratifs au Moyen Age. — Leur dépendance à l'égard de l'Architecture et les hautes qualités qu'ils en reçoivent. — L'Orfèvrerie et l'Émaillerie.

Ce que l'art roman attendait, pressentait, l'art gothique le réalise. C'est l'apogée de l'art français du Moyen Age, et le plus français que nous ayons eu avec celui du

XVIIIe siècle. Cette pureté de race et cette perfection lui ont valu son rayonnement immense et une sorte de pérennité.

Jamais art n'a été autant que celui-ci l'expression spontanée du « milieu ». Il eût dû ravir Taine, qui, formé par l'ancienne discipline académique, n'a vu dans le Moyen Age que ténèbres, et dans son art monumental que sombre tristesse. Une société mieux ordonnée le forme à son image. Dès la fin du XIIe siècle, il s'organise harmonieusement comme elle. Le pouvoir royal s'est affermi. Les Communes ont conquis leurs franchises. Elles sont plus fières que des individus; car chez ces personnes collectives l'orgueil de chacun se multiplie par celui des autres. Entre le beffroi de la maison commune et la tour de la trop vieille église qu'il s'agit de remplacer, il y a un sentiment unanime, une âme invisible, capables de soulever jusqu'au ciel des montagnes de blocs. L'émulation les tourmente. C'est à qui aura la plus grande, la plus belle église, maison où la Cité prie, à côté de celle où elle gère ses affaires. L'art nouveau est par excellence l'art communal. La foi ardente exalte les pierres en même temps que les âmes, et les voue à la Mère de Dieu, Femme entre les femmes, qui est la préférée de ce mysticisme chevaleresque et courtois. Il a bien le parfum de France. C'est à Notre Dame que sont consacrés la plupart des grands monuments. La Royauté, les nobles, favorisent de leurs fondations et de leurs dons cet élan universel. Le règne de Louis IX (1226-1270) est l'âge d'or de l'art nouveau. Dans l'Église le clergé séculier, qui vit parmi les hommes et les suit, au son des cloches, de la naissance à la mort, l'emporte désormais en influence sur les ordres religieux. Bien que ceux-ci, les cisterciens surtout, aient adopté d'enthousiasme l'art nouveau qu'ils ont porté partout dans leurs colonies d'Europe, il n'est plus monastique : il sort des cloîtres pour se rapprocher du monde, de la nature, de la vie. L'art roman sentait un peu le renfermé : celui-ci s'ouvre tout grand aux souffles du large. Les plus beaux édifices sont ceux où s'élève la « cathèdre » de l'évêque, non plus le trône de l'abbé : ce ne seront plus des abbatiales, mais des cathédrales.

Mais lorsqu'il s'agit d'art ce sont les causes artistiques qui sont le plus efficaces. Les corporations s'organisent dans la cité, et avec elles ce précieux « enseignement technique » dont notre époque déplore amèrement la décadence. Le travail groupe sur les chantiers des artisans et des architectes formés encore dans les ateliers des moines, mais laïques. Apprentis, compagnons et maîtres, classés selon une hiérarchie aussi stricte que celle de l'Église elle-même, ont des dogmes et des pratiques professionnelles, des traditions qui ne sont au génie personnel qu'une armature non une gêne, des règlements, des symboles venus de très loin dans le temps et dans l'espace, de la Palestine où s'éleva le Temple de Salomon, de l'Égypte archi-millénaire qui construisit les Pyramides. Maçons, tailleurs de pierre ou imagiers, charpentiers, huchiers, verriers, peintres, ferronniers, sous la discipline du Maître de l'Œuvre, qui fait les plans, signe le contrat, présente les devis, fournit à chacun son programme technique et même des dessins, tous, « logeurs du Bon Dieu », s'engagent pour un salaire, œuvrent au mieux de leur métier, et parfois, comme les tâcherons, marquent sur la pierre la besogne faite. Encore aujourd'hui elle garde ces hiéroglyphes gravés, signatures anonymes des humbles, aussi chères à notre démocratisme archéologique que celle du maître d'œuvre qui a conçu. En plein Moyen Age s'élabore la loi du travail moderne, mais aidée par des auxiliaires que nous n'avons plus, le goût du métier, le dévouement à l'œuvre commune et le sentiment de l'œuvre pie. Ainsi, voulue par la Commune et par l'Église, dotée par les princes, bâtie et ornée par les artisans laïques issus du peuple, la cathédrale est l'œuvre de tous pour tous. L'art

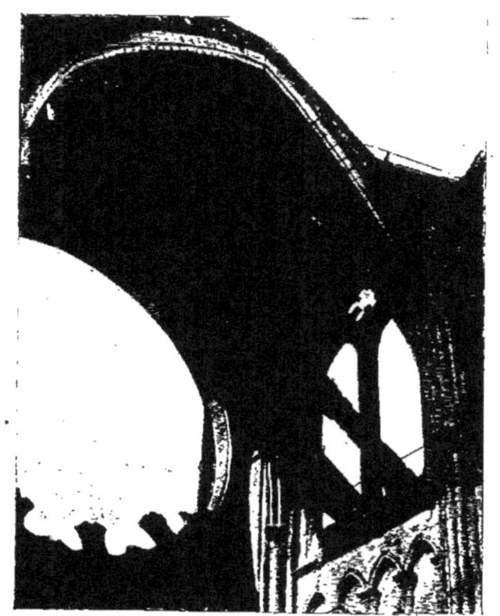

Fig. 64. — ÉGLISE ABBATIALE DE LONGPONT. VOUTE CREVÉE DE LA NEF.

La structure gothique à nu dans une travée. Arcs ogifs, arcs formerets, arc doubleau, départ en tas de charge, localisation des poussées, structure des voutains en petites pierres appareillées, insertion de la fenêtre dans le cadre du voutain, contrebutement par l'arc-boutant. Souplesse et légèreté. *Photo E. Lefèvre-Pontalis.*

gothique n'est pas seulement l'art communal : c'est l'art « social » par excellence.

Il est avant tout un renouveau de l'architecture. Plus que jamais elle est l'art souverain, qui donne sa loi aux autres et organise le style. La voûte d'arêtes romane était déjà un pressentiment. Mais qu'elle était lourde encore, cette carapace, et de structure difficile par l'enchevêtrement des voussoirs arêtiers! Et malaisée à faire tourner sur les déambulatoires qui s'arrondissent autour du chœur! Mais voici qu'un jour un maçon anonyme s'avise de lancer d'un pilier à l'autre, sur une travée, deux nervures qui se croisent. Immédiatement la poussée de l'ensemble est transmise et localisée aux extrémités où elles retombent. Ce sont les fameuses ogives, qui devaient donner leur nom à la structure nouvelle. L'art gothique, si mal dénommé ainsi, c'est essentiellement l'art ogival. Sur leurs reins souples, indépendants, il pose en petites pierres des voutains légers. Si l'un tombe on le refera, simplement, sans toucher aux autres. Et sur n'importe quel espace, si irrégulier qu'il soit, on peut jeter cette couverture élastique. Enfin! on va pouvoir faire tourner la couronne, la double couronne des caroles! Voilà une des grandes découvertes du Moyen Age : elle va aider à capter, pour Dieu, toujours plus d'espace, d'air, de lumière, changer l'aspect de l'église tout entière, renouveler l'habitation des hommes, la figure des villes, bref la vision des Français pour trois siècles. C'est tout un monde qui surgit, aussi rationnel, aussi beau que le monde grec. La technique ici crée l'effet, sans y penser; c'est la nécessité qui d'elle-même s'épanouit en beauté (fig. 64).

Immédiatement les conséquences dérivent du principe, avec une logique rigoureuse. Toujours notre logique! Elle va du dedans au dehors. Quand on veut analyser un monument gothique, il faut commencer par l'intérieur, comme pour les êtres vivants; les organes ont modelé la forme. Pour contrebuter les poussées des nervures, des arcs-boutants extérieurs montent dans les airs, par-dessus les bas-côtés, et leur succession régulière bat la mesure aux flancs de l'édifice. Le lourd dynamisme roman, qui opposait le contrefort à la poussée des doubleaux, devient quelque chose de précis, de délicat. En apparence c'est de la fragilité; en réalité, c'est solide. Reims, sensible aux obus, défie les siècles. Notre-Dame, qui avait abrité les prières pour

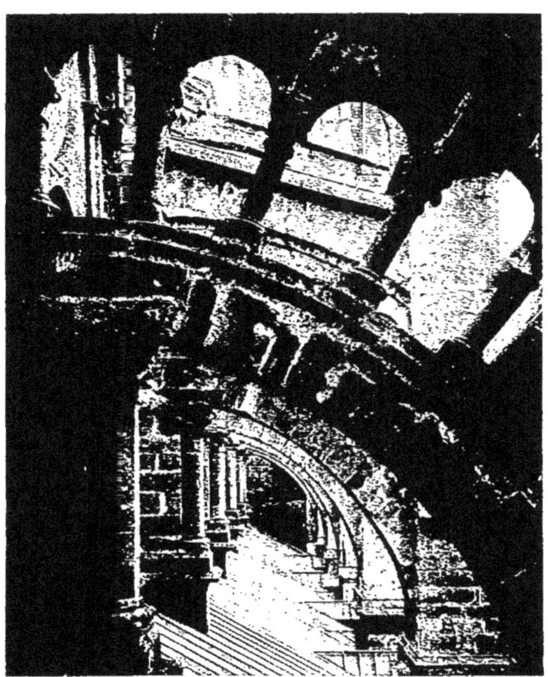

Fig. 65. — CHARTRES. ARCS-BOUTANTS DE LA CATHÉDRALE.

Heureuse initiative de Chartres. Deux arcs étrésillonnés entre eux : élégance rythmée qui ne fut d'abord qu'un moyen d'étendre la surface de contrebutement. Dans l'art gothique nécessité s'achève toujours en beauté.

la troisième croisade, abrita le *Te Deum* de 1918. Le miracle de l'équilibre est obtenu. Le temple grec n'était qu'une architecture de stabilité, de repos : l'église gothique est un système de forces en mouvement. C'est de la pierre qui vit. Le duel perpétuel qui se livre au cœur des pierres entre les forces contraires aboutit à l'immobilité permanente : mais c'est le contraire de l'inertie. Et il faut admirer cette belle audace, qui étale au dehors les étais et en tire de puissants effets. Elle est sans doute une des plus profondes différences entre l'art du Moyen Age et celui de l'Antiquité. En construisant en pierre, nos maîtres pensent en charpentiers, fils des barbares! Lancer sur le vide, entre la culée et le mur qui repousse, un arc de pierre comme une poutre de soutien (fig. 65), puis le répéter à intervalles réguliers tout le long de la nef, c'était un défi à toutes les traditions. L'architecture antique n'en avait pas eu l'idée parce qu'elle n'en avait pas eu besoin. L'art roman l'avait caché à l'intérieur sous diverses formes : en voûte en quart de cercle sur les tribunes comme dans les grandes abbatiales normandes, puis indépendant mais sous l'ombre des combles comme au déambulatoire de Saint-Martin-des-Champs. Enfin il se dégage, sort, et lance dans les airs sa trajectoire. Mais l'art gothique lui-même n'ose pas du premier coup le défi, puisque le premier chevet de Notre-Dame de Paris n'avait encore que des contreforts. Une fois libre, il s'assouplit tout de suite à toutes les nécessités, donc à toutes les beautés puisque dans cet art heureux elles se confondent. Il double ses volées en longueur avec une culée intermédiaire pour éviter une trop longue portée; il les superpose, parfois en reliant leurs courbes, comme à Chartres, par des arcatures qui relèvent la solidité d'élégance. Pour l'empêcher de sauter l'architecte s'avise de tendre sur son extrados une rigide chandelle de pierre (Amiens) qui du même coup conduit jusqu'aux gargouilles les eaux reçues du comble. Enfin, pour relever de noblesse cette fonction d'hygiène il installe sur la culée, dans une niche, des statues aériennes : idée poétique que Chartres réalise la première et que

Jean d'Orbais reprendra au chevet de Reims en posant là-haut des anges aux ailes éployées, comme de grands oiseaux.

L'art gothique a donc triomphalement gagné la gageure. Jamais les classiques de la stricte observance ne le lui ont pardonné. Renan lui-même, breton, né et élevé à l'ombre de l'église médiévale, voyait dans ce coup de logique une déraison, dans cette magnificence une laideur. Mais une prière à l'Acropole ne doit pas nous empêcher de reconnaître la franchise dont est fait l'art gothique, et combien elle lui a réussi. Du reste, l'arc-boutant n'est pas une conséquence absolument nécessaire et constante de la voûte ogivale. Les églises du midi, les saintes-chapelles, s'en dispensent; la « Merveille » monastique du Mont-Saint-Michel et les édifices civils se contentent aussi du vieux contrefort. L'arc-boutant ne lance sa volée que là où il faut, pour aller combattre les poussées, franchir dans l'espace un ou deux collatéraux étagés.

Même aux grands monuments à bas-côtés l'arc-boutant est-il si nécessaire? S'il tombait, les murs se renverseraient-ils sous la poussée de la voûte, entraînant la ruine totale? Si cette crainte est vaine, si l'art gothique a créé là un organe superflu, c'est qu'il faut réviser toutes nos idées sur son sens délicat de la nécessité et sa logique « rationnelle ». Mais il semble bien que non quand on se rappelle le curieux « déversement » des nefs à mesure qu'elles s'élèvent : si marqué à Notre-Dame de Paris par exemple, que l'ouverture du chœur entre les deux gros piliers s'écarte en montant comme les parois d'un vase. Certains ont même pris cet évasement pour un raffinement d'optique et les maîtres d'œuvre pour de subtils perspectivistes. Mais le Moyen Age avait plus de simplicité dans le génie. A ce qui est un jeu naturel des matériaux l'arc-boutant a mis de l'extérieur un terme, et la stabilité maintenant est définitive. Rien ne prouve mieux que les maîtres d'œuvre laissent à la construction quelque élasticité. Ils se fient moins au calcul strict qui donne du rigide qu'à l'empirisme qui permet une certaine liberté aux forces en lutte. Et cela encore, ce n'est pas la loi mathématique, mais celle de la vie vivante.

Dans les intervalles des arcs-boutants plus n'est besoin de mur. Il tombe, pour faire place aux verrières qui versent dans la nef le ruissellement de leurs émaux. La voûte, assise sur les ogives, sur les arcs doubleaux qui séparent les travées, puis sur les arcs formerets le long des murs, repose désormais sur une armature indépendante et souple, et devient légère presque comme une pellicule. Quand on longe, au-dessus de la voûte, les poutres maîtresses qui courent comme une passerelle pour soutenir la charpente et qu'on arrive aux trous d'où pendent dans la nef les cordes des couronnes de lumière, on est effrayé du peu de matière dont ce couvercle est fait. La fonction des ogives a permis cette minceur. Alors les supports peuvent aussi s'amincir, se flanquer de colonnettes multiples, qui vont monter directement du sol à la voûte pour recevoir la retombée des nervures. Et bientôt pour chaque nervure, une colonnette. Un esprit d'analyse, très français, déjà cartésien si l'on peut ainsi s'exprimer, divise les forces, distingue les organes, assigne à chacun son rôle dans la discipline de l'ensemble. Il y avait trop de matière dans l'art roman. Désormais elle s'allège, s'affine : on l'économise. Quand ils ont pu disposer d'une pierre très dure comme au chœur de la cathédrale de Clermont, ils ont diminué jusqu'au paradoxe l'épaisseur du pilier. Grâce à la lave de Volvic il se trouve qu'une cathédrale du midi, une auvergnate, réalise mieux que celles du nord leur propre idéal. Partout maintenant les vides l'emportent sur les pleins, l'espace absorbe les masses, sans que la prudence aille jusqu'au risque. Ce qu'on attendait jadis de la robustesse de la pierre, on le demande au jeu du calcul.

Aussi l'édifice monte, avec toutes ses lignes, toutes ses formes. De Laon, qui a vingt-quatre mètres du sol à la clef, à Beauvais, qui en a le double et qui porte son comble à soixante-huit mètres, plus haut que les tours de Notre-Dame, un mouvement ascensionnel le soulève. Dans le Parthénon la hauteur est à l'échelle humaine, même si on mesure celle-ci à la taille du dieu qui trône dans la Cella. Dans la cathédrale, entre le fidèle et la clef de voûte il y a un espace immense que Dieu universel remplit. Ce verticalisme n'est que la conséquence d'une découverte technique, mais il s'achève en expression. Le sec calcul est à l'origine, mais il aboutit à la pure spiritualité. Le rationalisme abstrait devient tout naturellement un symbolisme mystique : l'église a l'élan d'une prière.

L'élévation est tripartite : grandes arcades du bas, triforium, fenêtres hautes. C'est le triple étage traditionnel, commun à l'Antiquité et au Moyen Age, celui que soulignaient les trois ordres, dorique, ionique et corinthien, le même qu'aux édifices publics romains comme le Colisée, qu'aux monuments de la Renaissance italienne comme le palais de la Chancellerie, que dans notre XVIIe siècle à la façade occidentale de Versailles. Elle se présente d'elle-même à l'esprit : elle est logique, et pour tout dire classique. Elle devait plaire au Moyen Age, dévot au nombre trois. Lorsque le gothique flamboyant, supprimant le triforium dans une avidité excessive de simplification, fera porter les hautes verrières directement sur les arcades, ce sera la fin du Moyen Age, et

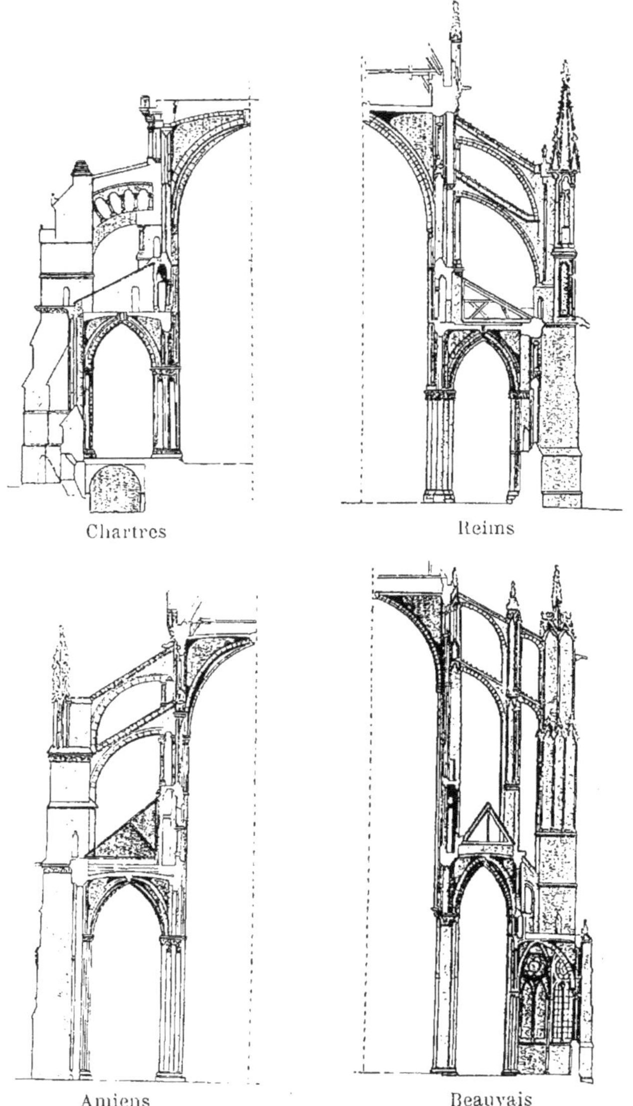

Fig. 66. — Coupes transversales de cathédrales gothiques.
Hardiesse croissante du « verticalisme » de la composition des vides, et du jeu d'équilibre.

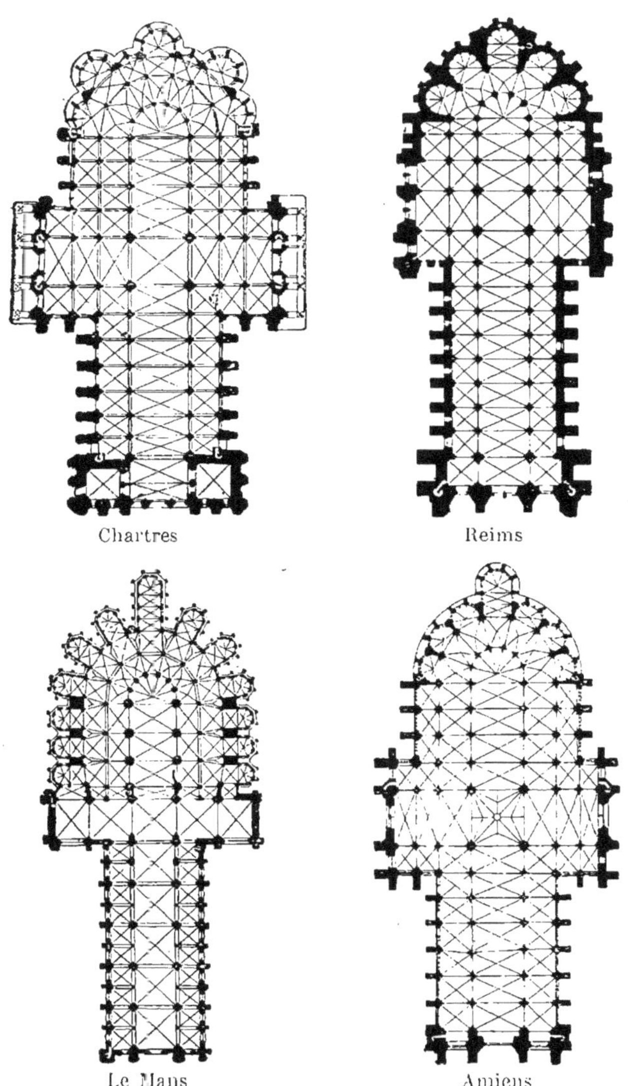

Fig. 67. — Plans types de cathédrales gothiques.

Vastes proportions des transept et chœur (pris ensemble) de Chartres, cathédrale de pèlerinage, et de Reims cathédrale du Sacre. Souples tracés des caroles autour du chœur, déambulatoire simple ou double, nombre croissant des chapelles rayonnantes, perfection technique de celles de Reims.

le monde moderne ne le suivra pas, du moins dans les grands édifices (fig. 66).

A ces effets s'ajoute la beauté du plan. Plan en croix latine, mais où le transept est moins saillant qu'à l'époque romane. Docile à l'esprit classique, le monument se contracte pour l'unité, parfois jusqu'à le réduire à peu comme à Notre-Dame de Paris, et à le supprimer comme à Bourges (fig. 67). Rare dans le nord est cet excès de simplification, qui substitue à la croix la salle de perspective unique. Le transept subsiste donc, mais il reste mesuré. Au lieu d'être une seconde église qui recoupe l'autre, il est le jambage transversal de la croix : du fond des croisillons on est encore tout près du sanctuaire. A regarder la perspective de la nef on pourrait croire ce plan rigoureusement rectiligne. Mais il suffit de lever les yeux vers la voûte dont l'axe dévie plusieurs fois, pour comprendre que là encore le génie gothique se soumet avec candeur aux à-coups des circonstances. Le Romantisme, toujours en quête d'intentions cachées, a voulu voir le symbole du Christ expirant dont la tête s'incline sur un des bras de la croix, là où les arrêts et reprises du travail, l'irrégularité du terrain, la difficulté des expropriations, expliquent tout. Si le symbolisme y perd, la gloire de l'art gothique y gagne; il révèle la faculté des êtres vivants : s'adapter. C'est elle qui ménage l'accès direct en supprimant le narthex. L'église est faite pour la foule : ce n'est plus un édifice monastique, mais communal. Trois vaisseaux, rarement cinq, séparés par des piliers, composent une pyramide bien plus aiguë qu'à l'époque romane, la nef pointant plus haut au-dessus des collatéraux. Autour du chœur le déambulatoire aux chapelles rayonnantes dessine sa souple « carole ». L'album du maître d'œuvre Villard de Honnecourt, du

XIIIe siècle, révèle la complaisance avec laquelle ils traçaient sur le parchemin ces jolies courbes qui posent sur la tête du « Seigneur » comme une couronne fleuronnée. La voûte nouvelle pouvait les réaliser sans difficulté : tourner n'est plus rien quand on peut, sur quelques points d'appui choisis, faire buter des ogives, et sur elles jeter des voutains légers. Les chapelles qui rayonnent, toujours en nombre impair puisqu'il y en a toujours une dans l'axe, sont des chefs-d'œuvre de flexibilité où le plein cintre, l'arc outre-passé, le polygone à pans coupés, se développent harmonieusement. D'abord espacées comme à Bourges, qui est encore de tradition romane, elles deviennent tangentes à Reims, à Amiens, pour dessiner ensemble sur le sol un gracieux polylobe. Souvent celle du milieu, dès l'époque romane où commence sous l'influence de saint Bernard l'adoration passionnée à la Vierge, se développe presque hors du plan. Celles de Bayeux, de Coutances (pays des futurs palinods) tendent déjà à l'autonomie et se réservent le plus riche décor. Plus on va plus il y en a, car elles offrent, en même temps que de beaux problèmes au constructeur, des refuges au culte toujours plus fervent des saints. Aussi, du pourtour du sanctuaire vont-elles gagner les bas-côtés. Technique et sentiment y font la beauté. Partout au XIIIe siècle pointe l'arc brisé, qui s'aiguisera de plus en plus. C'est une très vieille invention de l'Orient. Moins beau de dessin que le plein cintre, il est plus léger : rejetant la charge sur les côtés, il précise l'effet ascensionnel de l'ensemble.

La façade monte avec la nef, traduisant avec franchise (sauf en quelques cas) sa disposition intérieure. En largeur, trois corps pour les trois vaisseaux; en hauteur trois étages pour la triple élévation de la nef. Cette façade est donc un triptyque. Le nombre impair sur lequel se fonde cette ordonnance trinaire est classique : il plaît à Dieu comme il plaisait aux dieux. Les portails sont la base, la galerie des Rois ou d'arcatures aériennes est le couronnement. Au centre, s'insérant comme d'elle-même dans le formeret de la première travée, fleurit la rose, souvenir amplifié peut-être des plaques celtiques ajourées. Le maître d'œuvre, qui l'appelle l'O, la cisèle avec le même soin, parce qu'en décorant la façade cette fleur lumineuse éclaire les parties hautes de la nef. Villard de Honnecourt, qui dessina au passage sur son album celle de Chartres, nous révèle quel prix ils attachaient à ce bijou énorme posé au front de la cathédrale. Les tours, qui devaient fuser en flèches, achèvent ce chef-d'œuvre d'organisation. De Laon, où la façade cherche encore son ordonnance, à Reims, où elle se permet de raffiner parce qu'elle l'a trouvée, qu'on mesure le chemin parcouru en moins de cinquante ans. Or cette façade gothique, on l'entrevoyait, on l'attendait : elle était en virtualité dans la façade romane bénédictine, et à l'origine même, dans celle de Cluny. Mais c'est Saint-Étienne de Caen qui a arrêté vers 1167 les lignes et les masses du modèle. Après Saint-Denis, après Senlis et Noyon, Notre-Dame de Paris ne fait que perfectionner une grandiose idée normande, trouvée sans doute par un de ces abbés bénédictins qui aidaient Guillaume à organiser son duché.

Nef et façade, la beauté harmonieuse de l'édifice lui vient des proportions. Établir les rapports des parties entre elles et avec le tout est au maître de l'œuvre un souci aussi constant que chez les Grecs, experts à la musique des nombres. Nous n'en sommes plus étonnés depuis que nous savons que si les formes diffèrent, des

« canons » analogues ont harmonisé le Parthénon et la cathédrale d'Amiens. La « jométrie », dont Villard de Honnecourt était si fier comme d'une science nouvelle, nouvelle pour lui mais plus vieille que le roi Salomon,

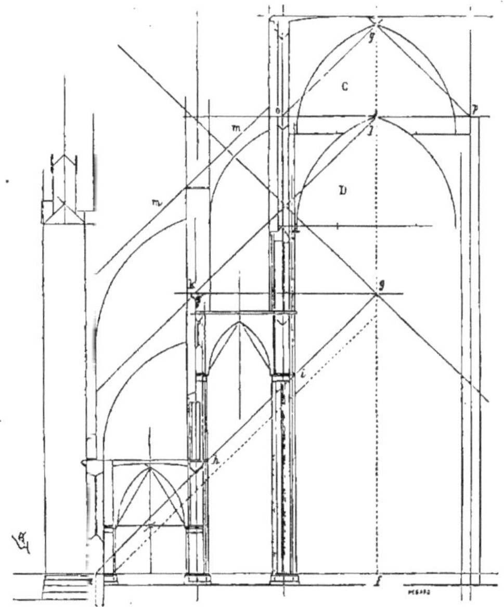

Fig. 68. — COUPE DE LA CATHÉDRALE DE BOURGES.
(*Selon Viollet-le-Duc*)

Mise en proportion par ces tracés géométriques, surtout par le triangle, selon une tradition aussi vieille que les Pyramides d'Egypte. Foi du Moyen Age en la géométrie génératrice de beauté.

leur a prêté à tous ses tracés les plus simples : le carré, dans lequel est inscrite la façade de Notre-Dame de Paris, le triangle surtout, équilatéral, isocèle, égyptien, venu du pays qui l'avait cristallisé en Pyramides (fig. 68). En des dessins pénétrants Viollet-le-Duc, le premier, a livré le secret de vaisseaux comme la Sainte-Chapelle, Reims, le chœur de Beauvais où les proportions sont données par des triangles équilatéraux superposés dont les angles correspondent aux points principaux de l'ordonnance. Nous savons maintenant pourquoi les monuments du Moyen Age paraissent à l'intérieur plus grands qu'ils ne sont. Le chœur d'une toute petite église de village, comme celle de Norrey dans le Calvados, fait l'effet d'une cathédrale. Et pourtant le sévère calcul ne nuit pas à la beauté vivante. Comme l'architecte grec, le maître d'œuvre entend garder à l'égard du chiffre souplesse et liberté. Si au chœur de Cologne « le géomètre a supprimé l'artiste », les autres font comme Ictinos, qui compensait l'erreur visuelle en imposant à presque toutes les lignes une courbe légère. Ils atténuent la cristallisation pour des effets de perspective, pour laisser tout leur rythme aux courbes haut tracées dans l'espace. Décidément le mot de Viollet-le-Duc se vérifie tous les jours : au Moyen Age « nous avons été les successeurs des Grecs ».

Et pourtant la beauté canonique et chiffrée n'est pas celle du Moyen Age. Toutes les parties du monument ne croissent pas en même temps et dans la même mesure. Le principe du module est inconnu. Le portail d'une cathédrale peut être aussi petit que celui d'une église de campagne, parce que l'échelle humaine, qui est partout la même, préside aux proportions. Le grec est toujours platonicien, même avant Platon, et sa pensée se grise de spéculation. Le Moyen Age, même très savant, même enivré des nombres, reste plus près de l'homme comme de la nature.

Tel est le système, si cohérent. On en cherche en vain le défaut, comme on l'a cherché en vain dans un autre chef-d'œuvre de logique, le temple grec. Même les archéologues les plus enthousiastes de cette franchise ont voulu, par esprit d'impartialité, en trouver la défaillance. Dans le temple grec on a jugé inexplicable (en dehors d'un pur effet de proportions) la hauteur de l'entablement entre le tailloir des chapiteaux et la corniche ; illogique la transposition dans la pierre des formes détaillées de la primitive construction en bois. De même, l'hypercriticisme s'est demandé si l'architecture gothique se conformait rigoureusement à la logique constructive.

Il est très vrai qu'elle ne cherche jamais la beauté dans le rationalisme « quand même ». Sa franchise est libérale, non mathématique. Au XIIe siècle la voûte sexpartite devrait entraîner logiquement l'alternance des piliers tour à tour forts et légers. Mais Laon se soustrait à cette rigueur : l'inégalité des charges n'a pu entraîner celle des supports. Personne pourtant n'y songe, ni la solidité n'en souffre. La voûte sexpartite aux poussées inégales devrait entraîner aussi l'inégalité des arcs-boutants : or, ni Noyon, ni Sens, ni Notre-Dame ne s'en soucient. La logique y perd, mais l'unité y gagne.

Même au XIIIe siècle, la liberté prend toutes ses aises. La solidité de la Sainte-Chapelle, ce bijou ajouré, n'est pas obtenue uniquement par l'appareillage et l'équilibre, mais par des crampons de fer invisibles qui scellent l'expédient au cœur des pierres. Notre-Dame n'a que trois portails pour cinq vaisseaux : a-t-elle moins d'harmonie que la façade colossale et un peu lourde de Bourges, qui est logique jusqu'au bout ? La hauteur du comble qui abrite la voûte gothique laisse entre lui et elle un immense espace perdu. Mais sans compter qu'elle nous vaut une luxuriante forêt de fermes, entraits, flèches et arbalétriers, merveille d'agencement qui laisse loin ce qu'avaient fait en Normandie les charpentiers scandinaves, elle facilite l'écoulement des pluies dans notre climat humide tout en accentuant le rythme vertical de l'édifice. La façade rectangulaire ne traduit pas la différence de hauteur des collatéraux à l'égard de la nef ? Mais que nous a coûté, à nous, la franchise dont s'est avisée sur ce point l'église baroque ? Dans l'angle rentrant du croisillon et de la nef, les arcs-boutants de l'un et de l'autre tendent à se recouper ? Mais c'est merveille de voir comme le maître d'œuvre, en chaque cas d'espèce, a résolu sans sécheresse la difficulté. Les gargouilles crachent la pluie sur les passants, en trajectoire ? Mais nos tuyaux de fonte verticaux ont d'autres défauts. Enfin les piliers de la nef interceptent la vue du sanctuaire pour qui est dans les bas-côtés ? Là serait la critique la plus grave. Mais c'est ainsi toutes les fois que dans un édifice voûté le pilier nécessaire remplace la colonne. Si à Sainte-Marie-Majeure, à Saint-Paul-hors-les-Murs, basiliques latines, le fidèle voit de partout l'autel du sacrifice, c'est que la belle salle hypostyle, d'ailleurs si rythmée, est de structure aussi enfantine que sont petites ses proportions. Et la cathédrale offrait aux yeux, au cœur, sur le chemin qui conduit au maître-autel, le reposoir de ses chapelles latérales : l'unique perspective longitudinale s'impose ici moins impérieusement. Bref, le monument gothique est l'œuvre d'une logique supérieure : de celle qui crée la beauté intelligente, même aux dépens du syllogisme implacable. La rigueur calviniste n'y est point entrée parce qu'il est l'œuvre de techniciens qui sont des artistes. De belle venue, il est né plutôt que fait. Sa réussite, dirait-on, est moins le fait du talent des hommes que de la formule heureuse qui l'a engendré : il a quelque chose de spontané.

Mais la formule heureuse n'aurait rien produit sans le talent des hommes. Le Romantisme l'a méconnu au profit de la foule obscure. A le croire, les cathédrales seraient l'œuvre collective et anonyme du peuple : elles auraient derrière elles la majesté de l'impersonnel, de l'indéfini et du mystère. Mais la science a fait justice de ces belles divagations. Ces merveilles d'équilibre, donc de calcul, sont l'œuvre de techniciens très personnels, qui ont conçu, dirigé, signé, et finalement ont voulu reposer à l'ombre du monument dont ils étaient fiers. Tous les jours nous découvrons leurs noms, leurs signatures, leurs tombes. Nous arrivons même à retrouver par la méthode des rapprochements l'ensemble de l'œuvre de quelques-uns. Nous savons ou nous saurons à peu près ce qu'a fait Pierre de Montereau, Jean Deschamps, Guy de Dammartin. Et là précisément est la rançon de la science : ce n'est pas de dissiper la poésie du mystère, mais d'enlever peu à peu au Moyen Age cette grâce d'état, à savoir que l'art seul, c'est-à-dire la technique et le style des formes y attiraient l'attention. A mesure que la science y fait entrer la « question de personnes », il assume le grand inconvénient du monde moderne : l'histoire de l'art tend à se réduire à l'histoire des artistes.

Tel est le gothique pur, celui de l'Ile-de-France. Il est logique et harmonieux. Et puisqu'il a donné son cadre à toute une civilisation, il est naturel qu'on s'attache au problème obscur de son origine. Où fut faite la première croisée d'ogives ? Les grands bâtisseurs, les Romains, étaient sur la voie, tout près du but, lorsqu'ils couvraient les caves du Forum d'Arles de voûtes d'arêtes à nervures. Il est possible que Rome, à qui nous devons en partie la Renaissance et l'art classique, nous ait donné aussi le principe de l'architecture médiévale. Elle aurait donc suggéré ce que les esprits simples s'obstinent à regarder comme les contraires; et il faudrait lui rendre en archéologie le rôle d'initiatrice que depuis Courajod la ferveur nationaliste ou orientaliste lui avait enlevé. Est-ce des Romains que les Arabes ont emprunté l'idée des nervures qu'ils ont entrecroisées dès le xe siècle sous les coupoles des mosquées de Cordoue et de Tolède, en demandant du reste à cette polygonie un effet ornemental plutôt qu'une vertu constructive ? Or les plus anciennes ogives de chez nous, au porche de Moissac (fig. 69), à Saint-Victor de Marseille, à Saint-Guilhem-du-Désert, sont précisément sous des voûtes bombées. L'ogive serait-elle donc une importation de ce monde hispano-arabe, où après la Reconquête (1085) nos pères éblouis prièrent d'abord dans les mosquées des vaincus ? Déjà Alexandre Lenoir et les archéologues de l'Empire, prenant du reste l'arc brisé pour l'ogive, affirmaient l'origine « sarrasine », c'est-à-dire orientale, de l'art gothique. En tous cas à l'Orient il doit plus encore que l'art roman, qui n'y prenait que des formes non un principe générateur. Et c'est sans doute des Romains ou de l'Orient qu'à leur tour les Lombards l'ont reçue vers 1050, si les voûtes disparues de la vénérable petite église de Sannazaro-Sesia dataient bien de cette époque reculée (vers 1040). Alors la féconde Lombardie commence sa destinée de propagatrice en fournissant à l'Europe des maçons renommés en même temps qu'un décor magnifique, telles ces bandes lombardes venues d'Orient elles aussi, qui unifient le mur en montant tout droit du sol à la corniche, et les arcatures aveugles qui suspendent au faîte du monument, sous la corniche même, un rythme léger. Elle a pu transmettre la croisée sur nervures à la région anglo-normande, où les grands abbés lombards sont venus fonder des monastères. Dès la fin du xie siècle on croit la trouver à l'abbatiale de Lessay dans la Manche et à la cathédrale de Durham en Angleterre (vers 1093). De Lombardie encore les Cisterciens nous apportent les premières ogives du midi, si fermement carrées, à Moissac, à Saint-Victor de Marseille. Mais en vérité cette recherche des origines, qui est une noblesse, restera toujours une vanité : elle néglige en effet les conditions inéluctables de temps et d'espace. De la voûte d'arêtes

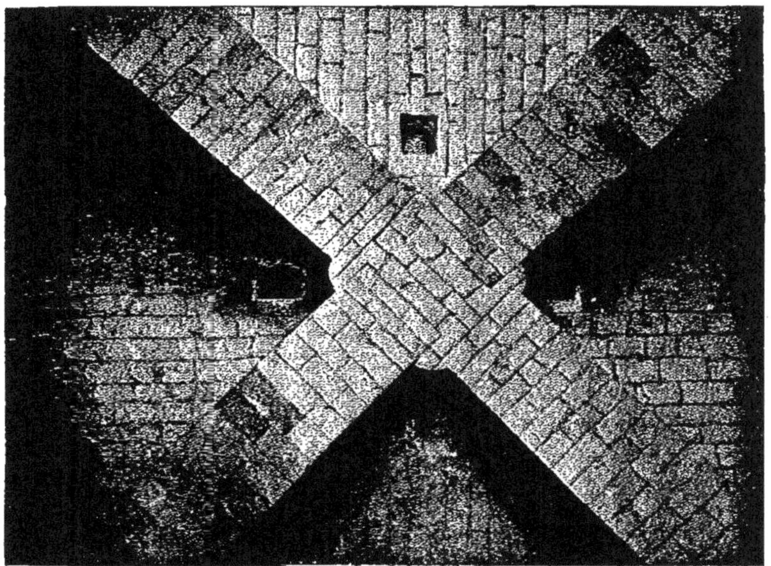

Fig. 69. — PORCHE DE MOISSAC : VOUTE DU REZ-DE-CHAUSSÉE.

Vers 1135. Très ancienne et maladroite imitation méridionale des voûtes gothiques du nord. Forme bombée, ogives plates rentrant l'une dans l'autre, sans clef. *Photo Brutail.*

simples à la voûte d'arêtes décorées, puis à la voûte d'arêtes sur nervures, enfin à la voûte d'ogives, l'invention féconde n'a pas éclaté comme un événement : elle s'est faite peu à peu, par tâtonnements successifs. Elle n'a pas plus de date que d'auteur. Et d'autre part, elle s'est faite partout où le problème se posait, c'est-à-dire partout à la fois dans cette Europe jeune, ardente, qui reconstruisait un monde. Enfin les monuments qui la jalonnaient ont la plupart disparu. Églises rurales ou grandes églises plusieurs fois restaurées, ou reconstruites, les vieux et authentiques témoins ne sont plus.

Mais, que la croisée d'ogives soit née ici ou là, un fait est unanimement reconnu : c'est le clair esprit de France qui l'a pleinement comprise, perfectionnée, et propagée par le monde. Dès 1140 un moine de pensée hardie, très moderne, l'abbé Suger, la consacre dans le chœur de la basilique dionysienne qu'il a voulu reconstruire. Fier de son initiative, il nous raconte qu'un jour de janvier, pendant qu'un formidable ouragan emportait les constructions réputées les plus solides, les ogives toutes neuves, sous lesquelles l'évêque de Chartres célébrait la messe conventuelle, « comme tremblantes et oscillant de-ci de-là » restèrent debout. Miracle du génie humain ! La cérémonie du 11 juin, devant la famille royale et nombre d'évêques, de barons et d'abbés, célébrait officiellement la joyeuse nativité de l'*opus francigenum*, qui deviendra européen par la grâce de notre pays.

Dès lors une franchise décisive développe en trois cents ans toutes les conséquences du principe. C'est rigoureux comme une déduction. Encore notre logique ! La pédagogie traditionnelle distingue avec raison un gothique « primaire », très hésitant, qui va des origines à la fin du XIIe siècle, un style « à lancette » qui dure jusqu'en 1260 à peu près, un « rayonnant » qui est la maturité, s'annonce à Reims, se précise au chœur de Saint-Urbain de Troyes en 1264 et finit vers 1380 à l'aurore du « flamboyant ». Mais la continuité vivante déborde de tous côtés ce catégorisme. Il est d'ailleurs plus facile de suivre la succession des styles sur une même cathédrale que de l'une à l'autre, parce qu'aucune n'a jailli d'un seul jet et qu'à toutes il a fallu des siècles pour être achevées, sans être finies. Cependant, à les suivre selon les dates de leur fondation, on découvre les aspects chronologiques de cette architecture, toujours à peu près la même d'ailleurs en sa structure intime, qui est fixée au XIIIe siècle. Elle suit la loi des organismes vivants : elle est

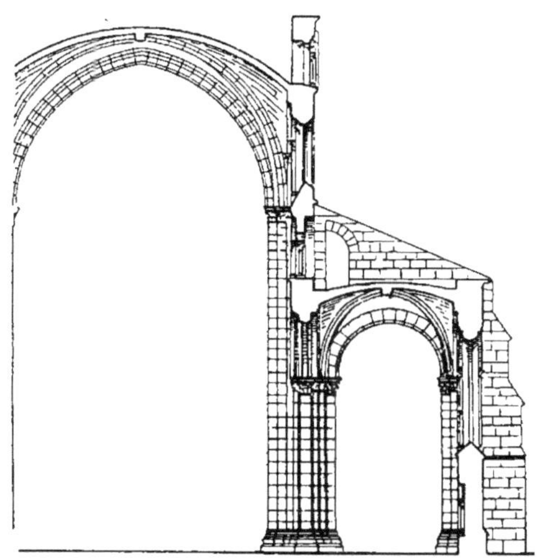

Fig. 70. — CATHÉDRALE DE SENS. COUPE SUR LA NEF. RESTITUTION DE L'ÉTAT PRIMITIF.

Modèle des cathédrales gothiques sans tribunes (Chartres, Bourges, Amiens, Reims...), tandis que Saint-Denis transmettait l'héritage normand des tribunes à Notre-Dame de Soissons, aux cathédrales de Noyon, Senlis, Laon, Notre-Dame de Paris... Question d'éclairage avant tout.

la même toujours, mais chaque âge y met sa marque.

C'est aux cathédrales qu'il faut demander la courbe de l'évolution comme nous leur avons demandé les secrets de la technique. Sans doute il y a d'autres édifices qu'elles, même dans l'architecture religieuse. Ni Reims ni ses sœurs de l'Ile-de-France ne sont à elles seules tout l'art gothique. Il n'est que de cheminer dans la campagne ou de parcourir les précieux volumes des Congrès archéologiques pour rencontrer partout, dans l'Oise par exemple, de ces petites églises qui sont à l'archéologue, ou simplement à l'artiste, ce qu'était à Michel-Ange quand il montait à San Francesco sa « villanelle ». Elles appliquent avec économie l'idée neuve et doivent leur charme à cette modestie même. La pauvreté qui a du goût sait accommoder la mode, surtout dans les environs de Paris. Cependant c'est là où le maître d'œuvre, les métiers des corporations, l'évêque, la cité, ont porté leur effort, que l'archéologue doit concentrer son analyse. Il est prouvé du reste que selon une loi éternelle, les grands monuments ont exercé sur les petits le prestige du riche sur le parent pauvre. C'est donc la cathédrale, surtout quand elle est ambitieuse comme Beauvais, qui résume le génie du XIIIe siècle, et c'est la suite de ces grands monuments qui révèle son étonnante faculté de progrès.

Les cathédrales du XIIe siècle sont encore archaïques. A Noyon, à Senlis, à Laon, à Mantes, à Notre-Dame de Paris, on retrouve tel ou tel legs de l'art roman : les amples tribunes où s'engouffre le regard, l'inutile complication de la voûte sexpartite, des souvenirs de l'alternance des piles, de grandes surfaces pleines, des baies encore étroites dans les murs épais, le tracé en plein cintre et une décoration végétale encore en partie romane. Ce gothique, qui a la timidité de la jeunesse, subit la hantise des grandes abbatiales normandes bénédictines. Leur prestige, et celui des célèbres abbés qui les avaient édifiées, s'était transmis à celle de Saint-Denis. Et l'abbaye royale à son tour, située aux portes de Paris, s'était imposée à l'imagination de tous.

De tous ? Pas absolument. Car à côté de Saint-Denis un autre monument a servi de prototype : la cathédrale de Sens (fig. 70). Elle est sans tribunes, et l'éclairage y gagne. C'est ce type qui prévaudra puisqu'il satisfait la passion gothique, la lumière. Si Notre-Dame de Paris, fille de Saint-Denis, a encore des tribunes, elle est la dernière. Chartres, fille de Sens, supprimera ces retraites de ténèbres. Et les autres après elle. La filiation de Sens est somme toute plus nombreuse et plus glorieuse que celle de Saint-Denis.

Mais voici le XIIIe siècle et le début du XIVe. C'est la belle maturité, le gothique à fines lancettes, Chartres, Bourges, Reims, Amiens, les chœurs du Mans et de Beauvais, la nef de Saint-Denis et la Sainte-Chapelle. Floraison magnifique et délicate. La voûte se hausse, les nervures se compliquent, s'affinent. Rien n'est plus significatif que les tracés successifs des moulurations, ogives, bases ou tailloirs. Au profil des ogives les tores se multiplient, accidentés de filets, de chanfreins et de baguettes, selon un goût très sûr; et le tore lui-même va s'amincissant entre deux cavets. Ce divisionnisme détaillé, qu'il faut connaître, est tel, qu'il a engendré toute une terminologie qu'il faut posséder. Comme elle consacre le spécialiste, elle fait la joie des archéologues débutants qui prennent cet alphabet nécessaire pour la science. Elle n'est pas pédantisme pourtant, car elle affirme implicitement que selon le mot profond de Platon, tout art repose sur une technique correspondante. Le secret de cette complication croissante, c'est la recherche plus avide de mouvements de lumière, le désir de relever d'élégance nerveuse les organes de force. Et comme nous sommes au XIIIe siècle, ce linéarisme même se dessine toujours, semble-t-il, avec l'arrière-goût du végétal. Du fruste boudin originel, tel qu'il s'arrondit par exemple au déambulatoire de Morienval ou aux deux premières travées de Saint-Denis, les combinaisons de creux et de saillies arrivent à obtenir en profil, dit M. Enlart, « l'effet d'une fleur dans son calice, d'un fruit dans sa cosse, d'un bourgeon et d'un bulbe dans ses enveloppes entr'ouvertes ». Ainsi l'épure s'achève en poésie.

Tous les perfectionnements arrivent à la fois. Les colonnettes qui reçoivent les nervures, au lieu de s'arrêter sur le chapiteau comme à Laon et à Notre-Dame de Paris, descendent le long des piles. Le mur se réduit et s'amincit jusqu'à disparaître : il se mue en verrière, qui occupe tout l'espace de chaque travée, et l'édifice tout entier devient une cage de verre lumineuse, une claire-voie, c'est-à-dire un système de vides cloisonnés. La vieille tribune cède la place à une galerie, le triforium, fleuri d'arcatures polylobées. A quoi bon conserver ce collatéral supérieur qui absorbait au passage le regard et la pensée en accumulant de l'ombre. Le triforium lui-même, par une logique déductive qui crée toujours plus de beauté, en arrive à continuer les fenêtres hautes, qui y prolongent leurs colonnettes, puis à se confondre avec elles en s'ajourant sur le dehors par des verrières. Alors il n'est plus qu'un prolongement lumineux du clerestory. Unité, légèreté aérienne, enchantement de la couleur, descendent maintenant jusqu'aux arcades de la nef. Ce progrès décisif, c'est le maître d'œuvre de la cathédrale de Troyes (fig. 71) qui l'accomplit vers 1214, à moins que ce ne soit l'architecte favori de saint Louis, Pierre de Montereau, dans l'abbatiale royale de Saint-Denis en 1231. Ce triforium transparent, translucide, a ébloui le Moyen Age : Tours, Coutances, Beauvais, Strasbourg, vont le suspendre à leurs nefs comme une frise de lumière. En même temps, les grandes lignes s'élancent directement du pavement à la voûte, et unifient les étages comme à l'époque classique fera « l'ordre colossal ».

Le plan s'enrichit encore. Alors surtout rayonnent les chapelles autour d'un déambulatoire quelquefois double.

Quel sens de la courbe harmonieuse en ces souples « caroles »! Qu'on regarde les projets de Villard de Honnecourt en son célèbre album. Mais la logique française

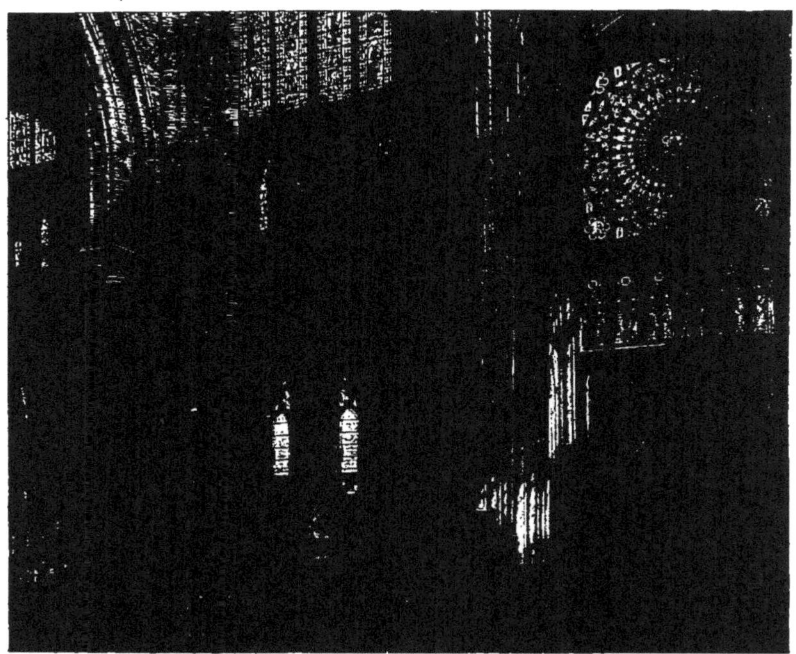

Fig. 71. — TROYES. TRANSEPT DE LA CATHÉDRALE.

Église qui n'est plus qu'une immense claire-voie, tout entière occupée, et transfigurée, par les mosaïques translucides des roses, des fenêtres hautes de la nef, des fenêtres du triforium, des bas-côtés et des chapelles.

poursuit son syllogisme. Pour satisfaire à la piété des corporations ou des particuliers elle loge d'autres chapelles latérales entre les saillies des culées en reculant le mur de clôture. C'est l'Ile-de-France toujours en pleine ferveur d'initiative, et c'est Paris (vers 1240) dans son église métropolitaine, qui ont osé ce parti classique : il n'est pas seulement une opportunité pratique, mais le souci latin d'unifier. Ne fallait-il pas s'annexer un espace qui s'offrait de lui-même, presque clos déjà ? Danger sans doute, que ce recul des fenêtres latérales, surtout dans les églises à doubles bas-côtés comme Notre-Dame ! La lumière n'arrive plus que de loin dans la partie inférieure de la nef. Notre-Dame, pour d'autres raisons encore, est obscure. Mais ce défaut de la prestigieuse cathédrale de Paris aura du moins posé avec urgence le problème de l'éclairage des grands monuments. Il sera vite résolu. Il faut en finir avec le préjugé de l'obscurité, mystérieuse ou mystique, des édifices gothiques. Ils ont cherché et capté toujours plus de lumière. Il le fallait bien, puisque le vitrail, en la colorant de ses émaux, en devait intercepter une partie. Quand l'un d'eux est sombre, c'est malfaçon, non volonté. Un des plus émouvants épisodes de l'histoire de Notre-Dame est précisément l'effort des maîtres d'œuvre pour l'ouvrir à la clarté du ciel.

C'est aussi au XIIIe siècle, et à Notre-Dame, qu'apparaît l'arc-boutant extérieur. On sait la hardiesse croissante de ses volées. D'allure exceptionnelle au chevet de Notre-Dame (XIVe), il semble de loin étayer l'énorme vaisseau tiré sur la rive. Autour des chœurs du Mans et de Beauvais il pose un rayonnement puissant et léger. Impressionnisme esthétique ? Non. Mais toute technique nécessaire aboutit, dans cette architecture bien venue, à un effet magistral de « composition ». Aux fenêtres agrandies, le haut du remplage fleurit en cercles lobés et redentés qui vont foisonner dans le style dit rayonnant. Le souvenir du végétal s'unit à la géométrie du compas pour y prodiguer le trèfle et la rose, en bouquets. Et elles se coiffent de gables comme les culées de pinacles. En même temps que la structure se concentre et que les formes s'aiguisent, le décor plastique s'enrichit.

Équilibre harmonieux dans la légèreté et la lumière au dedans, floraison luxuriante mais ordonnée au dehors, tel est l'esprit. Tout au plus voit-on poindre à Beauvais, déjà

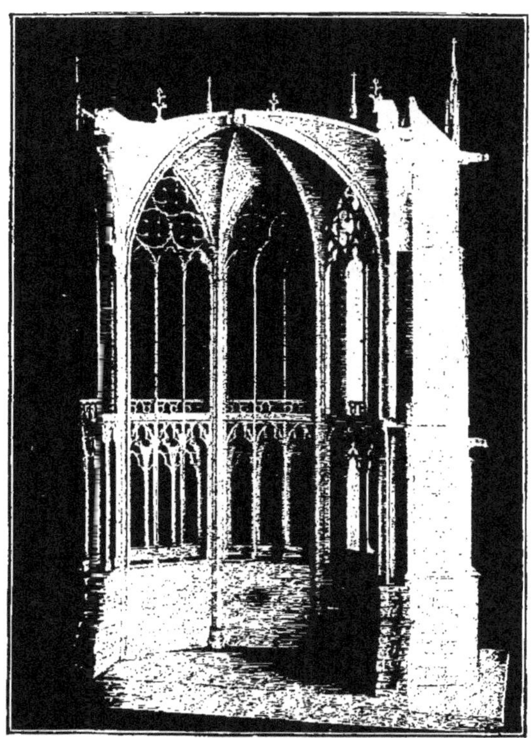

Fig. 72. — TROYES. MODÈLE D'ARCHITECTURE. ÉGLISE SAINT-URBAIN.

Fin du XIIIe siècle. Exemple de la souple structure ogivale, où la pierre finit même par être traitée comme du bois par des maçons qui pensent en charpentiers. Disparition des murs, immenses baies à fins meneaux où s'encastrent des verrières. Délicatesse, légèreté, lumière. *Photo X. D.*

vers 1240, une présomption dangereuse. L'art gothique tire du principe les conséquences ultimes, et dans l'ivresse du calcul finit par exiger trop de la pierre. Les accidents ont châtié cette audace, qui déjà s'exalte dans l'abstrait sans tenir assez compte des limites inéluctables de la matière. Vers la fin du siècle la pierre est traitée comme

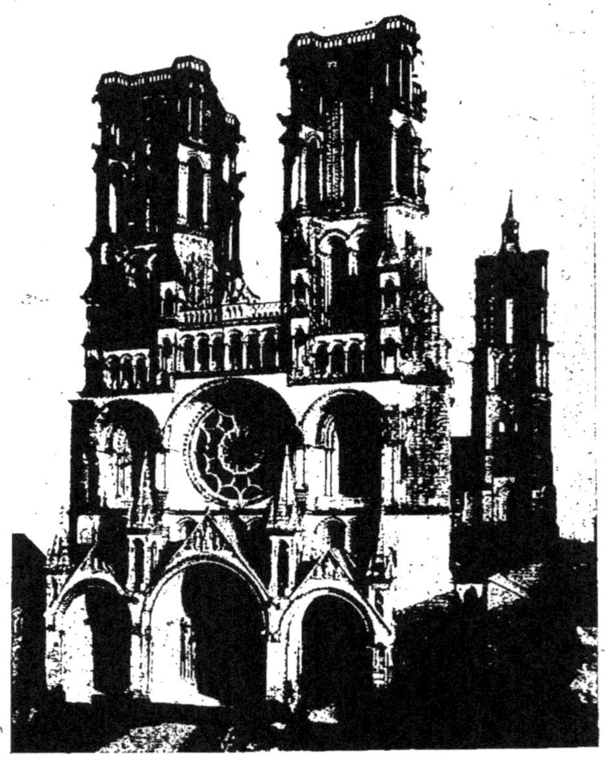

Fig. 73. — LAON. FAÇADE DE LA CATHÉDRALE.

1163. La façade gothique, mise en œuvre d'une idée normande. Des archaïsmes encore dans la nouveauté. Premiers porches projetés en saillie, mais caverneux; magnificence des tours (plan, structure et décoration), mais décrochements de la galerie à arcatures.

Photo Chaseray.

du bois. A Saint-Urbain de Troyes la belle pierre de Tonnerre s'évertue à des combinaisons de charpente plutôt que de maçonnerie (fig. 72). Le monument n'est plus qu'un échafaudage de poutrelles; et l'on comprend l'erreur de Courajod, qui voulait absolument retrouver dans la cathédrale gothique la tradition des charpentiers scandinaves en oubliant que le temple grec est le résultat de la même transposition.

Voilà le type général à la grande époque, au XIIIe siècle. Mais l'architecture gothique ne varie pas seulement avec l'âge, comme les hommes : elle varie, dans une même époque, avec les hommes de génie qui ont formé ses exemplaires, avec les milieux et les besoins. La généralité du type n'empêche pas plus la diversité que la personnalité des maîtres d'œuvre. La formule est commune, mais l'interprétation est multiple. Contre toute attente, le Moyen Age a conçu l'originalité comme les classiques : faire œuvre personnelle avec une tradition donnée, sur un programme reçu. Le classement par styles est fécond ; mais ils ne se définissent guère que par des détails secondaires, parfois purement décoratifs. Et comme la construction de ces colosses délicats a duré des siècles, il ne vaut que pour certaines de leurs parties, non pour eux-mêmes. Certes, cette précision analytique est absolument nécessaire à qui veut dater une à une les assises successives ou juxtaposées, comme le géologue date les stratifications de la terre. Mais il est remarquable que chaque monument, Amiens par exemple, garde à travers les phases de sa construction une unité harmonieuse, et sous la direction des divers architectes une physionomie propre, qui nous le fait reconnaître de loin comme une personne familière.

Les grands monuments types qui jalonnent l'architecture religieuse du XIIIe siècle sont tous du nord. Le gothique est l'art du nord comme l'art roman était l'art du midi. Au-dessous de la Loire, ou il est intégralement importé, ou il renonce à certains de ses caractères pour pactiser avec les traditions régionales. Mais l'Ile-de-France, c'est-à-dire le Parisis, le Beauvaisis, le Valois, voilà son pays d'élection, sinon son berceau. Née ailleurs, c'est là, à l'abbatiale de Saint-Denis, que la croisée d'ogives est consacrée, c'est là qu'elle développe toutes ses conséquences et engendre les purs chefs-d'œuvre, c'est de là que l'architecture nouvelle essaime dans le monde. C'est même là que naissent et se forment les maîtres d'œuvre qui l'ont conçue. Quand les textes du Moyen Age, étrangers ou de chez nous, disent « opus francigenum », ils veulent dire français de l'Ile-de-France, dans cette aire géographique qui va de Chartres à Laon et de Sens à Beauvais. La berrichonne Bourges, bien qu'au centre de notre pays, ne fait pas exception puisqu'elle est fille de Notre-Dame de Paris. Le rayonnement immédiat de la monarchie, la fierté des cités, l'influence des abbatiales normandes, se rencontrant avec l'esprit d'initiative de modernistes décidés comme l'abbé Suger et les évêques, et surtout (puisqu'il faut chercher aux événements artistiques des causes du même ordre) l'abondance et la qualité des matériaux, belle pierre calcaire de Paris, qui va évider son sous-sol en immenses carrières, de Senlis, de Vernon, de Tonnerre, docile à la taille, fine de grain, durcissant à l'air, expliquent cette floraison si dense sur un terrain étroit.

Laon (1163) est un colosse (fig. 73 et 74). Conçue sans doute dès 1160, encore hantée des grandes abbatiales normandes, elle a des tribunes, cela va sans dire, mais elle y superpose encore une galerie. Son énorme transept s'accoste de collatéraux comme la nef. Le chevet primitif, hémicycle flanqué de deux absides plus petites, faisait à celle-ci une terminaison puissante et harmonieuse. Sans doute sa robuste façade est encore bousculée de décrochements archaïques; mais elle inaugure la saillie (ici caverneuse) des portails, qui agrandira le champ de la

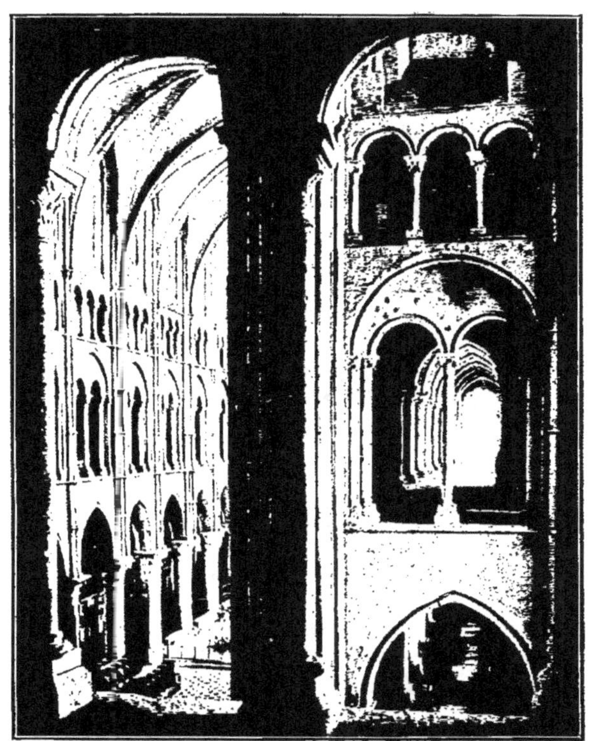

Fig. 77. — LAON. TRAVÉES DU TRANSEPT ET DU CHŒUR DE LA CATHÉDRALE.

Gothique contemporain de Notre-Dame de Paris (1163). Superposition majestueuse, sur piliers cylindriques, de vastes tribunes et d'une galerie, association de l'arc plein cintre et de l'arc brisé. Aspect de basilique romane.

sculpture. Elle s'impose comme modèle à Paris, à Chartres, à Amiens et à Reims. Son orgueil, ce sont ses deux tours. Le projet primitif en comportait sept. Les deux qui ont été exécutées achèvent à cent quatre-vingts mètres la colline crayeuse et passent habilement du carré à l'octogone. Des baies immenses s'y ouvrent pour la première fois au vent de l'espace. Aux angles, des bœufs colossaux

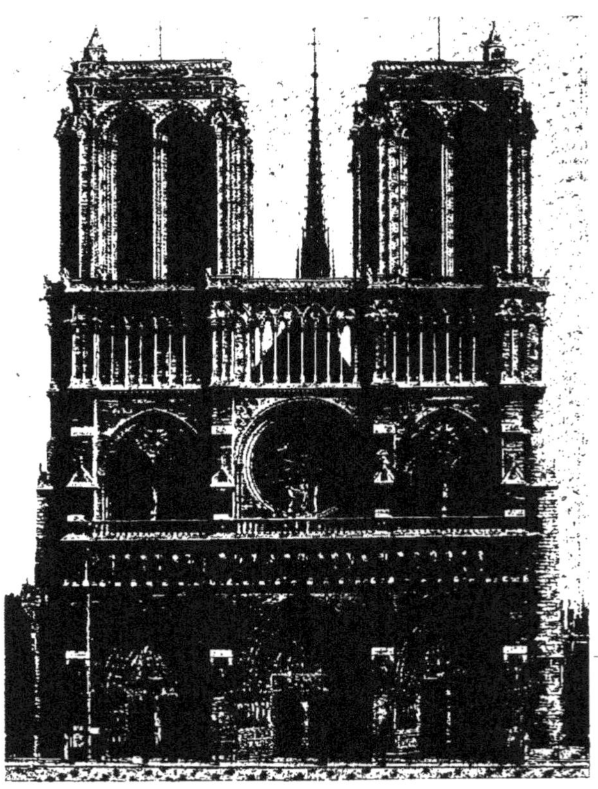

Fig. 75. — PARIS. FAÇADE DE NOTRE-DAME.

1200-1250. Composition harmonique, établie avec le souvenir des abbatiales normandes de l'époque romane. Mise en proportions sur un carré dont la moitié a servi de mesure aux tours. Division trinaire en tous sens. Beauté classique.

se penchent sur la plaine picarde qu'ils ont labourée avant de transporter là-haut les blocs calcaires de la colline. On comprend que Villard de Honnecourt les ait dessinées dans un voyage et que l'allemande Bamberg les ait imitées. Laon, qui d'ailleurs se souvenait de Tournai, est une féconde initiatrice.

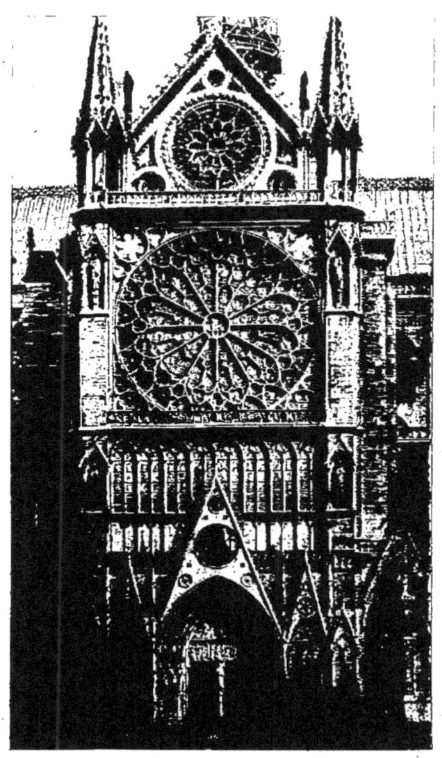

Fig. 76. — PARIS. CROISILLON SUD DE NOTRE-DAME.

Après 1257, par Jean de Chelles. Autre composition qu'à la façade occidentale, à quarante ans d'intervalle. Progrès du verticalisme, de l'acuité, des vides lumineux. La façade gothique s'ajoure, s'éclaire, mais s'amaigrit. *Photo M. H.*

Notre-Dame de Paris (1163) est dans l'évolution gothique ce que le dorisme est à l'art grec. La façade, très en progrès sur Laon, est de régularité classique : un carré parfait, dont la moitié en élévation donne la hauteur des tours. Rapports très simples, qui se traduisent en grandeur monumentale. Plus qu'une autre elle se souvient des

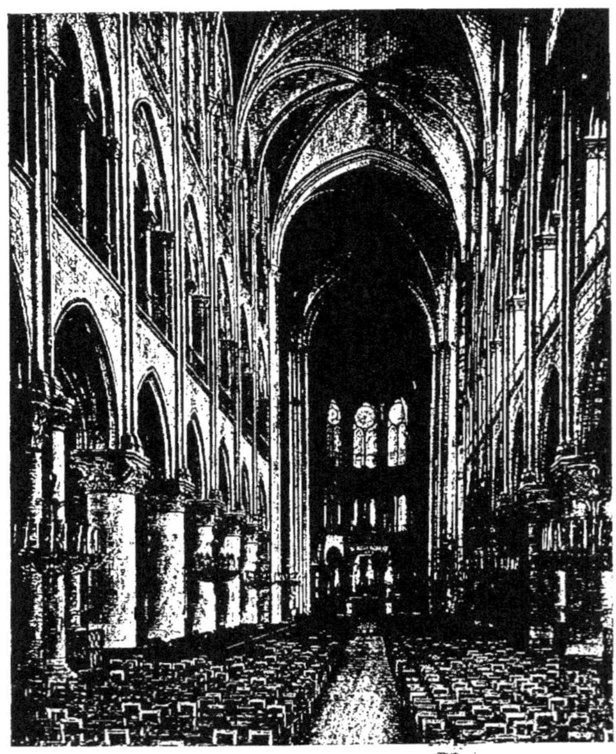

Fig. 77. — PARIS. NEF DE NOTRE-DAME.

Fondée en 1163, et un peu archaïque encore. Des tribunes (les dernières) comme dans les abbatiales normandes. Voûtes sexpartites, dont les ogives sont tracées en arc surbaissé. Eclairage encore insuffisant. Arrêt des colonnettes sur les chapiteaux des piliers cylindriques. — Cinq vaisseaux pour la cathédrale métropolitaine.

fières abbatiales normandes. Derrière cette noblesse la cathédrale métropolitaine développe cinq vaisseaux, un double déambulatoire comme Saint-Denis, et sur des arcades à piliers cylindriques de vastes tribunes qui sont les dernières. Mais si elle est encore archaïque dans sa nef, qui reste obscure, elle inaugure les arcs-boutants ex-

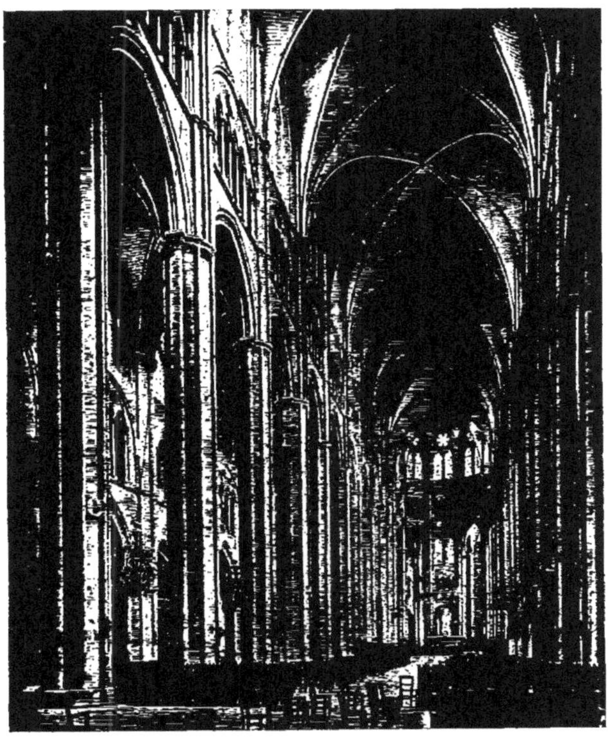

Fig. 78. — BOURGES. NEF DE LA CATHÉDRALE.

Fin du XIIe siècle. Fille de Notre-Dame de Paris : même plan, sans transept, et cinq vaisseaux. Triforium écrasé entre la voûte et les colonnes d'effet puissant. La columnaison, thème magistral du monument. *Photo Martin-Sabon.*

térieurs et les chapelles latérales. Les façades de son transept (vers 1250) sont des chefs-d'œuvre de rayonnement dont la rose, pierre précieuse montée sur filigrane, est le motif essentiel. Et son chevet à arcs-boutants d'une seule portée (XIVe siècle) est comme la quille d'une grande

« nef » en construction sur le chantier (fig. 75 à 77).

Bourges, commencée à l'extrême fin du XIIe siècle, emprunte quelques traits à son aînée de Paris : même ampleur déployée en cinq vaisseaux, mêmes voûtes sexpartites, même rond-point. Mais cette fois ni transept ni tribunes. Le premier collatéral, très élevé, a absorbé ces dernières. Elle fait ainsi transition entre les héritières des vieilles abbatiales de Normandie comme Notre-Dame et le pur gothique concentré qui va venir. Cette vaste salle de perspective unique, qu'aucun décrochement n'interrompt dans sa rectitude, apparaît d'emblée dans son immensité nue. A cet effet grandiose s'ajoute celui des hautes arcades, si hautes, que triforium et fenêtres supérieures apparaissent comme écrasées. Une colonnade colossale, un effet prodigieux de columnaison, voilà donc le thème du monument (fig. 78). La nef de Bourges est la Salle Hypostyle de l'art gothique, notre Karnak. A l'extérieur l'impression de majesté s'accroît devant les arcs-boutants à double volée et pour la première fois à double étage, qui franchissent dans l'espace les doubles collatéraux, et surtout devant le frontispice. Plus franc qu'à Notre-Dame de Paris, il ouvre cinq portails sur les cinq vaisseaux intérieurs ; et sa belle franchise a permis de loger à la place d'honneur sur les tympans les saints patrons de la cité que Paris avait relégués sur le pourtour. Consolidé sur son terrain mouvant par d'épais contreforts, il serait même écrasant, si le « grand housteau » donné en 1390 par le duc de Berry n'y ouvrait de bas en haut un vide lumineux. Le chevet posé sur une crypte s'enlève hors du fossé gallo-romain d'un élan aussi harmonieux que puissant, et ses trois chapelles rayonnantes ajoutées après coup, fines, couronnées de pyramides aiguës, sont comme des bijoux suspendus à la nuque du colosse.

Chartres, reconstruite en 1194, est plus avancée que

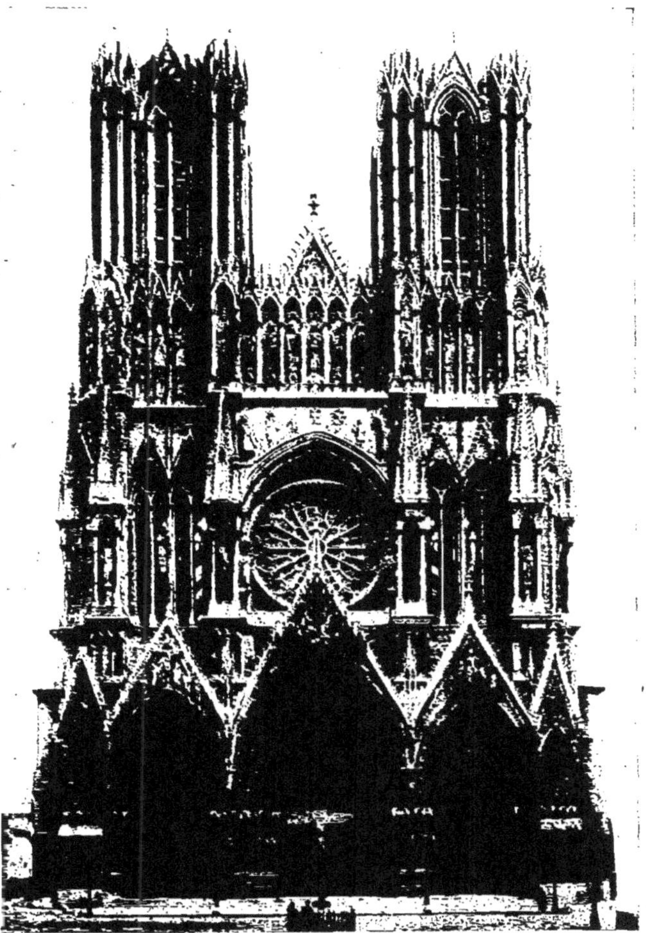

Fig. 79. — REIMS. FAÇADE DE LA CATHÉDRALE (XIIIe-XIVe SIÈCLES).

Gothique champenois. Plus d'élan vertical qu'à Notre-Dame de Paris. Mouvement ascensionnel des lignes et des formes, gâbles, pinacles, pyramidions. Très riche décoration sculptée. Originalité de la galerie des Rois (rois de France sur cette cathédrale du Sacre). Substitution de verrières aux tympans.

Bourges. Non seulement elle supprime les tribunes et

cantonne de colonnettes le pilier, qui scelle en croix dans le sol le tracé du vrai pilier gothique, mais encore elle simplifie le plan et la voûte, l'un en le ramenant à trois vaisseaux selon le traditionnel plan trinaire des édifices religieux depuis le temple antique, l'autre en la réduisant à quatre quartiers. Chartres arrête ainsi, définitivement, les formes classiques de l'art gothique. En elle se constitue le type de la cathédrale. Monument de pèlerinage, elle développe amplement pour les cérémonies chœur et transept, bien plus vastes à eux deux que la nef elle-même. Mais sa plus précieuse nouveauté sont ses arcs-boutants. Doublés, étrésillonnés entre leurs deux courbures par de légères colonnettes, ils agrandissent la surface de butée contre la paroi de la nef, et de ce perfectionnement technique font un rythme inédit (fig. 65). Son clocher vieux, qui a gardé par chance sa fine flèche, est le plus élégant de l'art gothique.

Reims (fondée en 1211), basilique royale, est rationnelle et logique. Cathédrale du Sacre, elle allonge sa nef pour recevoir les foules et développe un chœur spacieux pour les cérémonies. Non seulement elle l'unifie avec le large transept à collatéraux, mais elle ouvre sur le déambulatoire cinq chapelles rayonnantes, à sept pans et profondes, qui ont fait dès le XIIIe siècle l'admiration des maîtres d'œuvre : Villard de Honnecourt les a dessinées, et nous avons son dessin. La nef se resserre pour la sveltesse, à laquelle concourent des arcs très aigus. Pour la première fois les ogives de la voûte sont tracées en tiers-point. Les fenêtres des bas-côtés pour la première fois se subdivisent en deux baies jumelles que sépare une fine colonnette surmontée d'une rose. Désormais la fenêtre gothique n'est plus bâtie comme à Chartres, mais montée sur armature légère. Toutes les formes s'allègent. Elle est à la fois majestueuse et exquise. Même goût de l'aérien aux contreforts, qui abritent là-haut, sous les pinacles, un vol d'anges musiciens. Même

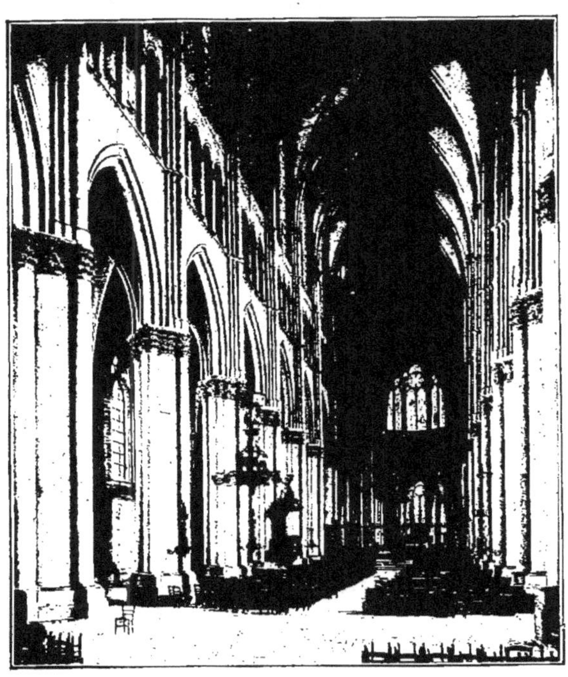

Fig. 80. — REIMS. NEF DE LA CATHÉDRALE.

Arcades de plus en plus hautes et aiguës. Plus de tribunes désormais (ainsi qu'à Chartres), mais triforium à arcatures. Voûtes quadripartites, sur des ogives tracées en arc brisé. La colonnette qui reçoit l'arc doubleau monte directement du sol. Logique, unité, force ascensionnelle. *Photo N. D.*

élancement à la façade, chef-d'œuvre à quatre étages, couvert de sculpture raffinée qu'on imitera au loin, jusqu'à Bamberg en Allemagne, et démenti formel à la loi de la monumentalité qui, dit-on, exige des surfaces de repos. Cependant, sous les voussures des portails les tympans sculptés font place à des verrières lumineuses.

Pour plus de clarté, toujours. Reims a fixé là une originalité champenoise qui va rayonner jusque dans l'île de

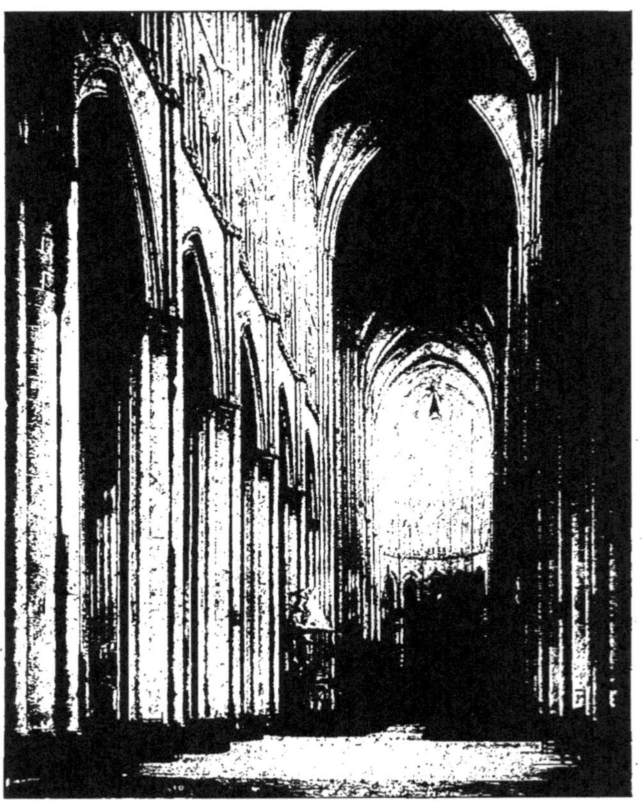

Fig. 81. — AMIENS. NEF DE LA CATHÉDRALE.

La plus belle nef gothique (commencée en 1220). Proportions harmonieuses établies, selon des règles qui remontent aux Égyptiens, sur le tracé géométrique du triangle. Hauteur croissante : 43 mètres du sol à la clef, et mouvement ascensionnel accentué. Au chœur la galerie du triforium devient transparente. Déversement des piliers de la croisée.

Photo M. H.

Chypre (fig. 79, 80). Strasbourg, Rouen, Saint-Urbain de Troyes lui ont d'autres dettes.

Amiens est l'église ogivale par excellence, parfaite de technique. Sa nef (commencée en 1220) est peut-être la plus heureuse de toutes par les proportions. Autour du

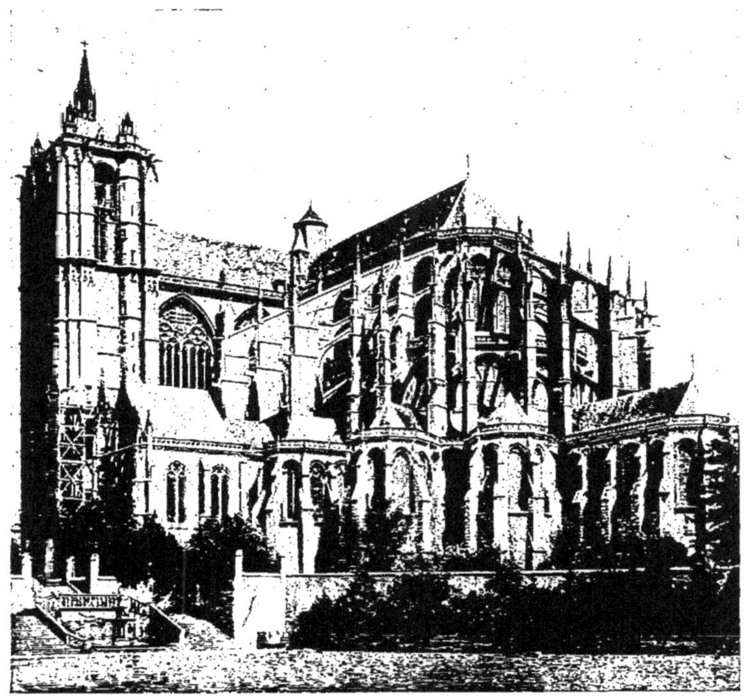

Fig. 82. — LE MANS. LA CATHÉDRALE.

Élégance et majesté du chevet haussé sur une petite colline. Hardiesse des arcs-boutants à 3 étages et dédoublés en y. Harmonieux dessin des 13 chapelles, dont celle du milieu se prolonge en petite église presque indépendante.

chœur à double collatéral c'est sept chapelles absidales cette fois qui se développent : la couronne ajoute encore à ses fleurons. Celle du milieu, dédiée à la Vierge, prend pour la première fois l'importance d'une petite église greffée sur la grande. Plus de murs : le monument n'est plus qu'une énorme verrière à vergettes de pierre. Voici même qu'au chœur le triforium s'éclaire sur le dehors et semble suspendu dans les airs. Alors s'échangent d'une claire-voie à l'autre ce que Choisy appelle « des jeux d'interférences inattendues ». C'est mouvant, élégant et léger (fig. 81). Ce chœur va inspirer celui de Cologne. Et la façade de cette cathédrale picarde est d'une luxuriance déjà presque flamande.

Au Mans chœur et chevet, dressés sur une colline comme sur un socle, sont un prodige de hardiesse par l'élancement intérieur et l'harmonie grandiose et légère des arcs-boutants, à double volée et à triple étage (fig. 82). Le contraste avec la nef romane est un des plus vigoureux contrastes du Moyen Age. Autre nouveauté : c'est treize chapelles cette fois, un diadème à treize fleurons, qui rayonnent non seulement autour du double déambulatoire, mais des doubles collatéraux. Et celle du milieu précise encore plus fortement, en l'honneur de Notre Dame, l'ambition d'une petite église indépendante. Les trois hémicycles étagés poussent au-dessus de la place des Jacobins une vraie forêt d'arcs et de pinacles.

Saint-Denis n'est pas une cathédrale, mais elle eut l'honneur d'être l'abbatiale préférée de nos rois. L'art gothique lui a une double dette. C'est là qu'il avait commencé sa destinée officielle, en pleine époque romane, sous les voûtes à la mode nouvelle qui couvrent les premières travées et le déambulatoire aux chapelles rayonnantes qu'imitèrent à l'envi Noyon, Vézelay, Senlis, Saint-Étienne de Caen, Saint-Leu d'Esserent, Saint-Germain-des-Prés. C'est là que pour la première fois les chapelles rayonnantes sont tangentes l'une à l'autre, ce qui est le plus beau dessin d'une « carole ». Innovation heureuse dont Suger, grand voyageur, a sans doute pris l'idée dans une église du nord comme Thérouanne. C'est là enfin qu'il avait inauguré le type des grands

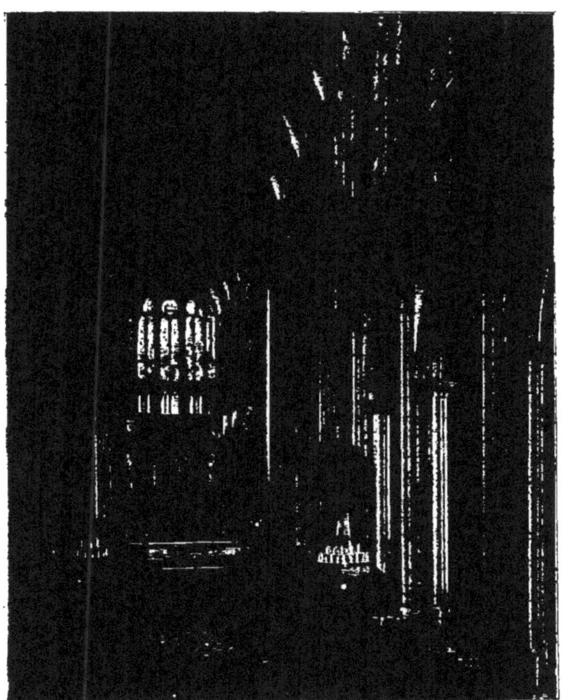

Fig. 83. — SAINT-DENIS. NEF DE L'ABBATIALE.

De Pierre de Montereau à partir de 1231. Progrès de la logique et de l'unité. Descente de colonnettes le long du pilier : un seul jet de bas en haut. Triforium éclairé par le dehors. Triforium et clerestory unifiés par les mêmes meneaux. Phase capitale de l'évolution de l'art gothique. *Photo N. D.*

portails monumentaux. Voici maintenant qu'à la nef (à partir de 1231) se révèle un homme de génie. Le maître d'œuvres de saint Louis, Pierre de Montereau, inaugure aux piliers les multiples faisceaux de colonnettes; et elles montent de fond, d'un seul jet, jusqu'à la voûte.

Pour la première fois le triforium s'éclaire sur le dehors : c'est une galerie vitrée, transparente, qui verse dans l'édifice la lumière diaprée de ses propres verrières. Pour la première fois triforium et fenêtres hautes ne font qu'un, traversés par les mêmes meneaux : de haut en bas le vitrail lumineux est continu. Partout s'accentue le mouvement ascensionnel des lignes. L'abbatiale royale avait été le berceau du gothique primitif : voici qu'en elle naît l'architecture parfaite de la deuxième partie du siècle, celle de saint Louis (fig. 83).

Beauvais (en pleine activité en 1247) a voulu faire plus grand encore qu'Amiens, plus haut et plus beau (fig. 84). Aussi n'a-t-elle pu achever que le chœur et le chevet. Ils sont gigantesques et délicats. La témérité qui porte cette voûte à 47 mètres, sur des piliers trop écartés, trop hauts et trop légers, il a fallu la payer : en 1284 la voûte s'est effondrée. Ce chœur merveilleux reste suspendu dans le vide au-dessus de la petite ville, comme le témoignage de l'orgueil déjà « scientifique » de l'art gothique et de l'abus du calcul.

Strasbourg enfin, à ne prendre que nos principales cathédrales, s'impose fortement à la mémoire. Dans son chœur élevé sur crypte, elle est encore d'austérité romane, et dans ses croisillons hésite entre les formes anciennes et nouvelles. Mais sa nef, fille de Saint-Denis, est de proportions sages, où l'on sent l'esprit de stabilité du triangle équilatéral. La grande nouveauté est la façade (début 1277), bien qu'on y perçoive le souvenir de celles de Notre-Dame de Paris et qu'elle ait été défigurée par le massif qui joint les deux tours (fig. 85). Les immenses meneaux, tendus comme « les cordes d'une harpe que touche le vent de l'espace », révèlent un architecte poète et musicien. La sculpture ajoute parfois un accent pathétique à celle des cathédrales de l'Ile-de-France. La teinte rose de son granit des Vosges, sa tour surhaussée, sa flèche paradoxalement

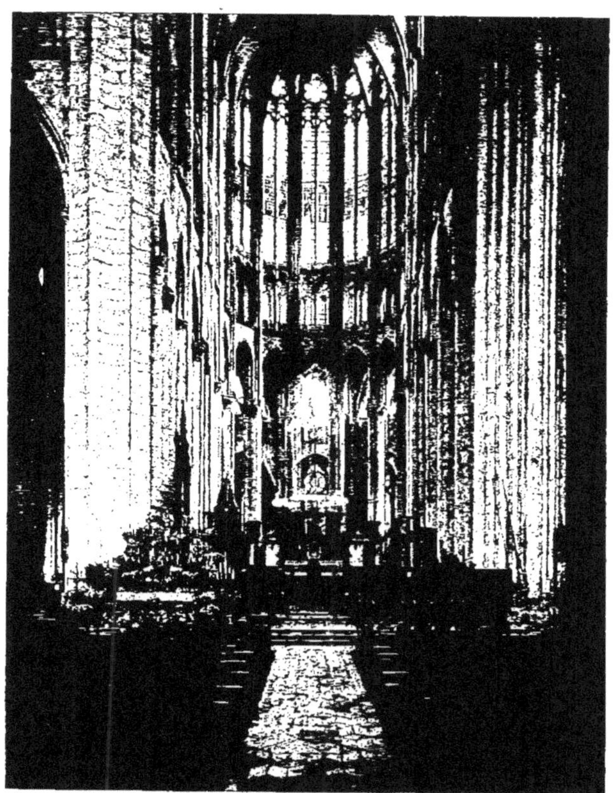

Fig. 84. — BEAUVAIS. CHOEUR DE LA CATHÉDRALE.

Chœur seul construit, et achevé en 1272. Dernière limite de la hardiesse gothique, emportée par la logique jusqu'au bout : 47 mètres à la clef. Verticalisme inouï des lignes, et suppression des pleins. Colossal édifice qui n'est plus qu'une cage de verre lumineuse, mais dont la voûte s'écroula partiellement en 1284. *Photo N. D.*

ajourée, lui font une physionomie qu'on n'oublie plus, d'autant que sa perspective au fond de la rue Mercière est soudaine. Sur la petite place encore encadrée en partie de maisons gothiques, d'où elle surgit, on comprend le genre d'effet que le Moyen Age demandait aux façades, et combien il diffère de celui que l'esprit classique demandera aux larges dégagements et aux mornes espaces libres. A Séez, à Quimper, à Clermont-Ferrand comme à Strasbourg, toujours le monument se dresse en verticale au fond d'une rue étroite. Il n'est pas un point de fuite dans le lointain poudroyant comme le château de Versailles vu du Bassin d'Apollon, en décor de théâtre, mais un écran immédiat. L'effet est puissant parce qu'il n'est pas préparé.

Cet art, mûri dans l'Ile-de-France et inventé d'abord pour le logis de Dieu, a une autre faculté des organismes vivants : il s'adapte à tous les milieux, à tous les besoins.

C'est précisément parce que sa personnalité, assurée par la croisée d'ogives, est indéfectible, qu'elle peut sans dommage s'assouplir aux transformations. Le régionalisme, principe de vie, n'est pas mort avec l'époque romane. L'art gothique réserve seulement l'unité de la structure sous la diversité des formes. Et c'est un de nos étonnements, quand on parcourt la France une et multiple, de le trouver comme elle toujours le même et toujours nouveau. Il rayonne en effet en province. Mais là il rencontrait les styles indigènes, nés comme des plantes naturelles du sol et du climat. Alors il pactise. Sans doute il paraît s'isoler fièrement dans certaines cathédrales du midi, à Bayonne (1213), à Clermont (1248), à Limoges (1273), à Narbonne et Toulouse (1272), à Rodez (1277), qui toutes paraissent porter la marque directe ou lointaine d'un habile maître d'œuvre, auvergnat de naissance, mais qui avait admiré Reims, Amiens et Saint-Denis : Jean Deschamps. M. Male a suivi pas à pas cette traînée éblouissante sur la trace de cet artiste de génie. On peut même discerner dans ce groupe méridional du gothique du nord les éléments de l'avenir. Vers 1277 par exemple, il y a à Rodez des piliers dessinés en courbes et contrecourbes. Cela

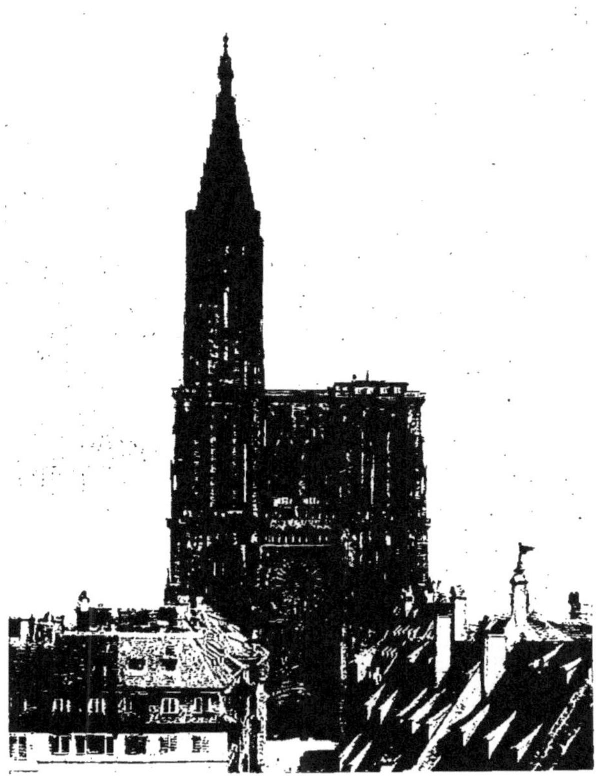

Fig. 85. — STRASBOURG. LA CATHÉDRALE.

Façade en grande partie du XIVe siècle. Originalité des fins meneaux tendus comme des cordes aux montants latéraux. Les deux tours ont été réunies par un massif qui forme terrasse. En conséquence, tour nord surhaussée et coiffée d'une flèche ajourée (XVe siècle).

ne supprime pas l'influence anglaise, qui nous a sans doute donné les voûtes à nervures entrelacées; mais la flexuosité et les pénétrations, le gothique flamboyant en un mot, sont bien de chez nous, d'Auvergne ou de Languedoc, dès la seconde moitié du XIIIe siècle. Nous voici donc en présence de ce paradoxe, que ce n'est pas dans l'Ile-de-France où elle est chez elle, mais dans le midi,

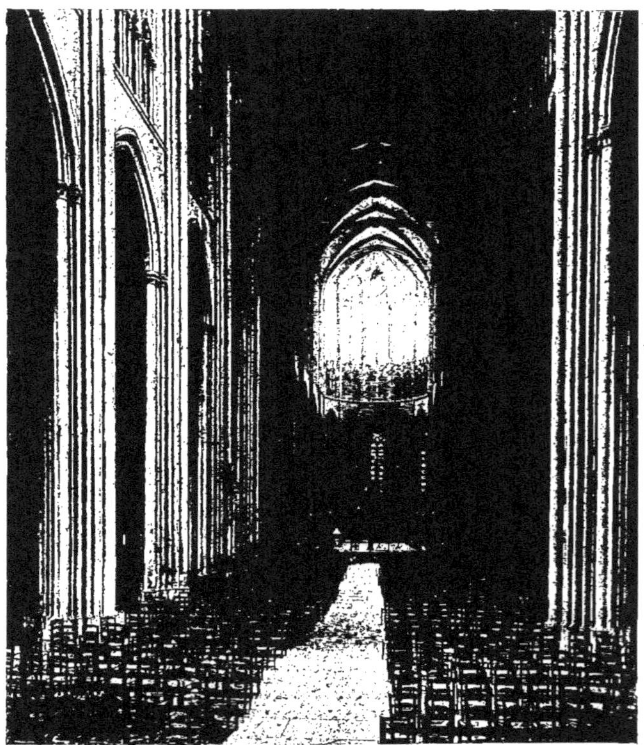

Fig. 86. — CLERMONT-FERRAND. NEF DE LA CATHÉDRALE.

L'expansion du gothique du nord. Commencée en 1248 par Jean Deschamps. En lave dure et résistante qui interdit la luxuriance décorative, mais permet l'amincissement des supports et la précision ferme des profils. Légèreté paradoxale des piliers du chœur. *Photo N. D.*

au pays des vivaces traditions romanes, que l'architecture gothique commence sa dernière étape, celle des raffinements. Malgré tout il suffit de regarder d'un peu près ces émigrées pour s'apercevoir qu'elles ont consenti à s'adapter un peu au pays du soleil. Les bas-côtés tendent à se couvrir en terrasses, le triforium ne s'éclaire plus sur le dehors, les fenêtres hautes n'occupent plus tout l'espace

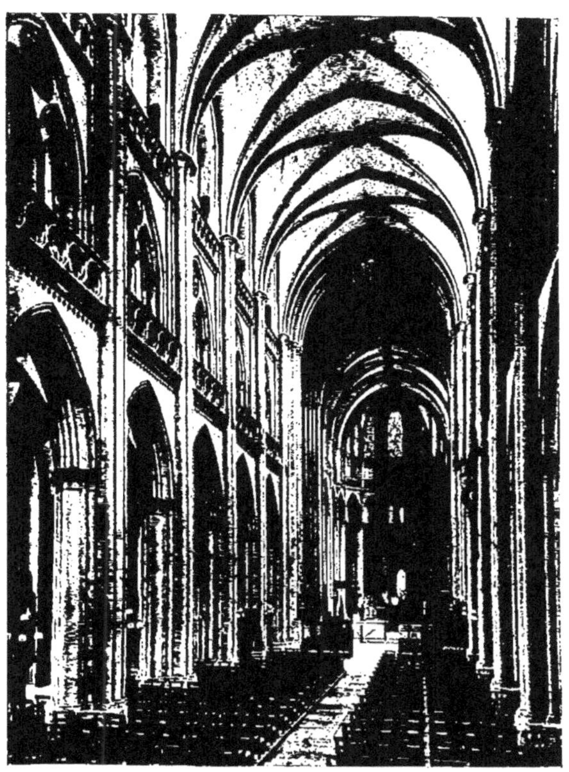

Fig. 87. — COUTANCES. NEF DE LA CATHÉDRALE.

XIIIe siècle. Gothique normand. Tribunes aux baies postérieurement aveuglées, tour-lanterne voûtée d'ogives, tendance générale à l'acuité.

entre les arcs-boutants. Il leur arrive même d'emprunter des caractères qui modifient curieusement leur aspect extérieur. La cathédrale de Clermont (fig. 86) reste « française » en pays d'Auvergne, mais elle s'habille de basalte et de gravité; elle économise la sculpture parce que la déjection des volcans est dure au ciseau. Mais ailleurs l'art de « France » s'adapte plus allègrement. Si les églises rurales ont la saveur des patois, les grandes sont encore des dialectes. La voûte sur nervures croisées, qui reste le principe fixe, vient du nord se poser sur des édifices dont la forte saveur locale ne tient pas seulement aux matériaux et au climat, qui sont nécessités premières, mais aux vieilles habitudes de construction et aux circonstances historiques, qui sont des faits humains. C'est le génie même du pays qui les a modelés. Pas une de nos provinces qui n'ait donné son accent particulier au style venu du nord.

Le gothique normand est précoce, si précoce, qu'il a peut-être inventé la voûte nervée. En tous cas son système d'alternance des piliers semblait la prévoir. Mais pratique et prudent comme la race, il attend qu'elle ait fait ses preuves dans l'Ile-de-France, à Saint-Denis par exemple, pour l'adapter au plan de ses vastes nefs romanes couvertes de charpentes. Adaptateur subtil, il réussit même à emboîter dans les formes nouvelles telle vieille basilique romane du XIe siècle comme celle de Coutances (fig. 87), qu'il a voulu respecter. Son ingéniosité technique rhabille ici le passé, au lieu de le détruire. Quand il se décide à construire à frais nouveaux, son individualité est assez vigoureuse pour se permettre de conserver quelques traditions anciennes : il garde les hautes tours de la façade et la tour-lanterne sur la croisée, qu'il fait plus belle que jamais (Coutances, Rouen). Il multiplie les nervures et se complaît longtemps à la voûte sexpartite, qui s'adapte merveilleusement à l'alternance des piliers forts et des piliers faibles de l'ancienne travée. Jamais on n'a déployé d'aussi vastes espaces, au fond desquels il ouvre des chœurs superbes comme ceux de Bayeux et de Saint-Étienne de Caen, entourés d'amples déambulatoires. Surtout, il a quelque chose de sec et d'aigu : le géométrique

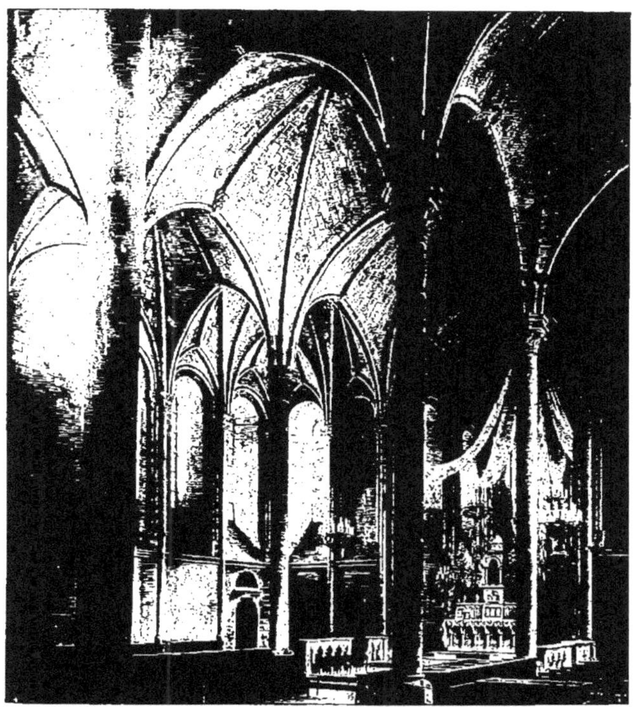

Fig. 88. — ANGERS. LE CHŒUR DE L'ÉGLISE SAINT-SERGE.

XIIIe siècle. Gothique angevin. Voûtes bombées à quatre branches d'ogives et quatre liernes, sur travée nécessairement carrée. Adaptation de la nervure gothique à la coupole du sud-ouest.

continue de plaire à ce peuple raisonneur. Cette acuité pointe à tous les arcs, particulièrement au chœur qu'elle aide à tourner, aux tours et aux flèches, qui sont les plus fines de l'art gothique. Celle de Saint-Pierre de Caen (1307) a même séduit la massive Bretagne, qui l'imite dans la flèche fameuse du Kreisker à Saint-Paul-de-Léon. Ajourées, accompagnées de leurs « fillettes », fusant au-dessus des herbages dans le ciel gris, elles font partie du paysage normand. Victor Hugo note cette harmonie. L'ornement géométrique, la pauvreté de la statuaire, la sécheresse générale des formes, font austère cette architecture d'essence mathématique, où France et Normandie continuent à fraterniser selon l'esprit du traité de Saint-Clair-sur-Epte (911) qui avait fondé le duché.

La Bourgogne avait produit de trop beaux édifices romans pour ne pas garder quelque fidélité à ce style, qui fut du reste le style monastique, celui du grand Ordre bénédictin dont elle était le pays d'élection. Longtemps elle conserve le plein cintre, qui est grave, la voûte sexpartite, qui est de complication archaïque, la monumentale tour-lanterne, qui avait surmonté jadis la basilique-mère de Cluny. Longtemps même elle conserve l'ample vestibule, le narthex, et ose se dispenser d'arcs-boutants. Sens, Notre-Dame de Dijon et la cathédrale d'Auxerre ont bien cette saveur de terroir. Dans son gothique cistercien, qui est celui qu'elle exporte, même très loin à l'étranger, elle reste fidèle à la règle sévère du grand mystique qui avait voulu « réformer » l'architecture religieuse. Pontigny (vers 1170) est un bel exemple de cette sobriété, presque paradoxale dans l'art nouveau, qui est par essence abondant et lyrique.

L'Anjou et le Poitou restent timides. Ni grandes fenêtres, ni déambulatoire, ni arcs-boutants! Ils aiment à couronner la nef, souvent unique, d'une voûte bombée sur de multiples ogives, qui ressemble à un petit dôme côtelé. Hantée de la coupole du sud-ouest, elle l'adapte ainsi aux nouveautés venues de « France ». L'effet est inédit. Mais, ogives de rôle vraiment actif et nécessaire? ou de vertu surtout décorative? Saint-Maurice d'Angers (vers 1150) est le type de ce style archaïque, peu décisif, et si régional, qu'on lui a donné un nom singulier : celui de la maison angevine qui occupa le trône d'Angleterre, les Plantagenets. Précisément, l'Angleterre se souviendra plus tard de la voûte nervée et archi-nervée de l'Anjou en la compliquant encore jusqu'aux rayonnements précieux de l'éventail (fig. 88).

Mais l'École qui a le plus d'accent c'est celle du midi, du vrai, du Languedoc surtout, autour de Toulouse. Ici le style gothique n'arrive qu'en étranger, et apporté par les pires étrangers, les barons du nord, descendus en 1208 dans le pays de la gaye-science, des cours d'Amour et de l'hérésie pour y déchaîner la guerre « des Albigeois ». C'est le roman qui était la fleur indigène. Aussi l'École en garde-t-elle les proportions et les formes. Formes majestueuses de la latinité. Elle aime les nefs uniques, amples comme des basiliques antiques, où retentit la voix des frères prêcheurs. Pas de piliers, pour ne pas intercepter la parole ni la vue : ceux des Jacobins de Toulouse ne séparent pas deux nefs, ils soutiennent un hall. Ce sont des salles en effet, des lieux d'assemblée populaire, ou, selon un mot bien trouvé, « des forums couverts et clos ». Et même les voûtes massives, selon Choisy, sont une concrétion qui tient comme un monolithe : voûtains et nervures y sont compris comme une sorte de parement. C'est bien le vaisseau romain avec un dessin différent, abrité sous des tuiles à la romaine qui devaient être directement posées sur l'extrados de la voûte. Cinq siècles plus tard, lorsque les Jésuites voudront vaincre la Réforme ils reprendront ces formes autoritaires qui avaient servi à vaincre l'albigéisme. M. Male estime que le Gesù de Vignole est un avatar italien du type languedocien ou catalan. Les Jacobins de

Toulouse (1231-1385) et la cathédrale Sainte-Cécile d'Albi (fondée en 1282) déconcertent autant par leur structure et leur aspect l'archéologue qui vient du nord que la civilisation méridionale déconcerta les barons de Simon de Montfort. Ni comble aigu, ni arcs-boutants, ni sculp-

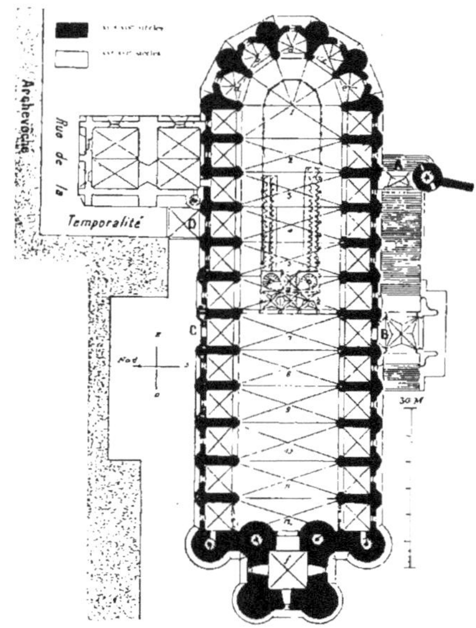

Fig. 89. — Plan de la cathédrale d'Albi.

1282-1390. Type gothique languedocien. Salle unique bordée de chapelles, à contrebutement intérieur, sans arcs-boutants. — Type d'église fortifiée, sur escarpement ; clocher-donjon, contreforts demi-cylindriques pour un meilleur flanquement, chapelles absidales prises dans l'épaisseur du mur.

ture sur ces blocs de brique. Tendus par les guerres de religion ou contractés par l'ascétisme des grands ordres monastiques, ils prennent l'aspect de forteresse. Ce n'est pas que les Jacobins fussent sérieusement adaptés à la défense : d'immenses lancettes l'ouvraient aux entreprises autant qu'à la lumière ; mais il convenait à l'église voulue par saint Dominique de paraître armée contre l'infidèle.

Un chemin de ronde les couronne, porté souvent sur de grands arcs bandés entre les contreforts : c'est de très grand air. Mais la brique, cuite et recuite par le soleil, les pare d'une robe rouge feu. Après avoir étudié Albi

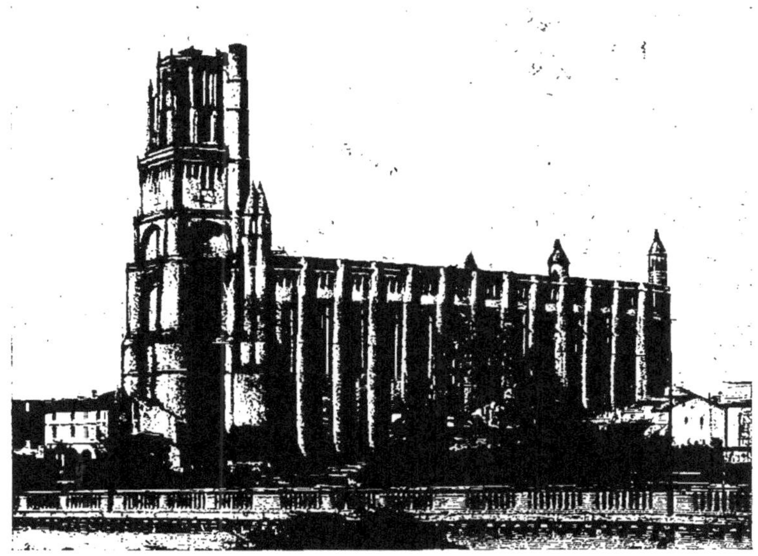

Fig. 90. — ALBI. LA CATHÉDRALE.

Toute de briques rouges. Aspect de forteresse avec tour-donjon. Nef unique, à toiture non apparente et sans arcs-boutants. Simples contreforts demi-circulaires réunis en bas par des glacis et portant un chemin de ronde.

en sa technique, ce qui est l'essentiel, il faut la voir en sa « composition », un soir d'été, dressée près du Tarn, incendiée par le couchant. Alors on sent comment une œuvre d'art bien organique naît presque spontanément de l'entente entre le maître d'œuvre, le site, le moment et le milieu : elle a quelque chose de nécessaire. Et derrière cette cuirasse, la peinture monumentale, appauvrie dans le nord, trouvera des parois merveilleusement propices (fig. 89 et 90).

L'adaptation aux programmes et aux besoins ? D'exquises

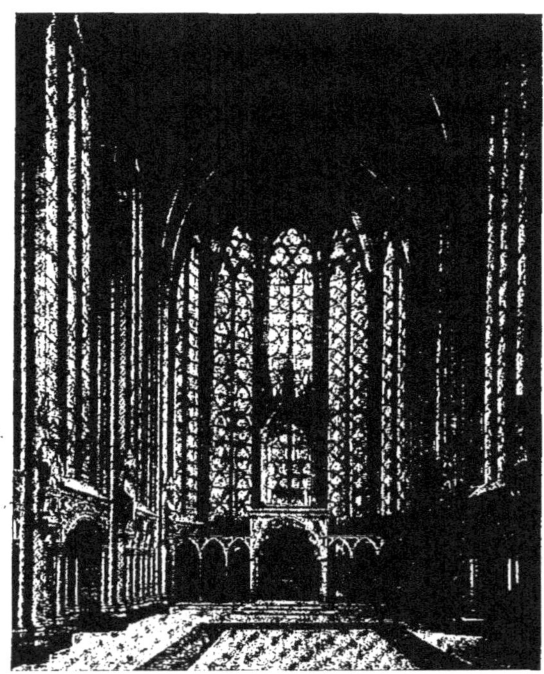

Fig. 91. — PARIS. LA SAINTE-CHAPELLE.

1248. Modèle des chapelles palatines. Chapelle haute, toute en verrières et fins meneaux, châsse lumineuse et colorée destinée à abriter, sous le baldaquin qui est au fond, les reliques sacrées données à saint Louis par l'Empereur français de Constantinople.

Photo N. D.

chapelles (fig. 91) s'élèvent dans les demeures princières. Oratoire pour le palais et châsse pour les reliques, la destination commande la forme. Celle du palais de saint Louis dans la Cité, reliquaire précieux tout de verre coloré, donne le modèle, que Pierre de Montereau a ciselé.

Deux étages, comme il sied, selon la hiérarchie : pour le personnel et la domesticité. Point d'arcs-boutants; presque pas de pierre qu'aux meneaux, qui sont minces comme des tiges, et au soubassement, qui porte le tout. A Saint-

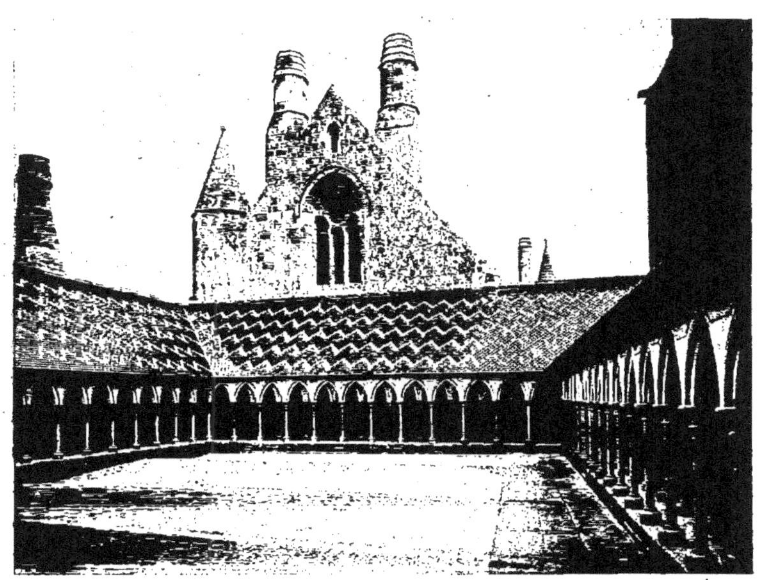

Fig 92. — ABBAYE DU MONT-SAINT-MICHEL. LE CLOITRE.

1225-1228. Merveille de légèreté suspendue entre roc et ciel au-dessus de la salle des Chevaliers. Arcades en tiers-point sur fines colonnettes à chapiteaux et socles circulaires de style normand. Elles alternent en quinconce pour assurer le mur contre le renversement. Beauté du Rythme. *Photo N. D.*

Germain-en-Laye, plus tard à Vincennes, à Bourges, à Riom, ce sont ou c'étaient des bijoux, où le raffinement du détail ouvragé égale la sûreté de la structure, pourtant faite de rien. C'est bâti avec de la lumière. La chapelle synodale de Sens offre le type des grandes salles de réunion dans un palais épiscopal. Les abbayes gardent l'ancien plan, si adapté dès le début à la vie monastique qu'il n'y avait rien à changer. Mais toute leur architecture suit la loi de l'ogive et le tracé de l'arc brisé. Elles élèvent des cloîtres légers, rythmés (fig. 92). La suite des fines arcades sur colonnettes, isolées ou jumelles, scandées de piles-contreforts quand le cloître est voûté, compte plus allègrement la mesure à la promenade des moines autour du préau, qu'égaye la fontaine, plus légère aussi, des ablutions. Le Mont-Saint-Michel, Tulle, Charlieu, Fontfroide, Bayonne, Saint-Trophime à Arles,... offrent cette belle cadence. Tout autour, la formule nouvelle permet d'élever des bâtiments claustraux plus commodes, surtout plus clairs et plus aérés, déjà très modernes de conception. Quoi de plus moderne, comme salle officielle de délibérations pour une communauté, que la salle capitulaire? Celle de la cathédrale de Noyon est un magnifique exemplaire. C'est la salle la mieux ornée après la maison de Dieu. De riches baies refendues ouvrent sur le cloître du monastère et ses arcades polylobées : de ce côté se jouent des effets de lumière amortie. Un banc continu court le long des parois, interrompu par les sièges plus hauts de l'abbé et des dignitaires. Des colonnes fines la partagent au centre en deux nefs. Hors de la corbeille des chapiteaux les nervures s'élancent en gerbes, et s'évasent pour porter la voûte. Fresques, vitraux, pupitre sculpté, mettaient la couleur et la vie. Quelquefois même la formule triomphe des difficultés de la nature : la vertigineuse « Merveille » du Mont-Saint-Michel (1203-1228) superpose sur un roc étroit, entre le ciel et la mer, trois étages de salles voûtées, de plus en plus sveltes sur leurs colonnes (fig. 93).

La formule a aussi bien servi la guerre que la prière. Une admirable architecture militaire se développe au XIIIe siècle. Ne retenons que les formes, puisque c'est d'art qu'il s'agit. Les enceintes des villes fortes sont des œuvres d'art autant que d'utilité. L'effet y égale la technique. Aigues-Mortes (XIIIe siècle) étale sur les lagunes un immense quadrilatère que domine la tour Constance (fig. 96). Carcassonne (XIIIe-XIVe siècles) allonge sur la colline rocailleuse deux enceintes flanquées de tours

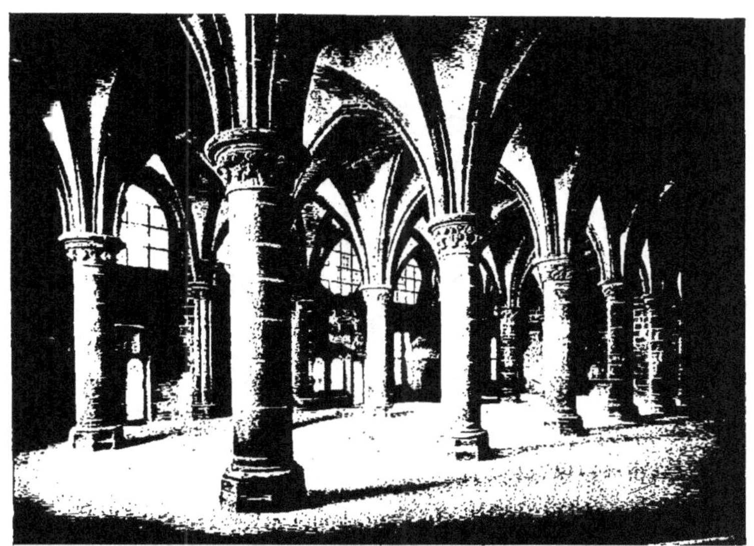

Fig. 93. — ABBAYE DU MONT-SAINT-MICHEL. SALLE DES CHEVALIERS. LA MERVEILLE.

Vers 1228. Chauffoir et salle de travail des moines. A comparer avec l'élégance fastueuse de la Salle des Hôtes. Robustesse, éclairage abondant, immenses cheminées, proximité du chartrier de l'abbaye. *Photo N. D.*

rondes, et la dernière s'appuie aux masses puissantes du donjon et de l'église crénelée.

Le château passe par une évolution décisive. Une fois de plus le grand initiateur, l'Orient, nous a aidés, mais cette fois c'est l'art gothique, c'est-à-dire l'art « français », celui qu'on croit communément autonome et pur, qui lui demande ses leçons. Cette soumission du reste nous fait honneur, puique c'est sur les lieux mêmes, à l'occasion des Croisades et chez l'adversaire qu'il a été les chercher. Il y eut d'abord celle qui nous entraîna vers un pays tout proche, l'Espagne. Dès le XIe siècle nos pères, qui vont batailler contre le Maure, y voient des chefs-d'œuvre de

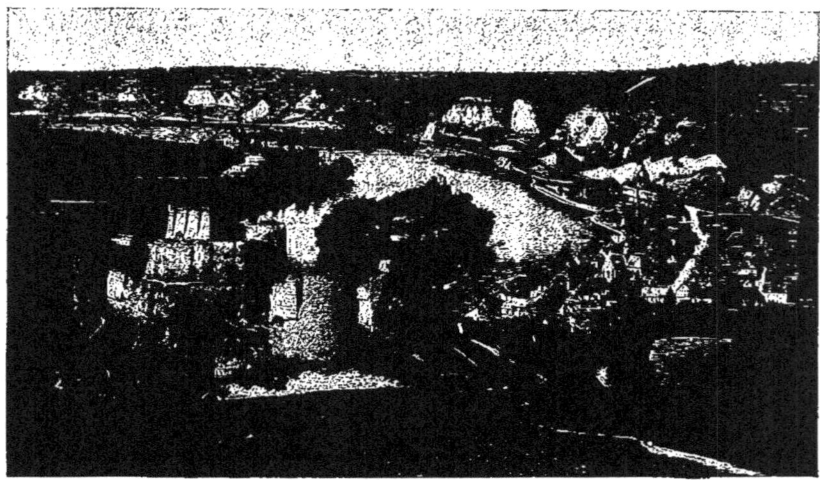

Fig. 94. — LE PETIT-ANDELY. LE CHATEAU-GAILLARD.

Édifié en 1197 par Richard Cœur de Lion sur une falaise dominant la Seine. En ruines. Deux enceintes concentriques, dont la dernière flanquée de tours tangentes entre elles sans courtines. Le donjon à éperon y est accolé. Ouvrage avancé au premier plan. Parfaite science technique, influencée par celle des Arabes et les châteaux des Croisés en Syrie.

Photo N. D.

poliorcétique, des Alcazars, des murs de défense comme ceux de Saragosse et d'Avila. Pourtant la croisade espagnole ne dut pas avoir autant d'influence que celle du véritable Orient, qui tendait à reprendre à l'Infidèle le tombeau du Christ. Les Croisés avaient construit en Syrie, toujours avec l'exemple des Arabes, de puissants modèles : Margat, Blanche-Garde, le krak des Chevaliers, dont les ruines nous étonnent encore. Pour repousser l'assaut, épouser la forme de la roche, fermer la route qui apporte les invasions, mène au pays des rois Mages ou à la mer du retour, leur à-propos y avait exploité à fond la technique sarrasine. Alors l'expérience des latins

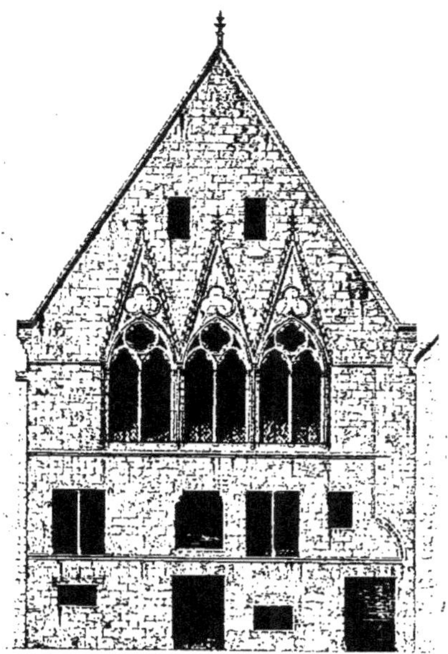

Fig. 95. — MAISON GOTHIQUE DÉMOLIE, RUE DU CLOITRE, A LAON.
(*Relevé de M. Verdier*)

XIVe siècle. Solidarité, pour les formes générales et le décor, de l'art religieux et de l'art civil. Raideur des pentes de la toiture sous un climat humide, abondance des jours, verticalisme des lignes dans la partie haute, où se concentre l'agrément.

de la Terre Sainte, unie à la science des ingénieurs de Philippe Auguste, élève l'imposante série qui va de Château-Gaillard (1196), à Dourdan (1220), à Coucy (1230), à Najac (1249). La pierre dure a remplacé le bois. Les courtines se haussent, et toute la masse avec elles. Elles portent une couronne de machicoulis à merlons et créneaux, qui vont former comme une « grecque » élégante posée sur les encorbellements à copeaux. Le château n'est plus une tour dans un quadrilatère, mais un tout organique. A l'abri de l'enceinte fleurit la chapelle, et des corps de logis s'y

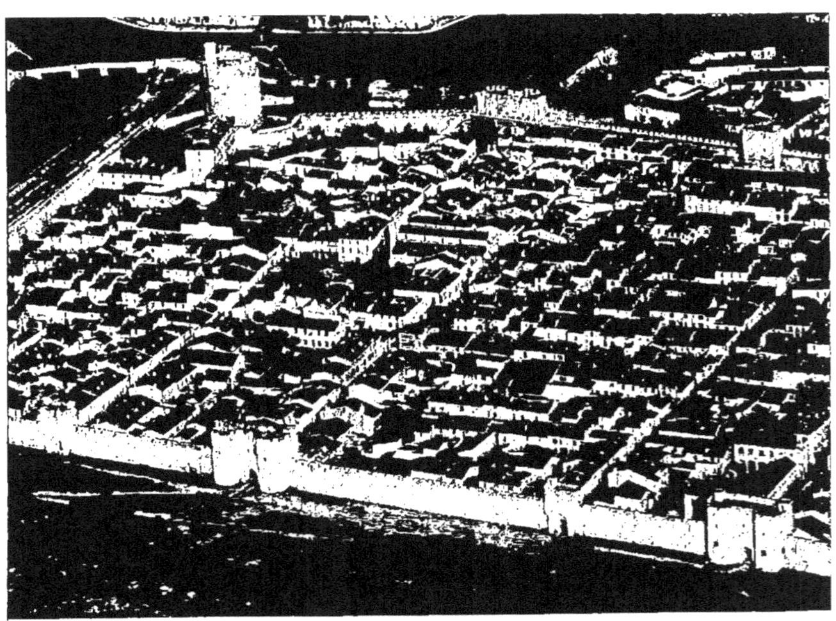

Fig. 96. — AIGUES-MORTES. VUE AÉRIENNE.

L'Urbanisme au Moyen Age. Type de ville créée (XIIIe siècle), au plan en damier, mais sans rigueur géométrique. *Photo Cie aérienne française.*

adossent. Le donjon, désormais circulaire pour éviter les points morts, ne fait qu'un avec elle et domine l'ensemble. Avec ses salles superposées, voûtées d'ogives, et qui jaillissent d'un fossé jusqu'à 55 mètres parfois comme à Coucy, il n'est plus seulement le réduit formidable de la défense, mais la demeure du baron et des siens : le cœur sous la cuirasse. Jamais le Moyen Age n'a mieux prouvé de quelle virile énergie il était capable. Pendant que la cathédrale se transforme en châsse vitrée, le château garde la robustesse de la masse. Mais à ces pleins colossaux il trouve moyen de donner une physionomie : celle qui convient à la force. C'est la beauté du caractère. La guerre impose à l'architecture les nécessités les plus inéluctables de toutes,

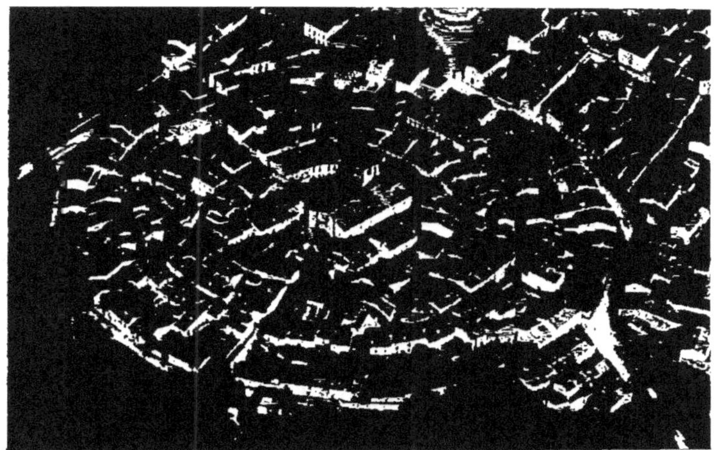

Fig. 97. — BRAM (AUDE). VUE AÉRIENNE.

L'Urbanisme au Moyen Age (XIIIe siècle). Type préféré du plan radio-concentrique autour de l'Église. *Photo Cie aérienne française.*

mais le génie consiste à avoir tiré des forces nécessaires, machicoulis venus d'Orient, créneaux, rapports des tours et des courtines, des effets qui relèvent du plus grand art (fig. 94).

Château et cathédrale, ne sont que des monuments, des parties, essentielles il est vrai, d'un ensemble qui a lui-même sa beauté propre : la Ville. Celle-ci en effet n'est pas un total, mais une harmonie. Le Moyen Age, puissant fondateur de villes du milieu du XIIe au XIVe siècle, est un créateur original de beauté urbaine (Pierre Lavedan). Les villes créées de toutes pièces dans le midi par une volonté, Bastides, Villeneuvess, Villefranches, Sauvetats, sont plutôt des échiquiers (fig. 96) où l'angle droit est maître, comme à Montpazier (1284). Mais les plus intéressantes sont celles qui sont nées plutôt que faites. Le logis de Dieu est le point de convergence de leur plan radio-concentrique et circulaire (fig. 97). Les maisons se groupent pour l'envelopper, et les rues y conduisent comme dans le corps humain « les vaisseaux affluent au cœur ». Enveloppement et attraction, ce sont bien fonctions d'un organisme vivant. L'abstrait, qui règlera trop souvent l'urbanisme classique, n'entre point ici malgré les « franchises ». C'est que l'art ici n'est pas l'œuvre d'un homme, mais l'accommodation des moyens à la fin, à une époque très jeune, qui a la sagesse d'écouter le conseil de l'utile, la leçon qui monte du sol et la voix de l'âme. Avec l'église l'élément d'attraction est la place, toujours un espace fermé et à l'écart. C'est le contraire du forum antique. Dans le midi elle se borde de portiques qui sont des parties intégrantes de la rue. La rue elle-même s'infléchit ou se coude contre le soleil et le vent, limitant toujours sa perspective, qui met soudainement en valeur une église, un clocher, une tour. Cette limitation des perspectives est un étonnement pour l'esprit classique, mais un charme venu de l'Orient hellénistique. En tous cas ces villes spontanées ne sont pas des conceptions *a priori* plaquées sur le terrain, mais l'expression d'une vieille « structure morale ».

A l'époque gothique les arts décoratifs dépendent étroitement de l'architecture. Tous décorent à l'envi la maison de Dieu : ce sont des arts complémentaires, de destination précise et pratique. Là est leur grandeur, qui fait honte au dilettantisme des nôtres. Arts du tissu, du bois, du métal, de la terre et du feu, ils ont sans doute leur effet propre, qui tient à leur matière et à leur technique. Mais

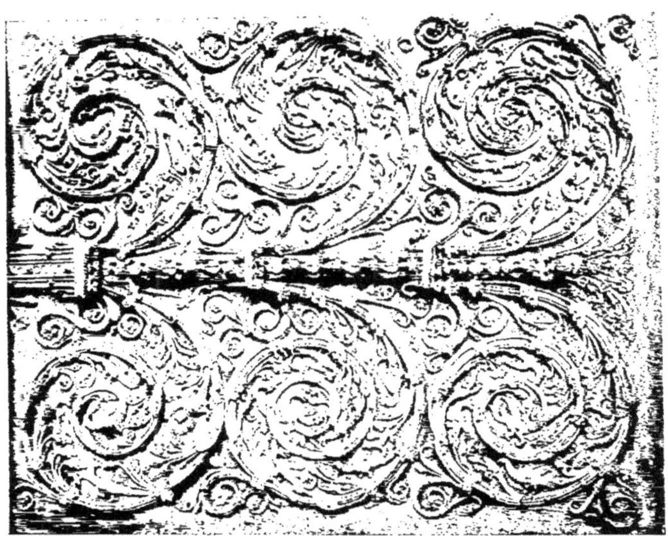

Fig. 98. — PARIS. PENTURE D'UN VANTAIL DE PORTE A NOTRE-DAME.

Rinceaux en fer forgé. Art décoratif de style large et monumental. Lointain souvenir des rinceaux antiques.

ils se soumettent tous à la loi de l'Art-Roi. Le reliquaire, l'armoire et la huche, la grille qui clôt une chapelle, la penture en fer forgé et estampé qui consolide le vantail de la porte (fig. 98), la crosse de l'évêque, même les petits objets comme la custode et la pyxide, tous ont la monumentalité, par la décision des plans, la largeur du dessin, les motifs courants du décor. Dans cette confraternité les arts sont égaux. Le Moyen Age, comme la Grèce, n'a jamais établi de hiérarchie entre les arts « majeurs » et « mineurs », entre l'artiste et l'artisan. Coffret ou cathédrale, serrure ou maison, la destination est la même : servir Dieu ou l'homme, chez lui. Et ici ou là l'Art est un, une la Beauté. Bien mieux, ils se prêtent les uns aux autres, ou même se transposent les uns dans les autres. De même que la châsse est un petit monument, la miniature se reflète dans le diptyque d'ivoire, la grande sculpture se réduit sur le plat de l'Évangéliaire, la grande peinture sur la plaque d'émail. Le vitrail semble n'être parfois qu'une miniature agrandie et transparente. Ainsi s'affirme de nouveau l'unité de l'Art. Époque heureuse. Le souvenir de cette discipline et de cette fraternité sous la maîtrise de l'Architecture, hante aujourd'hui nos décorateurs comme un regret et une leçon.

Les deux arts décoratifs qui marquent sont l'orfèvrerie, gloire de Paris, et l'émaillerie champlevée, « œuvre de Limoges ». Toutes les deux relèvent de richesse la forme. Mais l'une favorise plutôt le dessin, jusque dans les méandres du guillochage et des filigranes dorés, l'autre la couleur opulente, celle de l'émail bleu, mat, tantôt presque céruléen, tantôt parcouru de blancheurs lactées (fig. 99).

L'art de Limoges ose même encore, comme à l'époque romane, sceller sur les défunts illustres des tombes émaillées. Mais l'art le plus complet est le reliquaire. C'est une petite église, d'abord sobre de plans comme la châsse d'Ambazac au début du XIIIe siècle, puis rayonnante et ajourée comme celle de Saint-Taurin d'Évreux (1250), que surmonte même une flèche ! De plus en plus le cabochon, d'esprit barbare, fait place à la plastique. La statuette en ronde-bosse, fondue ou repoussée, puis finement ciselée, s'adosse à la petite paroi dorée comme la statue de pierre à l'immense cathédrale (fig. 100). L'orfèvre désormais est un imagier; il regarde la façade à l'ombre de laquelle il travaille. Comme à l'époque romane même le reliquaire prend souvent la forme d'un buste, d'un « chef » en métal repoussé,

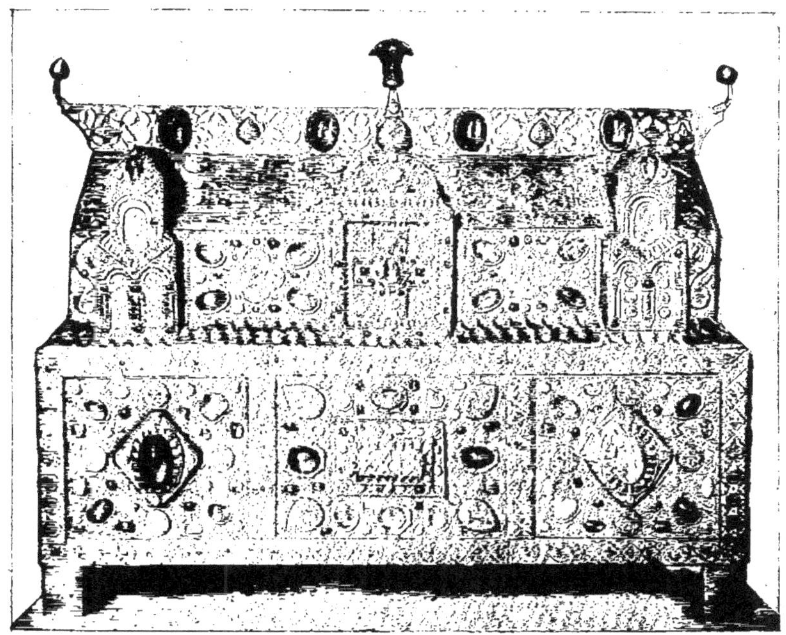

Fig. 99. — CHASSE D'AMBAZAC.

Orfèvrerie émaillée de Limoges, début du XIIIe siècle. En forme d'église romane, au toit à deux rampants et crête. Ni épisodes peints, ni statuettes d'applique : l'effet n'est demandé qu'à l'accord des filigranes dorés, des pierres enchâssées et de l'émail bleu. Prééminence du chromatisme. *Photo Bibl. d'art et d'arch.*

mais doué cette fois de la vie nouvelle comme le Saint-Martin de Brive.

Ainsi, le pur élément décoratif que laissait dominer l'époque romane, l'émail velouté, quand il y en a, n'est plus qu'un fond. Il a beau onduler maintenant en rinceaux que terminent des fleurettes aussi fines que la palmette arabe : cette sensualité chaude s'efface derrière le principat de la figure humaine, dressée dans l'or avec ses trois dimen-

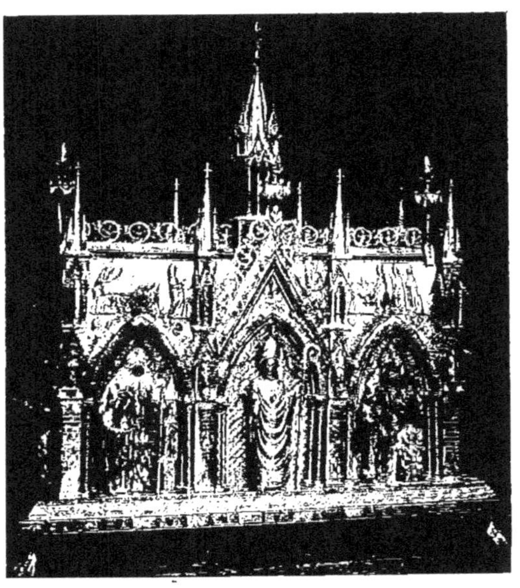

Fig. 100. — ÉVREUX. CHASSE DE SAINT TAURIN. (ÉGLISE SAINT-TAURIN.)

Le style monumental dans l'orfèvrerie entre 1240 et 1255. Petite réduction d'église, à arcatures séparées par des pinacles que surmontent des clochetons. Comble à épi, flèche fine, et statuaire de grande allure comme aux cathédrales. — Riche décor de nielles, filigranes et pierreries. *Photo N. D.*

sions. L'or ? dans l'art décoratif comme dans le fond des miniatures, il n'est pas comme pour nous une pure luxuriance, mais une spiritualité. Il est la lumière, rayonnement du divin. Plastique ou lumineux, ici encore le XIIIe siècle révèle son génie.

CHAPITRE II

LA SCULPTURE AU XIIIe SIÈCLE. L'IDÉALISME.

La décoration sculptée de la cathédrale. — Sa richesse, sa disposition logique et harmonieuse sur la façade. — Le programme iconographique. — Part des clercs et des laïques dans l'œuvre commune. — Le texte littéraire et la forme plastique. — Vaste symbolisme. — En quel style s'expriment dans la pierre la flore et la faune, le travail de l'homme, les Vertus et les Vices, l'histoire humaine, celle du monde biblique, du monde régénéré par le Christ, la vie du Christ et de la Vierge, le Jugement Dernier.

La qualité de l'art. — Soumission joyeuse à l'Architecture. — La technique et les modèles. — Observation et choix : le nu, l'expression, le regard et le sourire, le goût de la jeunesse, la pudeur devant la souffrance et la mort. — La sculpture funéraire. — Équilibre du réel et de l'idéal, affinité avec l'art grec.

La décoration directe de la cathédrale, c'est le monde de statues, de bas-reliefs, qui multiplie et précise son expression. Il semble émaner d'elle. Il pullule au dedans, surtout aux clôtures du chœur : on détruira un jour celles-ci, parce qu'elles interceptent pour l'âme l'approche du Saint des Saints et pour les yeux la perspective de la nef. On aurait pu pourtant pardonner à ces formes occidentales de l'iconostase en faveur du peuple de figures qui tournait autour d'elles comme aujourd'hui encore à Notre-Dame de Paris : c'était une narration sculptée, avec une variété d'épisodes aussi mouvante que la vie. Il pullule surtout à l'extérieur, aux façades de l'Occident et du transept : on a compté à Reims

3.000 sculptures. Jamais l'antiquité classique ne s'était avisée d'en adosser un peu partout, ailleurs qu'aux endroits prédestinés comme une niche ou une frise. Mais le Moyen Age a l'audace ingénue. Elle lui a réussi. A la façade de Reims, il n'y a pas seulement des statues aux piliers des ébrasements et suspendues aux voussures, il y en a logées dans les gables, nichées sur les culées du chevet comme de grands oiseaux aux ailes étendues. Il y en a même perdues au haut des tours, hors de la vue, et cependant travaillées par l'imagier avec autant de conscience que si elles étaient sous les yeux, par respect de soi, par discipline, et pour Dieu.

Mais c'est particulièrement aux portails que ce peuple afflue. Saint-Denis ici encore offrait (vers 1135) le modèle. Le portail gothique du nord est une grande pensée de Suger. Les dessins de Montfaucon nous laissent deviner la grandeur de cet ensemble monumental conçu avec le souvenir des portails languedociens que l'abbé voyageur avait admirés. Comme à Cahors des figurines apparaissent dans les voussures. Comme à Moissac, le tympan se couvre d'une grande vision. Celui du milieu assume le terrible Jugement Dernier, dont Beaulieu avait donné le modèle. Mais pour la première fois des statues debout le long des ébrasements, personnages augustes de l'ancienne Loi, invitent le fidèle à se recueillir avant d'entrer. Alors, entre tous ces éléments s'établit une magistrale symphonie. Aussi le portail de Saint-Denis, héritier des longs efforts du midi, est-il à son tour un initiateur. Chartres, Bourges, Étampes, fixent ses belles innovations. Chartres, sur sa façade occidentale (vers 1145) offre la pensée presque définitive : au tympan du Christ en Majesté, vérité des attitudes, perspective savante des genoux, rythme des plis, s'accordent à l'ampleur monumentale, obtenue par une curieuse application du triangle. Aux pieds-droits qui le soutiennent la colonne et la statue contractent un mariage nouveau, car la fonction orga-

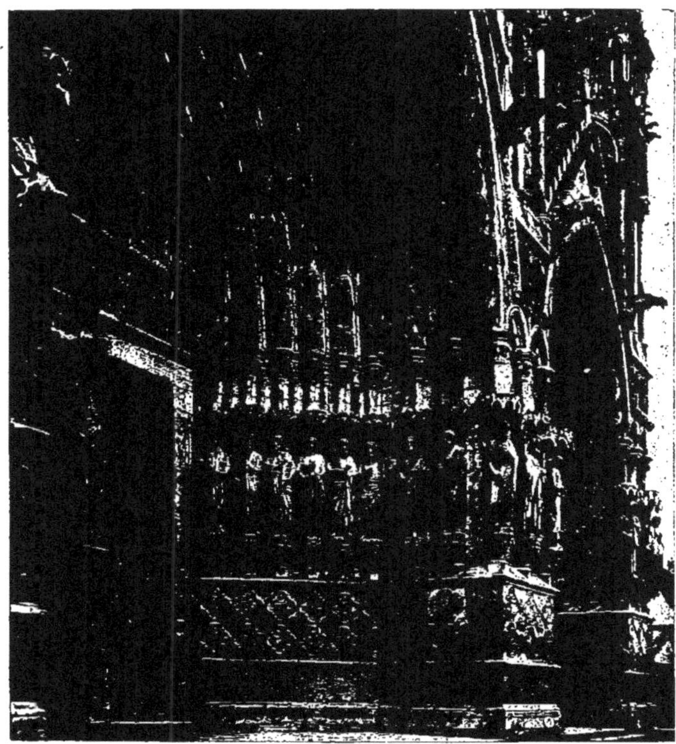

Fig. 101. — AMIENS. PORTAIL DE LA CATHÉDRALE.

Magistrale ordonnance que règlent la logique des sujets, l'hégémonie de l'architecture, et les exigences de la composition plastique.

nique n'y empêche ni la ciselure du travail dans les plis tuyautés, ni la vie déjà individuelle du visage, ni même le modelé du corps, discrètement touché sur la poitrine des « reines ». Et Le Mans, Provins, Angers, suivront

Chartres. Le majestueux portail gothique est créé : si logique enfin et si harmonieux à Notre-Dame de Paris, que ce résultat d'une évolution de quarante ans semble une donnée première de la pensée.

Monumental mais expressif, le portail accueille le fidèle au seuil de l'église et le prépare par ses hautes leçons. Pour le loger, on amplifie même leur structure. A Notre-Dame de Paris ils se creusaient dans la façade; bientôt, à Bourges, à Chartres, à Reims, à Amiens (fig. 101), ils projettent des porches en saillie qui multiplient par toutes leurs surfaces le champ de la plastique. Mais (et voici la marque du génie), jamais cette luxuriance ne nuit à l'effet monumental ni à la fermeté des profils. On a trop dit qu'il faut que toute œuvre d'architecture offre des surfaces de repos : la façade occidentale de Reims ou d'Amiens ne laisse aucun espace nu, et pourtant cette profusion ne conduit pas à la maigreur. Une ordonnance magistrale assigne d'ailleurs sa place à chacun : à Dieu et au Jugement Dernier le portail royal, qui est le centre matériel et moral; à Notre Dame et aux Saints, patrons de la cité, les portails latéraux; aux soubassements, aux ébrasements et voussures, les scènes qui commentent et la légion de ceux qui accompagnent, dans la hiérarchie sacrée, les grands personnages de la cour céleste. L'art roman n'avait qu'entrevu cette distribution ample et détaillée à la fois, qui fait descendre sur la pierre le catégorisme théologique. Il n'est rien d'aussi rigoureusement organisé que cette multitude, où la légèreté des romantiques ne voyait qu'un grouillement.

Le même esprit d'organisation se retrouve dans le programme des sujets. Il est l'œuvre de l'Église : les doctes clercs l'ont établi en s'inspirant des livres sacrés. « L'art seul appartient aux peintres, dit le Concile de Nicée, l'ordonnance et la disposition appartiennent aux Pères. » La sculpture gothique est donc d'inspiration religieuse, ecclésiastique, et ce fut le grand paradoxe du Romantisme de 1830 d'y vouloir discerner, dans tel sourire « secret », la protestation de la Réforme ou même l'éveil de la libre pensée.

Elle traduit plastiquement quelque chose d'écrit. Le monument transpose la page. La façade est l'illustration lapidaire des textes où le « style », le roseau, a fixé la pensée des Prophètes, des Apôtres, des Docteurs et des simples clercs. On a même pu retrouver sur ces frontispices prodigieux la même vision organisée du monde que celle qui s'étale dans l'imposant ouvrage d'un évêque ami de saint Louis, Vincent de Beauvais : le *Speculum Majus*, Miroir universel. Jamais ne s'est posée plus nettement la question de savoir par quelle genèse et dans quelle mesure le texte littéraire suscite l'image formelle. Plus encore qu'au temps où les poèmes de l'Aède inspiraient les statues et les peintures des vases, il semble que l'Art sort du Livre.

A première vue c'est donc un art qui a sa fin hors de lui. Jamais l'idée de l'art pour l'art (sauf quand il s'agit de gargouilles, de grotesques) ne hante l'esprit du clerc ni même de l'imagier, qui est un artisan, non un « artiste » au sens moderne, encore moins un esthète. Le pur souci de la forme est une sensualité qui a son prix, mais un vice délicieux des époques vieilles. Dans une civilisation jeune comme celle-ci, la forme c'est la pensée visible. Et non seulement elle dit quelque chose, mais quelque chose d'utile ou plutôt de nécessaire ; elle parle pour enseigner, non pour caresser par une vaine mélodie. La Vierge de l'Annonciation à Reims est une jeune champenoise timide, pudique, non un idéal de beauté féminine. Si la reine de Saba a dans sa taille et sa robe un rythme recherché, c'est qu'elle est dans son rôle puisqu'elle fut aimée de Salomon. Pas une figure sans signification, pas une qui soit là uniquement pour « faire bien ». Jamais un pur « effet ». Ni effet de composition : dans les groupes de l'Annonciation et de la Visitation à Reims, évidente est l'insouciance de mettre en scène. Les deux personnages sont debout, côte à côte, à peine tournés vers leur pensée commune. Ni effet de facture : le ciseau ne cherche pas le pittoresque de la touche, les oppositions de l'épannelage et du poli; il ne prend des jeux d'ombre et de lumière que ce qu'il faut pour ce qu'il veut dire. Le *ne quid nimis* est la loi de cet art sérieux, qui resterait plutôt en deçà. Quand l'idée est traduite, le ciseau s'arrête. Le saint voyageur, saint Jacques, au linteau de la Porte Dorée d'Amiens, pourrait être exténué par la marche sur les grandes routes, ployé sur les genoux, chargé de sa besace. Mais non : un simple bâton et un chapeau à larges bords disent seuls l'identité de ce personnage dispos. Plus tard, dès le xve siècle, l'art religieux appuiera, insistera, comme les bolonais, fût-ce pour le bon motif. Mais ce sera la fin du Moyen Age, et peut-être la fin du grand art chrétien.

Seulement, c'est le Livre interprété par gens de métier, avec un cœur de simples. Ces thèmes fournis par les clercs, ce sont les imagiers qui les ont taillés dans la matière. Là est la part des laïques, humbles artisans du chantier : des illettrés, qui ne savaient pas plus signer qu'ils ne le désiraient, et resteront toujours anonymes. Pour l'historien de l'art elle est la meilleure : c'est celle du talent ou du génie. Le thème du Jugement dernier est le même pour tous, arrêté par la tradition romane, retransmis par le clerc, dessiné par le maître d'œuvres; et pourtant tous ces tympans diffèrent par l'accent de l'émotion et la vision des formes. C'est que, seul, le sentiment personnel inspire chaque imagier quand il réalise en détail, ciseau en main, les attitudes, les gestes, les expressions. Le texte les lui suggère : lui, il les fait vivre. Il est le véritable créateur, le Poète. Ces scènes de l'Évangile, il les connaît d'ailleurs si bien et par cœur. Depuis

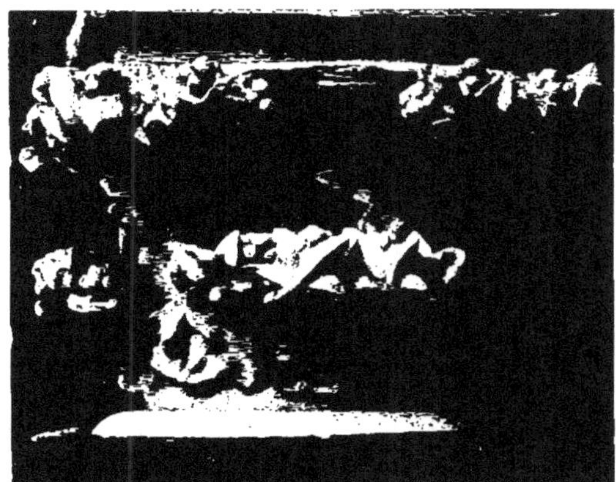

Fig. 102. REIMS. — CHAPITEAU VÉGÉTAL A LA CATHÉDRALE.

Frais naturisme d'après le lierre. Alliance de la vérité et du style, exactitude de l'observation dans la largeur de l'effet décoratif. Déjà, avant le XIVe siècle, deux registres de feuillages superposés sur la corbeille.

que les récits de sa mère en ont bercé son enfance il fait mieux que les penser et les sentir : il les voit. Et il les voit avec les yeux que lui ont fait la tradition plastique, son initiation dans la loge, et sa propre nature. L'idée et l'émoi ici n'existent que dans la forme, et par elle. Leur saveur particulière n'est que le goût de celle-ci, travaillée par un artisan qui besogne allègrement de son métier. La statue est le symbole d'une idée, mais dans un système réfléchi de creux et de saillies, et la vie morale qui l'anime remue des plans qui à leur tour créent de l'âme. Cet art est donc très riche : il faut aller vers lui avec la science d'un docteur et l'œil d'un artiste. Au moment d'élection où nous sommes, technique et sentiment se confondent dans une intimité qui désespère l'analyse.

M. Émile Male a exposé dans toute son ampleur, en un livre célèbre où la majesté du sujet a passé, le programme qui fait de la cathédrale un vaste symbolisme. Non que le XIIIe siècle ait créé une iconographie nouvelle : presque toutes ses images étaient dans les bas-reliefs romans, dans les peintures byzantines, dans celles de Syrie et de Cappadoce. Mais comme le sentiment est nouveau, nouvelle est la forme, qui est l'œuvre personnelle de l'imagier. Chaque pierre exprime une pensée. Mais comment l'exprime-t-elle ? Tout est là puisque c'est d'art qu'il s'agit. Ce que le clerc a dit en son langage, l'imagier le transpose dans le sien. Et c'est un monde nouveau où l'exécution est presque tout. Miroir de la nature, elle fait fleurir aux chapiteaux, aux bandeaux, parfois au plat des murs, une flore naturelle pleine de sève (fig. 102). Nous voilà loin de l'époque romane, qui stylisait la plante comme tout ce qui vit. Nous aimons aujourd'hui à insister sur ce naturisme qui flatte notre religiosité panthéiste et rafraîchit notre archéologie technique. Pour lui laisser le champ libre, le chapiteau historié de l'art roman disparaît. N'exagérons rien : le chapiteau à crochets, qui est le plus commun, stylise aussi la plante. Mais très souvent, à Reims par exemple qui est la cathédrale toujours précoce, l'imagier a sous les yeux le modèle qu'il vient de cueillir, fougère, arum, belladone, plantain, cresson ou nénuphar. Il est trop sincère d'ailleurs pour aller les chercher bien loin. En Champagne il est clair que la vigne est du cru : elle n'a fait que monter du sillon sur le chapiteau. Vigneron et imagier, chacun a « taillé » à sa façon le produit du pays. Plantes modestes des bois, des prairies, même des potagers de France, non de serre ou de Cour comme la flore du XVIIIe siècle! Ici point de roses ni de guirlandes. Viollet-

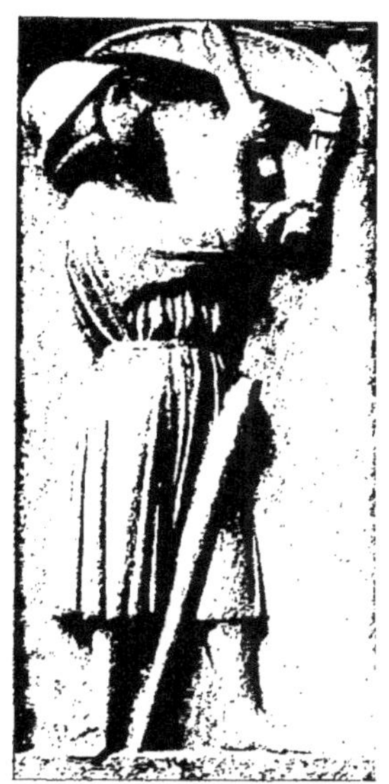

Fig. 103. — PARIS. LES TRAVAUX DES MOIS (NOTRE-DAME).

Le Faucheur. Vérité, mais choisie, dans le dessin des gestes primordiaux. La scène est réduite à sa plus simple expression par un art qui condense et par conséquent suggère.
Photo Martin Sabon.

le-Duc a montré que son évolution est un épanouissement naturel. A la fin du XIIe siècle c'est un bourgeon gonflé; au XIIIe s'ouvre la feuille ou la fleur; au XVe elle se dessèche. L'art roman mettait en contradiction le style et la vie, l'art gothique les accorde. Il découvre qu'on peut avoir le style sans styliser, rien qu'en traitant avec « verdeur » dans le grain de la pierre le végétal authentique. Il sait rester monumental et décoratif en gardant une exactitude complaisante, amoureuse. Il y a dans la Nature des plantes si fines qu'on les croirait inadéquates à la robustesse d'une paroi : or le célèbre fraisier de Chartres a cette originalité d'être rigoureusement vrai sans aucun amenuisement. L'art gothique est le premier dans l'Histoire qui ait affirmé la vertu ornementale de la flore vivante. C'est même sur son exemple que nous y croyons tous aujourd'hui. Des verreries ou meubles d'Émile Gallé aux chapiteaux de Derré, aux ferronneries de Brandt, son exemple, sa poésie toute parfumée a rajeuni nos arts décoratifs. L'animal, au contraire, reste imaginaire. Bêtes du zodiaque, colombes qui grapillent le raisin aux chapiteaux de Reims, grands bœufs qui du haut des tours de Laon laissent pendre leurs fanons sur la plaine pour solliciter sa fécondité, sont des exceptions. Aspic et basilic accaparent le grand rôle : celui du symbole, qui fait penser. En ces formes étranges survit l'irréalisme roman. Géniale est souvent la grimace de la gargouille qui de là-haut crache l'eau des pluies : la fantaisie débridée n'en a jamais fait deux pareilles. A l'imagier qui a docilement exécuté le grand programme iconographique, le clerc a dit à propos de ce tuyau de pierre : maintenant fais ce que voudras. Et l'artisan amusé s'en donne à cœur joie. Mais dans sa verve il garde toujours une singulière pudeur : il s'abstient de dérision, il ignore la charge canaille que le naturalisme du XVe siècle finira par déchaîner sous les corniches.

Le miroir de la Science et du Travail ? Voici le Trivium et le Quadrivium. Terrible idée à fixer dans la pierre que l'activité de la pensée, si les Écoles de Notre-Dame et la jeune Université de Paris n'en faisaient une réalité vivante, là, tout près. La Philosophie n'est donc qu'un philosophe fameux, et cet illustre mort est simplement un clerc de « Sorbonne ». Dans la petite scène l'actualité reste flagrante. Mais les douze travaux des mois sont d'un autre stimulant pour un artiste, qui pense par images. Les voici au socle des portails. Tableautins d'intérieurs ou « géorgiques chrétiennes », on est frappé de la fraîcheur du sentiment, du don d'aimer, si nouveau dans cette Europe que le franciscanisme attendrit, et de la vigoureuse concision, qui résume, par conséquent suggère. Le geste auguste du semeur est sur un quatrefeuilles d'Amiens avant d'être sur la monnaie de Roty. Le faucheur qui aiguise sa faux à Notre-Dame évoque la vision immense des sillons (fig. 103). Cet art fait de réserve amène jusqu'au pied du monument une petite houle de rusticité. Le vieillard assis près de son feu après avoir sorti ses socques, dit la douce intimité du foyer que bloque le froid de l'hiver. La mise en place est très habile. Le cadre peut paraître incommode quand c'est un quatrefeuilles : or il faut voir avec quel à-propos, sans effort, un geste, un instrument, un morceau de paysage, se loge dans chaque lobe. Dire beaucoup en peu de mots, mais en les choisissant et en les plaçant bien, est la loi de ces petites compositions. La nécessité d'inscrire dans un petit espace une scène riche de vie ou large d'horizon force l'imagier à condenser des actes qui d'ailleurs ont la simplicité grandiose des choses primordiales. Tailler la vigne, faucher, battre le blé, semer, propose à l'artiste, qui a le bonheur de n'être qu'un artisan et d'avoir la campagne à sa porte, cette qualité musicale que donne au geste l'habitude des besognes séculaires : le rythme. Quelle puissance de synthèse dans ce dessin ! Il possède déjà la forte vertu de l'art classique : le raccourci. En ramassant ses moyens il déploie sa portée.

Quant au miroir moral, c'est le combat des Vertus et

des Vices. Chaque Vertu est un personnage allégorique, donc abstrait et un peu froid; mais le Vice correspondant est toujours figuré par une petite scène mouvementée, dramatique même. La Colère est une dame noble bien violente : d'un coup de pied elle renverse le valet qui lui présente, à genoux, son gobelet. Mais la Douceur est simplement assise, en méditation solitaire. Elle nous intéresse donc moins, comme le *Paradis* de Dante nous émeut moins que l'*Enfer*, où brûlent les passions du temps, de Florence et du Poète. Quelle leçon artistique dans cette inégalité!

Mais la cathédrale est surtout le miroir de l'Histoire, conçue à la façon de l'Église : elle va de la Genèse au Jugement Dernier. La galerie des Rois (rois de Juda ou rois de France), debout sous des arcatures les uns à côté des autres, couronnés et sceptre en main, tous différents dans la rythmique répétition du thème, est une des grandes beautés de la façade. Beauté monumentale, par le calme, la majesté, l'accord avec le mouvement ascensionnel de l'ensemble. Entre l'homme, fût-il Roi, et les personnages divins sont les Saints. L'art gothique a beaucoup aimé ces patrons familiers de chacun et de la cité. Ils sont là, chacun avec son type physique, son caractère et ses attributs : jeune chevalier comme saint Théodore à Chartres, évêque bénissant comme le grandiose saint Firmin d'Amiens... (fig. 104). Souvent, sur les tympans comme celui de Saint-Étienne à Notre-Dame, nous assistons aux dramatiques épisodes de leur vie merveilleuse (fig. 105). Ces grands bas-reliefs sont donc le plus souvent un récit sculpté. Or on sait ce que l'esprit narratif communique à l'art de mouvement et de vie. C'est l'hagiographie qui sous le pinceau de Giotto à Assise va dégeler l'art italien. C'est elle qui soixante ans avant, en déroulant ici dans la pierre d'un tympan le film d'une destinée émouvante, éveille le naturel, même le familier, voire le fait divers de la rue. Il arrive même, comme à Rouen, que l'imagier saisit toute vive la danse des jongleurs qu'il a vue sur la place :

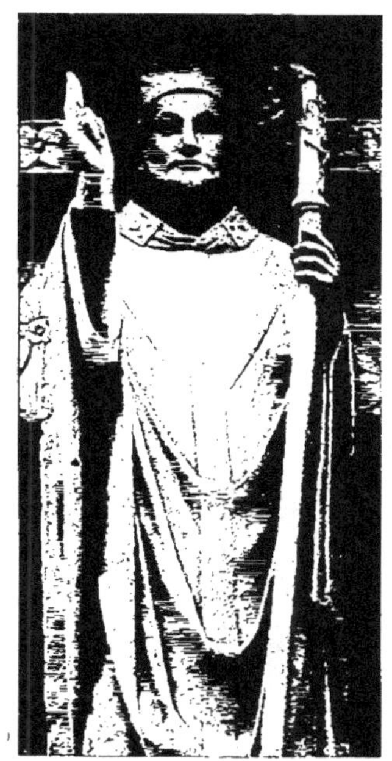

Fig. 104. — AMIENS. CATHÉDRALE. SAINT FIRMIN.

Art idéalisé, qui s'élève, sans perdre contact avec la vie, du caractère individuel à l'universel et à l'éternel. Taille directe : simplicité et largeur des plans. Étroit accord de cette sculpture avec le membre d'architecture (ici le trumeau) auquel elle s'appuie.

Photo Martin-Sabon.

Salomé danse comme une bohémienne, la tête en bas, pendant qu'Hérode s'oublie avec Hérodiade aux délices du festin.

Mais le centre de l'histoire est le monde de la Bible et surtout de l'Évangile, reliés l'un à l'autre par un symbolisme subtil qui s'exprime sur la façade par des symétries.

Les Prophètes, précurseurs des Apôtres (fig. 106), méditent : l'imagier leur donne l'expression lointaine de ceux qui voient l'avenir. L'Évangile est la source préférée, car il est la loi d'amour. C'est dans la Vierge et le Christ

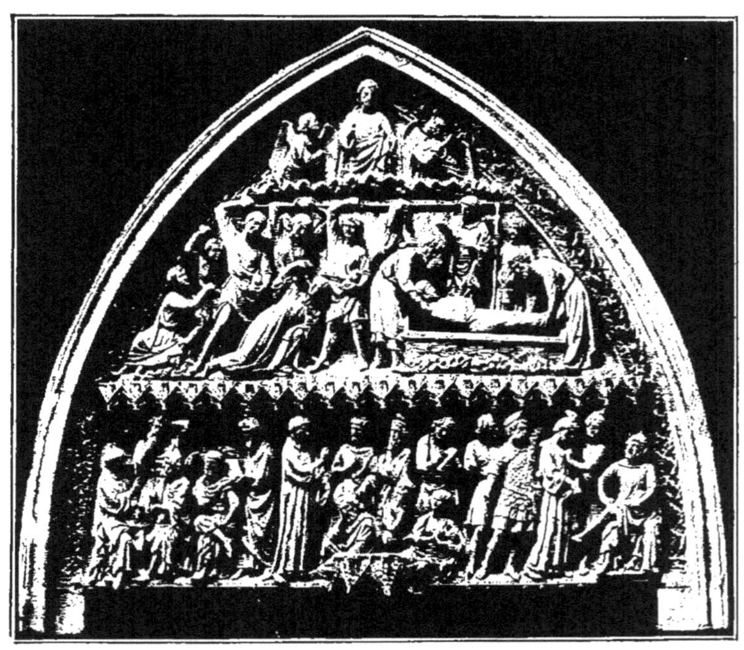

Fig. 105. — PARIS. NOTRE-DAME. PORTAIL DE SAINT-ÉTIENNE.

Vers 1260. Type du tympan à trois registres de bas-reliefs. Art narratif, naturel et vivant dramatique même, et déjà fouillé, mais toujours noble et harmonieux. Jusque devant le martyre et la mort il garde la tenue du style monumental. *Photo N. D.*

qu'elle se personnifie. Là est l'effort suprême de la sculpture gothique, parce que de la Nativité à la Passion tout est sentiment, poésie ou drame poignant. Le portail de Senlis dès 1185 avait glorifié « Notre-Dame ». Vierge-mère debout ou assise avec l'Enfant dans ses bras, à genoux aux pieds du Christ pour intercéder, couronnée par lui au ciel, elle n'est plus la raide Theotokos, encore byzantine, de l'art roman. La voici humaine et divine à la fois. Vers 1260, au portail du croisillon nord de Notre-Dame de Paris elle repose déjà sur une jambe, dans un abandon familier : c'est le premier exemple du « hanchement », qui avant de devenir formule reste ici spontanément vrai. Bientôt même, à la Porte Dorée d'Amiens (vers 1300), elle sourit à l'Enfant (fig. 107) d'un sourire plissé presque japonais, si souple de mouvement virtuel qu'on croit

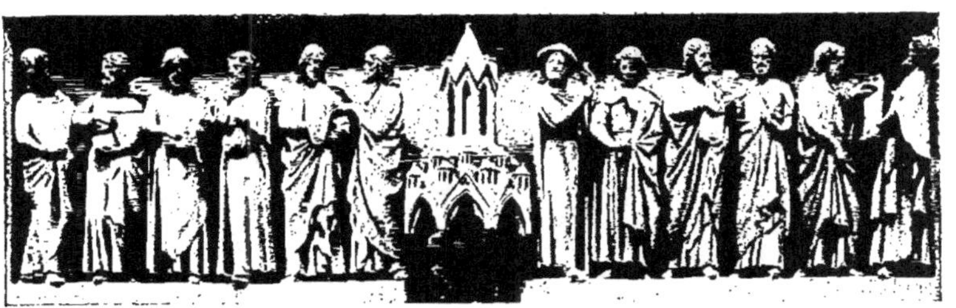

Fig. 106. — AMIENS. CATHÉDRALE. LINTEAU DE LA PORTE DORÉE.

Fin du XIIIe siècle. Ronde-bosse. Les Apôtres. Individualité des figures et des attitudes dans la commune noblesse du style. Remarquer saint Jacques et saint Jean, c'est-à-dire le Pèlerin et la grâce juvénile. Les œuvres les plus « grecques » de l'art gothique.

qu'elle va le faire sauter dans ses bras, et déjà presque maniérée. Dès la fin du siècle le grand art monumental laisse ces êtres élus fléchir un genou, reposer avec abandon sur une jambe, tout comme nous. Il leur permet même, déjà, les recherches de silhouette qui seront bientôt mode de cour. C'est l'étude du Rythme qui commence. Dans cet art poussé par sa jeune sève l'évolution va vite : d'un portail à l'autre de Reims, vingt ou trente ans mettent la différence d'un monde. Depuis Reims, plus on va plus les personnages adossés à la façade se penchent vers le fidèle qui entre ou qui passe. L'imagier sait bien que s'il les dresse tout droits contre elle leur visage aperçu de bas en haut, en raccourci, perdra sa puissance d'émouvoir. Alors ils s'inclinent, comme l'ange de Saint-Nicaise. Rodin l'a remarqué : tandis qu'à la Renaissance le corps humain s'offre en convexité, la sculpture des cathédrales

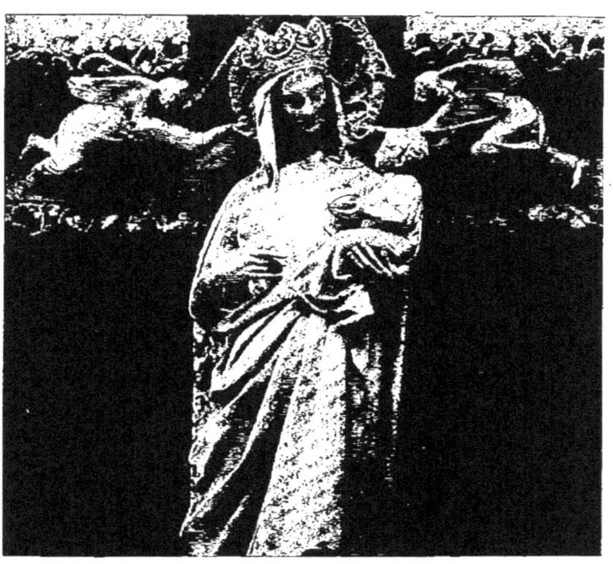

Fig. 107. — AMIENS. CATHÉDRALE. TRUMEAU DE LA PORTE DORÉE.

La Vierge et l'enfant (vers 1300). Évolution des personnages divins vers l'humanité familière selon une loi universelle. Inclinaison de la tête, sourire, gestes maternels et jeu de l'enfant. *Photo Martin-Sabon.*

dans la seconde moitié du siècle est « concave », disons simplement condescendante. Placée haut, elle n'est pas au-dessus de nous, mais tout près, et le moindre accent de son expression nous va au cœur.

Quant à Dieu, absolu, infini, quelle difficulté pour l'imagier ! L'art est alors trop amoureux de la vie pour céder au platonisme de l'Idée pure, et trop respectueux pour descendre au caractérisme. Comment tenir le délicat équilibre entre la généralisation abstraite qui sied à Dieu et la vérité particulière qui est la vie? Pourtant leur génie simple a trouvé. Le Beau Dieu d'Amiens, malheureusement ratissé, le Saint Firmin, ont en eux, avec des traits

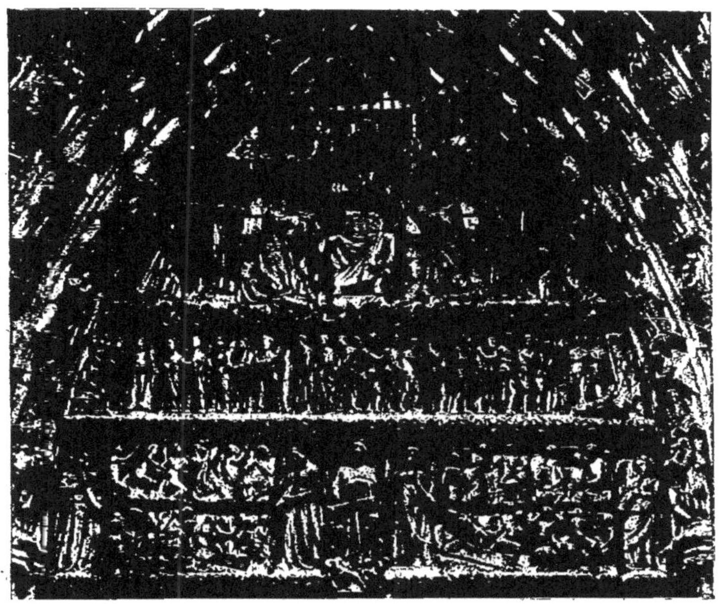

Fig. 108. — AMIENS. CATHÉDRALE. LE TYMPAN DU JUGEMENT DERNIER.

Vers 1230. Les trois scènes habituelles du grand Drame sacré, en trois registres : Résurrection, Partage des bons et des mauvais qui vont vers le Paradis et l'Enfer, sentence du Juge entre la Vierge et saint Jean qui l'implorent. Vie grouillante, mais ordonnée dans une composition classique. Souvenirs de Chartres et de Paris. *Photo Martin-Sabon.*

d'identité personnelle, de l'éternel. Mais c'est surtout dans le Jugement Dernier que le Christ apparaît. A Laon, Chartres, Paris (vers 1220), Amiens (fig. 108), Bourges, Bordeaux, le programme du grand drame a bien changé depuis l'art roman. Plus de vision de l'Apocalypse, plus d'évangélistes à figures d'animaux comme dans le « Tétramorphe » : l'imagier gothique ne pratique plus ce fantastique de solitaire oriental, et va chercher dans l'Évangile de saint Mathieu un divin plus proche de nous. Aussi, que de naturel désormais! que de vie, toujours dans la grandeur! Sur ces trois registres superposés, entre la vallée de Josaphat et le ciel un microcosme grouille, mais dans une ordonnance et avec une pondération classiques. Toujours le classicisme gothique. D'Autun (XIIe siècle) à Bourges (deuxième moitié du XIIIe siècle) qu'on mesure le chemin. Plus de proportions gigantesques pour le Christ, plus de hiératisme, plus de mandorle, plus de couronne. Il est assis sur un trône, comme dans l'art roman ; mais cette fois le terrible problème qui consiste à représenter sur un panneau peu épais la saillie des genoux, est résolu (fig. 109). La perspective est trouvée. L'imagier possède enfin le secret souverain : avec un relief insuffisant donner l'illusion de la profondeur réelle. De la Résurrection des morts à la séparation des bons et des mauvais, enfin au Juge qui prononce, à la Vierge qui intercède, c'est toute la gamme de l'angoisse et de l'espérance, de la terreur et de la béatitude, de la tendresse et de l'impartiale sérénité, sur le visage et dans les gestes. L'éternelle antithèse qui est le fond du christianisme offre à l'imagier des contrastes qu'il saisit sans en abuser. Un cœur qui sent, une main qui sait, les ont exprimées au vif. Décidément ces scènes sont le modèle de ce que peut l'expression contenue par le style et de l'effet où peut atteindre un drame universel quand l'esprit d'ordre l'organise.

La cathédrale est donc la « Somme » du savoir humain, la Bible de pierre, lisible à tous; mais en même temps elle est le répertoire le plus riche de motifs plastiques, et l'emplacement le plus vaste qu'une religion et son sanctuaire aient offert à l'art de la forme. Mythologie et temple grec nous semblent désormais presque pauvres.

Cette multitude s'offre à nous sous les espèces du bas-relief et de la statue. Certes la sculpture à deux dimensions, le bas-relief, qui raconte, est chez lui dans la cathédrale : du soubassement aux gables, qui parfois remplacent

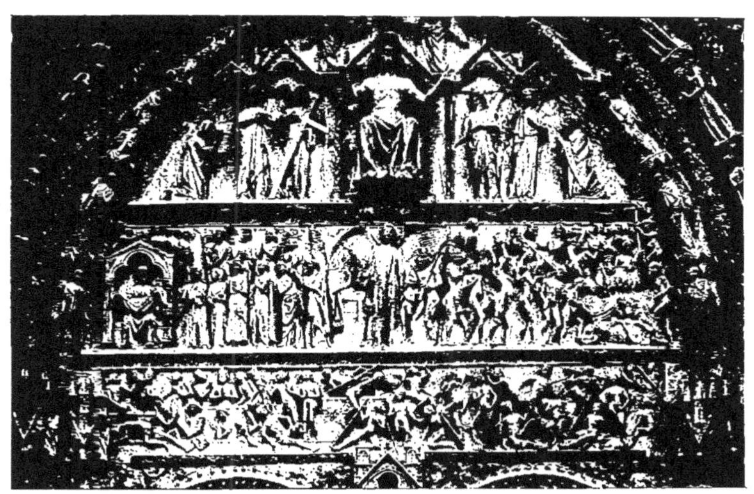

Fig. 109. — BOURGES. CATHÉDRALE. LE JUGEMENT DERNIER.

Fin du XIIIe siècle. Tympan restauré. Hauteur croissante des registres. Recherche de l'expression, sans excès, sur le visage des élus et des damnés : béatitude et terreur. Gouaillerie des imagiers à l'égard des démons : verve populaire. Beauté des nus. *Photo N. D.*

le tympan occupé par des roses (Reims), du revers de la façade à la clôture du chœur, il suspend des leçons chrétiennes sur l'édifice qui est le vestibule de l'Éternité. Mais mises bout à bout elles n'occuperaient pas grande place dans la foule des figures taillées en ronde-bosse dans l'espace, des ébrasements d'en bas à l'aérienne galerie des Rois. Là est la différence avec l'époque romane. La plastique maintenant s'empare de la forme avec une telle force qu'elle en fait le tour. Sa préférence, ce n'est pas le groupe réservé en saillie sur le champ de la pierre, mais la figure isolée. Comme en Grèce, l'imagier aime l'abstraire du milieu pour la saisir et la posséder. C'est vision de sculpteur né.

Cet art est de génie. Sa sincérité spontanée est d'une crânerie qui nous stupéfie. Des statues destinées à de grandes hauteurs, hors de la vue, sont travaillées comme si elles étaient à portée des yeux et de la main. A Reims, David dort dans sa cathèdre et Bethsabée se penche sur le sommeil du vieux roi. Nous pouvons malheureusement depuis la guerre goûter de près la facture fine de ce groupe de tendresse. Or il perchait sur l'arc ogival de la grande rose : il était impossible de le remarquer.

Ce n'est pas qu'il n'obéisse à des conventions, loin de là. Celles qui lui viennent de la théologie sont bien moins étroites que celles qui résultent de sa subordination volontaire, et comme joyeuse, à l'architecture. Aux portails, les statues des pieds-droits restent adhérentes au fût : ce n'est qu'à la fin du siècle qu'elles s'appuieront au mur, simplement posées dans l'entrecolonnement. Des centaines de statuettes sont penchées suivant la courbe de la voussure, avec leurs piédestaux et leurs dais. Celles qui arrivent à la pointe de l'arc sont presque horizontales, et leurs dais se rencontrent! Et toutes ces figurines en positions anormales, sous leurs petits monuments en forme d'églises, surplombent la tête du fidèle qui entre dans le sanctuaire! Au départ d'une voussure le cheval de la Mort, échappé de l'Apocalypse, se dresse tout droit avec son cavalier. Cabré? Non: il est au contraire lancé à fond de train « sur les quatre parties du Monde ». Mais il suit l'archivolte qui monte droit, tout simplement. Franchise crâne, qui bouscule les habitudes du réalisme vulgaire. C'est que chaque figurine est taillée à l'atelier dans un claveau, et prend le rythme du claveau une fois posé. Jamais elle n'est coupée par un joint, jamais non plus l'imagier ne cherche, par la continuité apparente des figurines et des claveaux, à donner à l'ensemble de l'archivolte l'aspect d'un monolithe. Ce mensonge qui nous plaît, lui répugne : l'appareilleur et lui collaborent intimement. Mais, comme il arrive aux époques élues, le parti pris architectonique s'achève de lui-même en expression : toutes ces statuettes ainsi inclinées suivant la courbe convergent de leurs regards et de leurs gestes vers la grande scène sculptée au tympan. L'audacieuse invraisemblance aboutit à la composition la plus classique : celle qui concentre l'intérêt.

Les tympans surtout nous imposent des conventions d'atelier, avec une audace qui nous a conquis : la même que celle qui réunit dans une fresque très sobre de Saint-Savin le monde entier avec le ciel, l'humanité, les cités et la nature. Un arbre dit la forêt, une porte minuscule la maison ou la ville. La vraisemblance est indifférente à cet art, qui sait qu'elle est le besoin des esprits paresseux, et que l'analyse explicite amenuise tout ce qu'elle touche. Il n'est de monumental que l'art qui résume, en faisant penser. Mettre dans une image plus que ce qu'elle montre, c'est lui conférer la valeur immense d'un signe : c'est donc à la fois l'enrichir de toute l'activité de l'esprit qu'elle appelle en collaboration, et ménager la claire ordonnance de l'ensemble. Aucun souci de creuser l'horizon ni de composer les scènes autour d'un centre physique ou moral. Un plan unique évoque les profondeurs insondables de la terre, du Ciel et de l'Enfer, et trois registres les superposent, tout bonnement. Nous apprenons ainsi que le bas-relief monumental n'est, pas plus que le vitrail ou la fresque, un tableau, et que la magie de l'art savant serait ici comme un péché.

Aux ébrasements chaque grande statue reste un support, du moins jusqu'à Bourges vers 1260 : elle adhère à la colonne qui soutient l'archivolte. Chacune semble donc avoir été taillée sur le chantier, avant la pose, non modelée à l'aide de boulettes de glaise. Il semble, disons-nous. Car on peut s'étonner que la grande sculpture ose attaquer le bloc sans le soutien d'une maquette. Passe encore pour des statues archaïques comme celles du portail occidental de Chartres (vers 1145) qui ont toutes même rythme, simple et droit. Mais la statuaire de Reims (entre 1260 et 1280), si souple, si affranchie du bloc et même de la colonne à laquelle elle adhère encore? Ne faut-il pas voir la forme avant, dans ses trois dimensions, avec le système général de ses plans, telle qu'elle se comportera dans l'espace, sous la lumière? Mais alors, s'ils faisaient une maquette, nous voici devant ce magnifique paradoxe, dont leur génie était du reste capable : le modelage de style monumental. En vérité il faut reconnaître qu'aucun texte, aucun indice technique, ne nous permet de le supposer. La pratique moderne, qui sera celle de Michel-Ange, de Puget, de Rodin, leur eût paru sans doute une volupté coupable, parce qu'inutile ou même contraire à leur objet. Ils taillent directement, d'après le dessin fourni par le maître d'œuvre ; et ce dessin est un pur linéarisme, qui suggère le modelé par la justesse exquise de la ligne mais s'interdit l'ombre comme un péché. La taille directe est au sculpteur ce que la fresque est au peintre. L'art du Moyen Age doit à l'une et à l'autre sa largeur, sa grandeur. La nostalgie de nos artistes, qui aiment aujourd'hui à se proclamer « tailleurs de pierre », nous aide à mieux comprendre la vertu de cette discipline.

Aussi les effets pittoresques, l'essayisme, le « faire artiste » lui sont-ils absolument étrangers. La touche viendra, mais plus tard, à la fin du XIVe siècle, lorsqu'il faudra bien que l'art vibre à l'unisson de la sensibilité et lorsque des imagiers du nord, dont le plus grand est Claus Sluter, s'aviseront de tailler en remous d'ombre les personnages

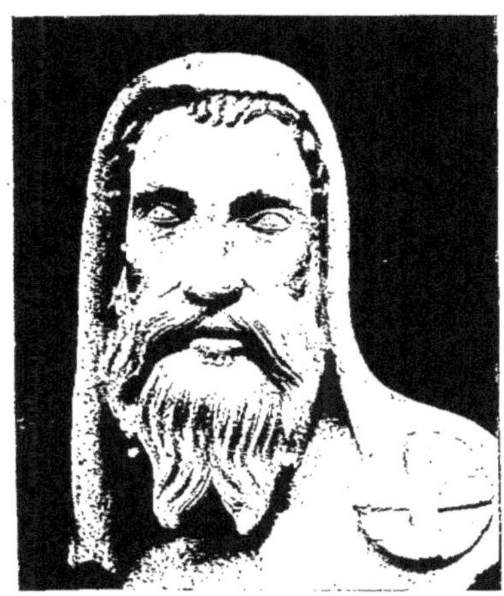

Fig. 110. — REIMS. CATHÉDRALE. SAINT SIMÉON.

Deuxième moitié du XIIIe siècle. Style monumental par la largeur et la décision des plans. *Photo N. D.*

pathétiques du drame religieux ou funèbre. Mais le temps n'est pas venu de ce grand trouble. Statuaire de plein air (sauf les Vierges et les ivoires), l'œuvre est faite pour être vue de loin, et nous parle à distance par des plans décisifs, qui gardent l'ampleur du bloc d'où elle est sortie. Aussi est-il inutile d'aller chercher bien loin les matériaux précieux qui poussent au détail, ces marbres dont commencera à s'engouer le XIVe siècle et qui affoleront la Renaissance. Elle prend ce qui est à sa portée, à Paris, à Senlis, à Vernon, à Tonnerre, la belle pierre de France : ni trop tendre, ni trop dure, simple et franche, inclinant au travail sobre. En la frappant l'imagier écoute le « génie de la matière ». Du reste pour accorder la statue au mur, qui n'est plus seulement un support mais un parent, le maître d'œuvre la dessine suivant les mêmes tracés géométriques. Ici encore les dessins de Villard de Honnecourt révèlent cette préoccupation commune à tous. Réduite au triangle, la figure s'adaptera mieux à un emplacement qui lui-même a été fixé par une triple intersection de lignes. Mais pas plus ici que là cette spéculation ne va figer la vie. Le maître d'œuvre est convaincu, comme nos « synthétistes », que toute forme vivante est construite sur un géométral, et il sait que l'imagier, à l'exemple du grand géomètre, s'arrangera très bien avec cette triangulation. Il reste que comme toujours aux grandes époques la sculpture est un art complémentaire : elle n'est que pour décorer le monument en exaltant son expression. Son calme et sa majesté lui viennent moins du sentiment religieux que de cette discipline allègrement consentie. Même quand elle est descellée, même quand elle est devenue pièce de série dans un musée, même quand elle est mutilée, on sent en elle comme l'esprit de l'arc, du pilier, du mur qu'elle accompagnait : on a dit d'elle, « c'est une veuve ». Quand Bourdelle reproche à Rude d'avoir agité comme une toile, devant l'Arc de Triomphe, le groupe passant du Départ, à Carpeaux d'avoir fait onduler devant l'Opéra la ronde frémissante de la Danse, à tous deux d'avoir oublié le mur, il pense à la fois à la sculpture de Phidias et à celle des imagiers gothiques dont il veut être l'héritier.

Ce renoncement de l'imagier ne durera pas toujours. Tirer chacun à soi est l'inéluctable tendance des arts après qu'ils ont consenti, dans les heures religieuses, l'union sacrée. Déjà vers 1260, au portail central de Bourges, les statues des montants s'appuient simplement au mur et reposent sur le soubassement. Ce sera la règle à la fin du siècle. La statue-colonne devient ronde-bosse, et au lieu de s'intégrer au monument elle n'en est plus que locataire. Grave événement dans l'histoire de la sculpture! Il ne lui restera plus qu'à descendre (à la Renaissance) pour courir son destin à part, indépendante et mobilière. A Bourges encore elle reste monumentale, mais dès le début du XIVe siècle, au croisillon de Saint-André de Bordeaux, les saints personnages qui accueillent le fidèle commencent à remuer, à se hancher, à se pencher vers lui. Ils échappent, discrètement encore, à la souveraine autorité du mur. Inutile de le regretter : c'est la loi perpétuelle et universelle de l'évolution.

Les modèles? L'imagier qui maîtrise la matière et en fait émerger des corps pleins en taillant dans l'épaisseur du bloc, ne regarde plus la miniature ni le tissu qui sont de l'art plat. C'est fini du paradoxe roman. Il a bien devant lui un répertoire de motifs, tel que le cahier du maître d'œuvre Villard de Honnecourt, qui lui offre gestes et silhouettes, même la suggestion vague du relief simulé par quelques traits de plume. Mais dessin encore, toujours du plat! Or, voici l'immense nouveauté : sans avoir besoin de transposer il voit d'emblée la forme, et dans son élément, l'espace. La vision est spontanément plastique. Ce tailleur de pierre pense par images taillées, en sculpteur, pour qui rien n'existe et ne vit que dans le champ de la troisième dimension. Il semble donc qu'il devait être tenté par les chefs-d'œuvre des peuples qui ont jadis divinisé la forme: les « antiques », qui couvraient encore notre vieux sol. Certes, le Moyen Age sent vivement leur beauté. En attendant que le roi d'Aragon envoie douze arbalétriers, « hommes de bien », garder « le plus précieux joyau qui soit au monde », l'Acropole d'Athènes (1380), Villard de Honnecourt dessine avec amour les statues qu'il rencontre en ses voyages. A Reims, pendant qu'un scribe de l'abbaye de Saint-Remy copie les tragédies d'Euripide (manuscrit de la Bibliothèque), un imagier taille le groupe de la Visitation en regardant des statues romaines (fig. 111). A Auxerre, les reflets de l'art grec se sont posés sur Eros endormi (fig. 130). Toutes les fois qu'il le veut l'art gothique dérobe aux camées, aux intailles, aux statues, le secret divin de l'hellénisme. A sa façon bien entendu, en rajeunissant ce monde fatigué. Rares cependant sont ces souvenirs. L'heure n'est pas venue de l'alliance entre le sentiment chrétien et la beauté grecque. L'art gothique n'est plus, comme l'art roman ou l'art classique du XVIIe siècle, une ample réminiscence, fût-elle originale : il est spontané. Ce qu'il a à dire d'ailleurs ne se peut exprimer qu'en des formes neuves, modelées par une âme ni « antique » ni orientale, mais toute fraîche et de chez nous.

Le modèle, c'est la nature et la vie, mais épurées, idéalisées. Toujours elles sont ramenées au style monumental. Certes ils font quand ils le veulent d'admirables portraits. La sculpture funéraire dès le milieu du siècle en a taillé d'âprement caractérisés, tel ce Guy II de Lévis-Mirepoix (1260), visage de chevalier c'est-à-dire de soldat, énergiquement construit à plans décisifs. Ce souci est plus significatif encore quand il s'agit de figures purement décoratives. Les musiciens de la maison de Reims (vers 1240) sont des gens connus que le passant pouvait nommer. Ces sortes de portraits abondent dans nos monuments, animant une clef, une retombée, une touffe de feuillages ; d'accent si individuel que le grand public les identifie spontanément. Plus saisissante encore est cette recherche pour les personnages sacrés. Le saint Joseph de la façade de Reims, moustaches retroussées, fut un gaillard familier sur la place ou dans le chantier. Ainsi l'imagier sait, quand il le veut, discerner ce qui

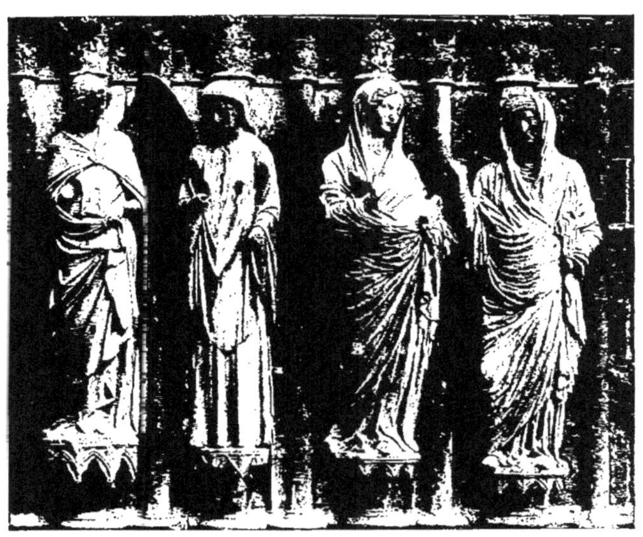

Fig. 111. — REIMS. CATHÉDRALE. L'ANNONCIATION ET LA VISITATION.

Deuxième moitié du siècle. Contraste saisissant des deux groupes, l'un de goût purement français, expressif et ingénu, l'autre d'imitation antique, qui cherche le rythme et le style dans l'attitude, dans les plis, même dans la coupe du visage. Première tentative, mais isolée, de ce qui sera la « Renaissance ». *Photo Rothier.*

fait qu'un homme est lui-même entre les autres hommes, ce qui distingue ou différencie. Il a de l'esprit, puisqu'il éveille dans la matière brute, avec des outils de fer, cette délicate chose morale, une personnalité. Il est même « réaliste » jusqu'à la caricature quand il le faut ou qu'il s'amuse : témoin les diables de l'Enfer à Bourges, les masques grotesques de Bayeux, de Reims et de Rampillon. Il a même eu une curiosité qui ne vient que sur le tard, l'exotisme : chercher le mouvement inédit de plans que donne une figure de race étrangère. Le nègre du tympan de Saint-Étienne à Notre-Dame de Paris est du pur caractérisme ethnique. Enfin, à Reims toujours précoce, on commence à discerner dans la deuxième moitié du siècle un goût très vif de l'accident, de la crise, où l'homme sort pour un moment de sa personnalité. Il y a des Atlantes, car cet art a tout créé ou recréé : le dur effort contracte leurs traits, avant Puget. Il faut en finir avec cette erreur des classifications scolaires que le « réalisme » ne date que du XIVe siècle.

Mais il reste vrai que ce n'est ni leur tendance spontanée ni leur préférence. Le compagnon d'atelier qui devient un saint sous le ciseau est élevé à cette majesté par un curieux travail de généralisation. L'asservissement au réel répugne à cet art qui hante les sommets. Dans la vie même il cherche non un homme, mais l'humain, et l'humain dans l'homme. L'individuel, le particulier, l'éphémère, ne lui sont que le point de départ pour se hausser à l'universel et à l'éternel. Un siècle avant, Guillaume de Champeaux ne proclamait-il pas sur la colline Sainte-Geneviève que les universaux sont la seule réalité ? A l'individu cet art préfère le type, mais nourri du suc de la vie. La figure est un résumé où le réel se condense, non une abstraction où il se volatilise. La Vierge est une mère, mais divine, le Christ est l'Homme-Dieu, Jérémie est le Prescient. Le beau Saint Firmin d'Amiens n'est pas seulement le patron de la cité, mais un raccourci d'éternité. Le détail mesquin qui caractérise trop, plis, veines, poils, accidents divers, s'atténue : il laisse intacts les larges plans établis par l'esprit de synthèse.

Si cet art cherche le général et le permanent on peut s'étonner qu'il ait si peu traité le nu. Certes il n'y est pas inhabile. Aux tympans du Jugement Dernier les morts ressuscitent nus. A Autun aussi dès le XIIe siècle ils sortaient sans voile de leurs tombeaux, mais pauvre nudité figée dans la pierre. A Bourges, à Rampillon (fig. 112), c'est le triomphe du corps humain, chef-d'œuvre de la création, jeune, frais, caressé dans son modelé par un plasticien amoureux de la chair. Tel ressuscité vu de dos, soulevant la lourde dalle, a certainement été taillé d'après

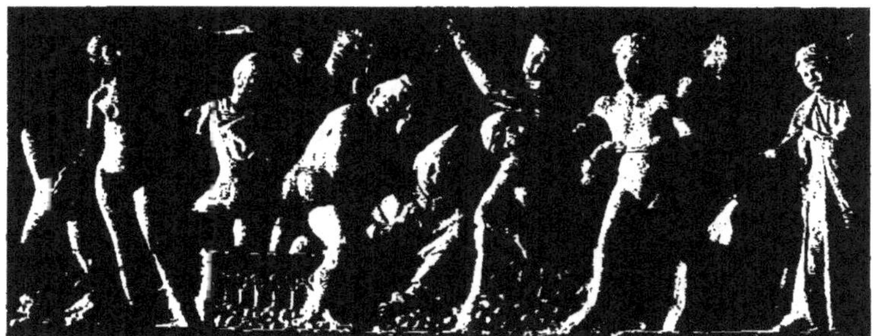

Fig. 112. — RAMPILLON (SEINE-ET-MARNE). LINTEAU DU PORTAIL DE L'ÉGLISE.

Résurrection des morts. Habileté de l'art gothique à modeler le nu quand il le veut. Variété des épisodes et des expressions dans ce retour universel à la vie : réveil qui s'étire, surprise, action de grâces, bonheur des époux qui se retrouvent. *Photo Enlart.*

le modèle vivant, avec le sentiment du muscle où remuent des ombres. C'est déjà le culte du « morceau » : morceau classique, moulé au musée du Trocadéro comme exemplaire de notre précocité. Cet art recommence même après sept siècles l'audace ensorcelante du paganisme : la glorification du corps féminin. A Autun encore l'imagier roman s'y était essayé, mais sans pouvoir secouer la rigidité de la matière et de son ciseau. Ici, à Rampillon, à Bourges, une exquise jeune femme se dresse hors du sarcophage comme une Anadyomène hors de la piscine : ses membres ronds ont la souplesse et l'élasticité de la vie.

Et quelle audace à ne rien cacher! La beauté de la Femme avait disparu de l'art depuis la fin du monde antique : la voici qui reparaît, mais spiritualisée par le Christianisme. L'imagier est vivement ému devant elle; mais il l'épure par le tact du ciseau et la gravité de la scène sacrée. L'art gothique est chaste. Seuls les ressuscités, Adam et Ève, le Christ sur la croix, offrent le corps humain dévoilé. Mais si la draperie le recouvre presque toujours, elle ajoute à son rythme le sien propre. Le dessin des plis du Beau Dieu et des Apôtres à Amiens, de l'ange de Saint-Nicaise à Reims, par exemple, est un langage précis en même temps que mélodieux : il dit la gravité ou la grâce affectueuse. Finis le parallélisme et la rigidité romane. Inconnues d'autre part, les oppositions ultra-dramatiques entre l'ombre des creux et la lumière des saillies, que l'on recherchera bientôt. Il arrive parfois, rarement, que le tissu, fluide et presque transparent, colle au nu : il moule chastement la reine de Saba, qui fut aimée de Salomon. Mais jamais il ne l'étouffe, comme fera bientôt la Bourgogne, sous l'exubérance de plis que l'on charge de pittoresque ou de pathétique. L'étoffe et sa retombée, c'est le naturel, sans parti pris.

Quant aux proportions, ils n'ont pas ignoré le concept antique du canon. Tel dessin de Villard de Honnecourt prouve même que la dangereuse esthétique de Vitruve a traversé obscurément les siècles; mais sans ravager ces cœurs simples, plus dociles au sentiment qu'à la règle des rapports constants. La beauté économique et chiffrée est bien une idée grecque, mais desséchée par les théoriciens. Or le Moyen Age est spontané. Ses proportions ont suivi la loi perpétuelle de l'évolution. Laissons de côté les statues de la façade occidentale de Chartres, qui, rigides et allongées, ne sont encore qu'une colonne décorée. Quand la statue se libère, sa robustesse la fait épaisse et courte, comme au premier atelier de Reims : elle porte encore le poids de l'hérédité romane. Puis, vers le milieu du siècle, la passion de l'élégance l'assouplit et l'étire, jusqu'à ces « gresles formes et bien delgies » que dès 1250 Marie de

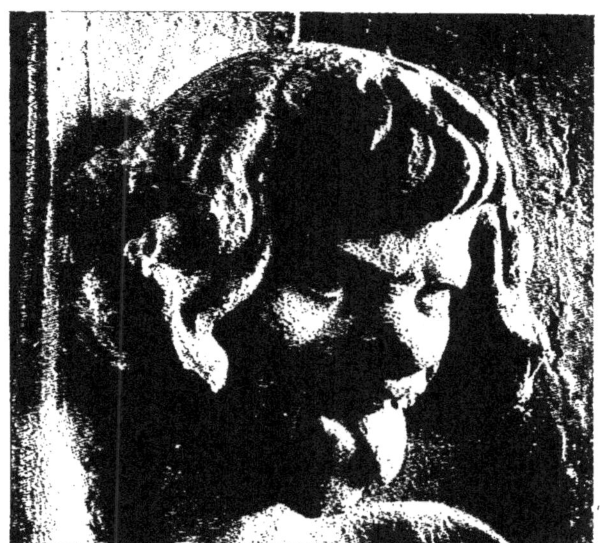

Fig. 113. — REIMS. CATHÉDRALE. MASQUE DÉCORATIF.

Grotesque. Alliance rare du naturalisme le plus hardi et du style décoratif et monumental, obtenu par la décision de la taille et la largeur des plans, qui sont des appels de lumière.

France loue chez les jeunes femmes de son temps. Tout naturellement elle accompagne le rythme de la façade qu'une force ascensionnelle soulève. Et du même coup elle ploie, comme une fleur sur sa tige. A Reims on sent même le désir formel de la faire onduler : voici que la gravité monumentale se change en cambrure déjà moderne.

L'expression, on le sent, ne pouvait être que très sobre.

Ce n'est pas au visage qu'elle est confiée de préférence, car une sorte de pudeur le respecte comme le miroir de Dieu, mais à l'attitude et au geste. C'est aussi le parti de l'art grec et de l'art classique. Jamais le trépan ne perce la prunelle : le regard, quand il y en a, s'obtient par le pinceau. Assez rare, au XIIIe siècle, est la Passion sanglante, assez rare le supplice du Crucifié comme celui de Reims, de Bourges et du Bourget, où du reste rien de morbide ne se mêle à l'horreur. Seuls les ivoires assument délibérément ce tragique, dont la sensibilité douloureuse de l'âge suivant va être avide. Il y a bien les épouvantes de l'Apocalypse; mais elles se rassérènent, ou bien, comme la Mort à cheval à Notre-Dame de Paris et à Amiens, paraissent discrètement, au bas d'une voussure. Superbes d'ailleurs cette fois, et d'une force dramatique que nul n'a dépassée, pas même Dürer. On évite l'émotion violente qui tord les corps et convulse les visages. Sobre est la terreur des damnés que la gueule de l'Enfer attend, sans éclat exagéré le bonheur souriant des Élus, qui marchent en file vers le Paradis. Autour du lit où la Vierge vient de mourir (Paris) les Apôtres se désolent, mais presque rien ne nous le dit que la tête inclinée qui s'appuie sur la main. C'est tout. La force de cet art, c'est de s'arrêter avant le but. En nous incitant à faire la moitié du chemin, il se ménage des collaborateurs. Il est riche, non seulement de ce qu'il a, mais de ce qu'il nous demande et que nous lui prêtons. Décidément, suggérer vaut mieux que définir.

Nul problème ne mérite plus l'attention que celui du sourire : il s'impose surtout à qui regarde de près Chartres et Reims. L'artiste est tenté d'y voir une pure recherche technique, celle d'un doux mouvement de lumière obtenu par l'affouillement du ciseau dans les petits vallons qui se creusent aux extrémités de la bouche et des yeux. L'historien est heureux d'y retrouver un de ces rythmes perpétuels qui règlent l'évolution de l'art dans toutes les nations : le sourire de Chartres à la fin du XIIe siècle est une formule d'atelier, qui se détend à

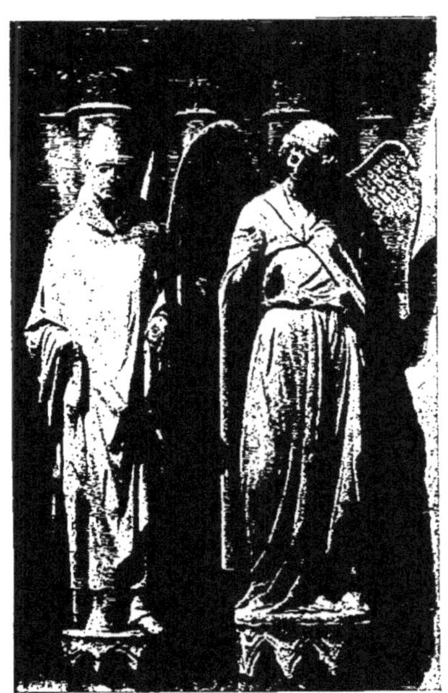

Fig. 114. — REIMS. CATHÉDRALE. UN ANGE.

Fréquence du sourire à Reims, où il est à la fois la recherche technique d'un mouvement de lumière, et l'expression d'une âme gracieuse et tendre. Souplesse du corps et sveltesse des proportions dans la seconde moitié du XIIIe siècle. *Photo A. D.*

Paris dans la figure d'un ange du portail de Saint-Étienne (deuxième moitié du XIIIe), et s'épanouit à Reims chez l'ange de Saint-Nicaise, tout comme le sourire archaïque de l'Apollon de Tenea ou des Κοραι de l'Acropole se détendait aux frontons d'Egine pour s'épanouir enfin aux lèvres de l'Hermès d'Olympie. Le passant cultivé y voit, spontanément, la béatitude d'âmes divines que n'affleure jamais le mal ni le malheur. Mais la création artistique n'est pas simple. Complexe comme la vie, l'âme s'y développe en même temps que la forme, et par elle. Il est vain de séparer par l'analyse extérieure ce que le Maître du sourire prétendu mystérieux, Léonard de Vinci, nous dit de regarder du dedans, en se plaçant au cœur des choses. Il est très possible que le sourire de Chartres vers 1145, soit une formule de métier, phase du rythme artistique universel. Mais celui de Reims? Il est avant tout chez l'imagier la recherche d'un effet de lumière, mais qui aboutit, il le sait, à l'expression morale (fig. 114). La preuve en est que dans l'Annonciation l'Ange l'a sur les lèvres, tandis qu'elle reste grave et médite. Il s'éveille même sur le visage des gisantes! Il erre vaguement sur les lèvres de Marie d'Avesnes, comtesse de Saint-Pol, morte en 1241. Et cette fois on pourrait croire que le souci d'une nuance délicate du modelé de la part d'un artiste qui est avant tout un sculpteur, l'entraîne jusqu'au paradoxe. Mais c'est aussi qu'en ce temps optimiste le défunt sourit de lui-même à la mort, qui n'est que le seuil de l'Éternité. La préoccupation plastique n'est jamais la seule à une époque qui n'a jamais conçu ni pratiqué l'art pour l'art. Même à l'extrême fin du siècle, vers 1300, le sourire japonais qui pince le visage de la « Vierge dorée » d'Amiens, est peut-être à l'origine de la pure technicité, mais où finit par fleurir le contentement d'une maman très humaine. En attendant, l'imagier est tout heureux d'éprouver son métier sur l'attrait le plus séduisant de la figure humaine, heureux de susciter doucement, sur les joues qu'il fait remonter, au coin des yeux qu'il relève, en même temps qu'un léger mouvement des plans le bonheur qui suit la Bonne Nouvelle, la joie mystique. Seulement elle reste discrète.

De même cet art est réservé devant la décrépitude : il ne grave les rides de la vieillesse qu'à fleur de pierre, avec la pointe du ciseau. Pour le bien comprendre rien ne vaut un rapprochement entre la Sainte Élisabeth de Reims et celle de Bamberg, qui l'imite : la laborieuse insistance allemande précise presque péniblement ce que l'optimisme

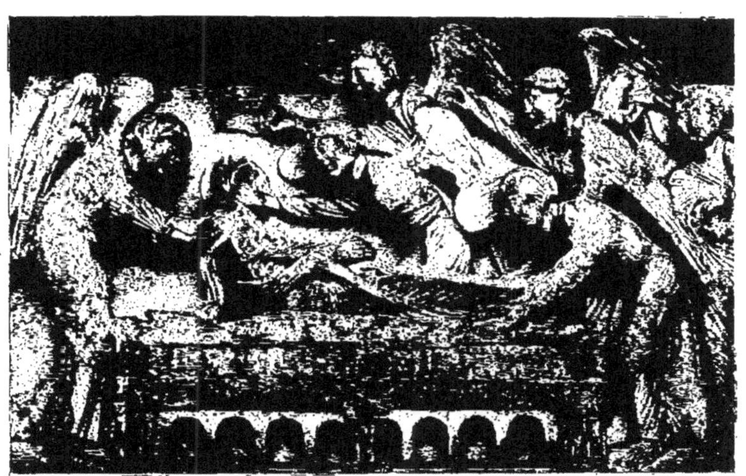

Fig. 115. — SENLIS. CATHÉDRALE. TYMPAN DU PORTAIL OCCIDENTAL. LE RÉVEIL DE LA VIERGE.

Fin du XIIe siècle. Audace réussie de cet art jeune : un vol de grands oiseaux qui se pose. L'instantané traduit en pierre sans rien perdre de sa vertu dynamique.

grec et gothique n'avait voulu que suggérer. Ce qu'il aime, c'est le charme tendre de Saint Jean et la grâce fraîche de Notre Dame. Art jeune, il va droit à la jeunesse. Ce n'est pas seulement préférence de poète, mais d'artiste : au divisionnisme qui désagrège la forme il préfère la plénitude qui est la vie en fleur. Au tympan de la Vierge à Paris la mort (si c'est elle) reste harmonieuse : et cette pudeur ne l'empêche pas d'être émouvante. Au tympan de

Strasbourg, il est vrai, la douleur agite les mains, courbe les têtes, jette au pied du lit où la Vierge vient de mourir une pleureuse qui tord ses doigts. Ici elle émeut davantage les lignes. Mais l'artiste alsacien, qui a connu d'ailleurs les œuvres de l'Ile-de-France, les agence musi-

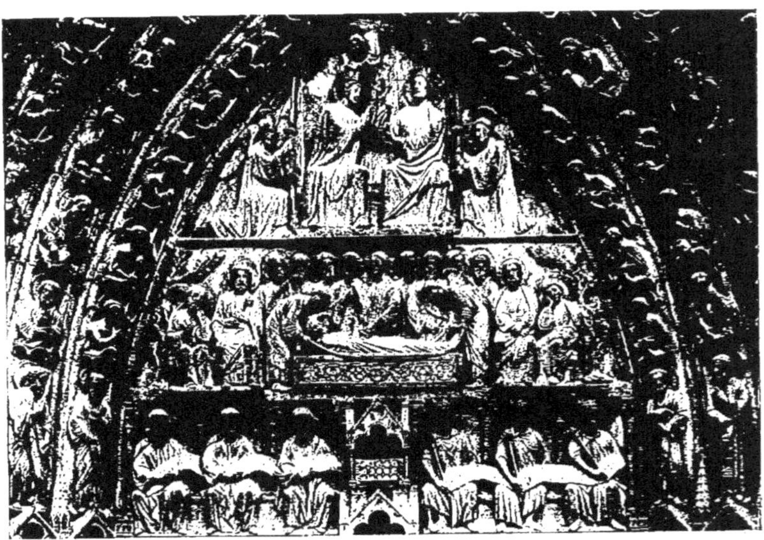

Fig. 116. — PARIS. NOTRE-DAME. PORTAIL DE LA VIERGE.

Vers 1220. — Résurrection de la Vierge. Chez les Apôtres, expression de la pensée méditant sur ce mystère. Composition sereine, rythmée, de grand effet décoratif. Art synthétique qui résume en un arbre le paysage palestinien. Quelque raideur archaïque encore dans la partie supérieure. *Photo N. D.*

calement : ce lamento reste une belle symphonie (fig. 116, 117).

Mieux encore. Sur la dalle des tombeaux les gisants ont toujours la figure de leur jeunesse, ou plutôt la jeunesse du Christ quand il est mort à trente-trois ans. Le visage n'est jamais un portrait, et la mort où il se détend n'est qu'un demi-sommeil. Pendant que les mains très vivantes se joignent pour la prière, les yeux grands ouverts contemplent déjà les vérités éternelles. A la fin du siècle seulement, et sur un tombeau lointain perdu en Calabre, la vérité amère regarde la mort en face. Le visage effrayant d'Isabelle d'Aragon à Cosenza (1271-1275), taillé par un français d'après un moulage sur la défunte, est le reflet du Néant. Mais les autres s'éclairent de l'espérance. Le temps

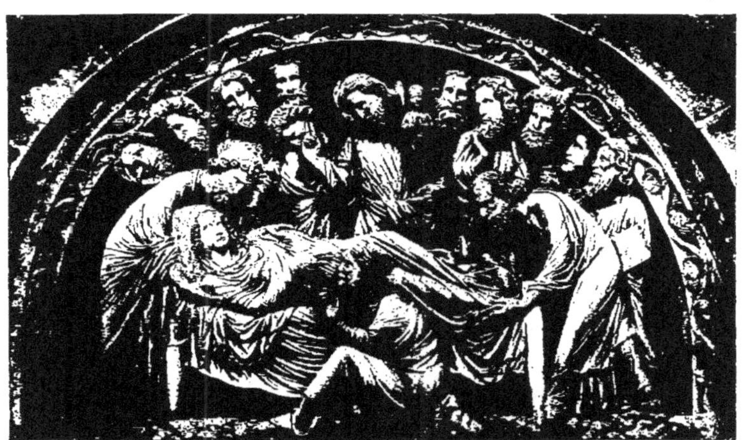

Fig. 117. — STRASBOURG. CATHÉDRALE. TYMPAN DU PORTAIL SUD.

Dormition de la Vierge. Plus de frémissement dans cet art alsacien qu'à Paris dont pourtant il se souvient. Émouvante idée de la pleureuse accroupie. Mais tout ce pathétique s'ordonne harmonieusement dans le demi-cercle de la voussure, et même en tire parti pour l'expression.

n'est pas encore où l'imagier, soucieux d'interpréter l'espace, prend conseil de la Macabre, qui d'ordinaire fait du travail serré et emporte le morceau. Par une convention aussi surprenante le coussin où leur tête repose ne se creuse pas, corps et draperie ont le rythme de l'attitude debout : ni les membres ni les plis ne s'affaissent. On dirait que la loi de la pesanteur ne s'applique pas à ces défunts, sortis du monde pour vivre en Dieu (fig. 118). Vers la fin, tout au plus voit-on la silhouette remuer un peu, un genou qui se soulève. Vers la fin encore, le sentiment familial s'associe à la foi en la prière pour faire défiler autour du défunt le cortège des funérailles. On sait ce qu'autour du frère de saint Louis, Philippe (vers 1245), autour de ses fils (vers 1260), d'Hugues de Chatillon, d'Adélaïde de Champagne (fig. 118), ce cortège de « pleurants » apporte à l'art de nouveautés. Mais elles ne se développeront que plus tard. Parfois ces figurines restent encore attachées à la paroi du tombeau, et la suite d'arcatures où elles sont logées les isole. Ce cortège n'est donc qu'une juxtaposition. La douleur, encore docile à la loi monumentale, reste aussi discrète que la Mort. Cet art idéaliste, mais qui part de l'observation, trouve moyen d'ennoblir les gestes les plus familiers en leur laissant leur naturel. Le dormeur, le scribe (saint Mathieu) et les marchands drapiers de Reims (fig. 119), les scènes de la vie des étudiants à Paris, sont la vie même, et la plus commune, en des formes choisies.

Devant cet art qui après avoir été monastique s'ouvre avec allégresse au monde, à la vie des choses comme à celle des âmes, tendre, optimiste, on se demande si l'évolution naturelle a suffi, ou si quelque influence de détente n'est pas venue d'ailleurs, des pays du midi dont c'est le rôle toujours. Nous offre-t-il lui-même la réponse? Il y a au tympan central d'Amiens, dans la Séparation des élus et des réprouvés, un personnage imprévu, qui n'était pas au tympan de Saint-Lazare d'Autun. C'est le premier élu qui se présente à la porte du Paradis, où tout de suite saint Pierre le fait entrer. Il marche avec vivacité, courbé en avant : c'est un ardent. Il est maigre, c'est un ascète. Il a la tonsure, les pieds nus, robe et capuce : c'est donc un moine, et un franciscain. Or ce franciscain n'est autre que saint François d'Assise, qui venait de mourir en 1226 et d'être canonisé en 1228, juste au moment où l'imagier le sculpte sur le tympan. Déjà commence sa popularité. On le retrouve à Notre-Dame-de-la-Couture du Mans et vers 1260 à Bourges où il ouvre encore le cortège des élus : non plus ascète dont l'imagier serre la forme, mais jeune et beau cette fois comme un bienheureux, plus mollement taillé (et d'ailleurs restauré), précédant le Roi dont la sain-

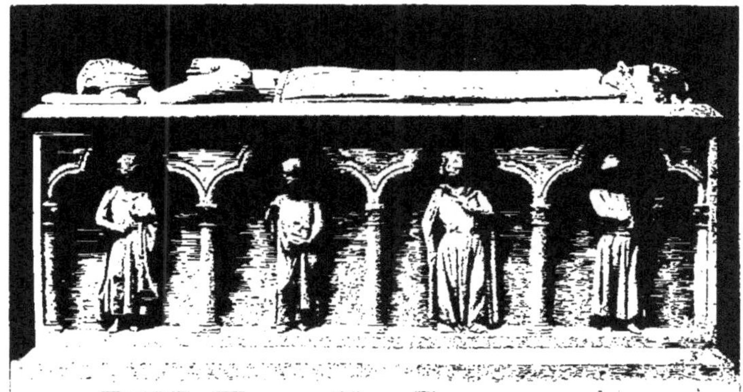

Fig. 118. — SAINT-JEAN-DE-JOIGNY (YONNE). TOMBE D'ADÉLAIDE DE CHAMPAGNE. ÉGLISE.

Art funéraire bourguignon au XIIIe siècle. Gisante aux lignes épurées, mais qui déjà a les yeux fermés. Personnages sous arcatures bien avant que paraisse le cortège des pleureurs. Expression funèbre de l'horizontalité et du silence. *Photo N. D.*

teté souriante aima la sienne, saint Louis. C'est bien le poverello qui prêcha l'amour au monde féodal. Mais le franciscanisme n'est pas précisément dans la présence de saint François ici ou là. Il est partout. Il n'est même pas un don de saint François et il ne vient pas d'Italie. Il est le don populaire de sympathie, l'esprit d'amour universellement épandu, chez les artisans des chantiers comme chez les miniaturistes, il est l'art gothique lui-même, accueillant, fraternel. Il détend l'art roman, impérial et grave, et, pour être franc, il commence sur la forme le secret travail de remuement, qui aboutira au réalisme pathétique du XVe siècle. Or en Italie, entre les dates d'Amiens et de Bourges, l'effigie du saint est encore entre les mains de peintres « à la grecque » comme Margaritone (Sienne, Académie des Beaux-Arts), qui la momifient. Il faudra attendre Giotto né en 1266 et les siennois fiévreux, c'est-à-dire le début du XIVe siècle, pour y sentir brûler la vie. C'est entre 1300 et 1304 que Giotto conte à Assise la légende merveilleuse de saint François, et de 1305 à 1306 qu'il fait palpiter sur les murs de l'Arena à Padoue la passion de la Vierge et du Christ.

Il y a même lieu de se demander pourquoi le franciscanisme n'a pas tourmenté l'art du XIIIe siècle. Puisqu'il fermente dans la littérature religieuse, puisque le Dict des Trois Vifs et des Trois Morts est en puissance dans des poèmes du temps de saint Louis et que la Vierge allaitant est déjà sur l'empreinte d'un contre-sceau de 1271 ; puisque saint François est entré dans l'atelier de nos imagiers, comment se fait-il que l'art ait la sérénité de l'art grec ? Si devant le même mystère de la douleur divine il est alors serein et plus tard torturé, ne serait-ce pas qu'il obéit à un rythme interne, qui donne à la sensibilité sa note au lieu de la recevoir d'elle? L'histoire de l'art et l'iconographie auraient tort sans doute de vouloir résoudre, chacune à part et toute seule, un problème qui a pour données les lois de l'art et la vie de l'âme inextricablement mêlées.

La polychromie, aujourd'hui effacée, animait encore cette plastique. Le Moyen Age est trop spontané pour voir la forme incolore. L'abstraction platonicienne n'a point pâli la nature devant ses yeux. Même aux statues antiques, qu'il connaissait fort bien, il est probable que son intuition soudaine restituait les tons (atténués) de la vie : il a sans doute cru, avant nous et plus que nous, à leur polychromie. Il anime donc la sculpture, mais discrètement, bien plus discrètement qu'à l'époque romane puisque la couleur perd toujours ce que gagne la forme, et en escomp-

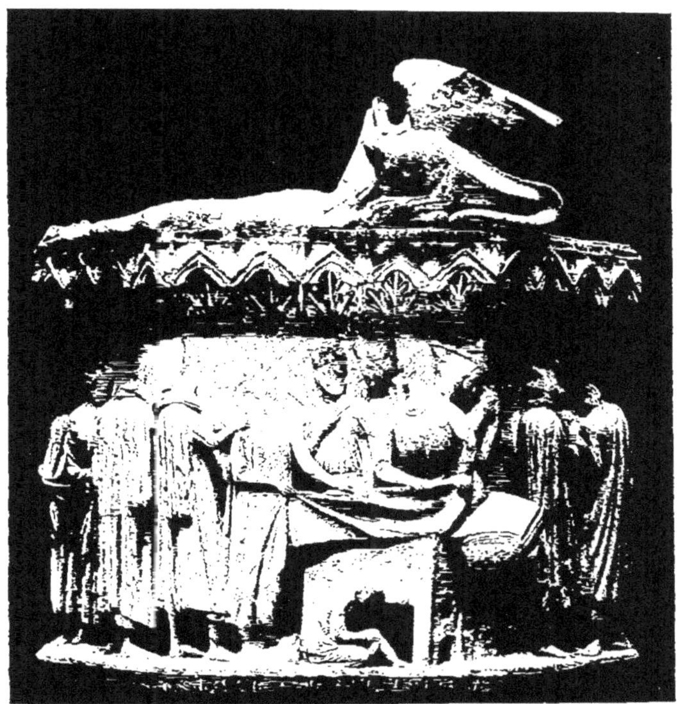

Fig. 119. — REIMS. CATHÉDRALE. FAÇADE SEPTENTRIONALE. BAS-RELIEF DIT DES DRAPIERS : TRUMEAU.

Fin du XIIIe siècle. Scène de genre. Noblesse dans la familiarité, due au style monumental du bas-relief, au plan unique, au calme des attitudes, au rythme des plis, à la composition scandée par le groupe du milieu. *Photo N. D.*

tant encore la sourdine des siècles. Il ne veut que soutenir, sans vaine lutte, le ton général des vitraux, des orfèvreries et des murailles peintes. Ce qui en reste est précisément dans les teintes du vitrail : bleu, rouge et or.

Ce n'est certes ni le trompe-l'œil ni le goût sensuel de la couleur qui guide la main de l'enlumineur, mais le sens de l'ample harmonie où il va poser sa note. Sans doute au dehors, sur la façade, la sculpture des tympans s'enlevait vivement sur un fond d'or, en bleu et pourpre. Le tympan du Jugement dernier à Notre-Dame de Paris était doré. Mais ici le coloris pouvait et devait être plus vibrant afin de ne pas être mangé par le plein air, comme les Rois là-haut amplifient leur volume pour n'être pas dévorés par l'espace. Mais n'allons pas croire, après les archéologues romantiques, qu'elle « flamboyait » comme une page énorme de missel. Le goût gothique ici égale la mesure grecque.

Nous sommes surpris de trouver aux ivoires les mêmes caractères. D'abord, que le XIIIe siècle prenne le parti de colorer la matière exotique et précieuse, douce comme de la chair, veinée comme un épiderme, cela nous confond. Et pourtant le Couronnement de la Vierge, la Descente de Croix (fig. 120) nous offrent des draperies à bordure bleue semées de fleurettes dorées, des chevelures d'or, des visages teintés du rose des carnations. C'est que les diptyques consulaires de la basse antiquité étaient déjà colorés, et qu'à l'exquise nudité ivoirine le Moyen Age préfère l'illusion mesurée du vrai et le luxe qui sied aux personnages sacrés. Et puis, autre surprise : voici des objets menus, figurines délicates qu'on gardait chez soi; or elles restent monumentales. Descente, Couronnement, apparaissent comme des réductions de la sculpture contemporaine d'espace et de plein air. L'échelle est petite, l'effet est très grand. L'étonnement augmente quand on voit ce grand style demeurer intact dans l'expression poussée. Rien d'étonnant que la descente de Croix du jubé du Bourget, qui est toute remuée, garde sa puissance puisqu'elle est de taille et de pierre, et destinée à un monument. Mais celle d'ivoire, qui n'était pas sujette aux mêmes contraintes? Joseph d'Arimathie ploie sous le cadavre de Jésus qu'il bringueballe sur son dos comme

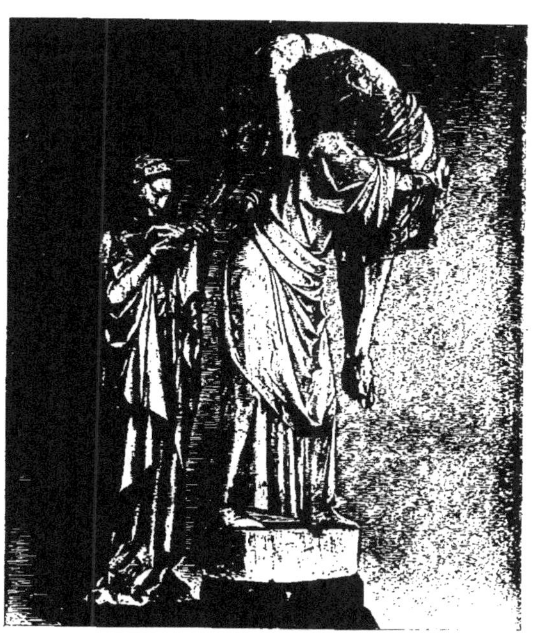

Fig. 120. — DESCENTE DE CROIX.
(*Musée du Louvre*)

Ivoire du XIIIe siècle. Reflet de la sculpture monumentale contemporaine, comme les terres cuites grecques. La monumentalité est restée dans ce petit groupe de matière précieuse, fine, et colorée avec une richesse discrète (fleurettes dorées sur le costume, cheveux dorés). Mais l'accent dramatique est plus sensible que dans la grande sculpture de pierre. *Photo Alinari.*

un sac. Le tête-en-bas est d'une audace macabre. Marie qui les suit en pleurant a saisi la main de son fils et l'embrasse désespérément. C'est si hardi qu'on soupçonne comme modèle une de ces miniatures secouées comme la fin du siècle en fait déjà. Et pourtant c'est de grande allure par l'ampleur de la composition, par la coulée des lignes, la largeur des draperies et la cohésion du groupe. Même en une matière menue, qui du reste est dure à travailler, l'époque voit large et grand.

Ce mélange délicat du style et du naturel, cet équilibre du réel et de l'idéal dans la sérénité, nous le connaissions : c'était déjà l'art attique du ve siècle. Le rapprochement des méthodes, même de certaines œuvres, est saisissant. Deux fois dans l'Histoire la mesure exquise et d'ailleurs éphémère a été trouvée : au Parthénon d'Athènes au temps de Phidias, dans les cathédrales de France au temps de saint Louis. Qu'y a-t-il de plus « grec » que les Apôtres sur le linteau de la Porte Dorée d'Amiens ? Ingres lui-même sentait vivement la parenté du grec et du gothique. Ceux qui savent, nos maîtres sculpteurs, Rodin naguère, Bourdelle, Maillol, ne les séparent ni dans leur enseignement, ni quand ils écrivent, ni dans leurs collections. Cependant, à l'époque où fleurit cet art, l'Europe en est encore à la gravité un peu roide de Byzance. Les puissants chefs-d'œuvre de Nicolas de Pise sont encore à venir : la chaire de Pise est de 1260, celle de Sienne de 1268, et ici même, en bien des détails d'iconographie ou d'encadrement architectural, on sent le parfum lointain du gothique français. Les admirables bas-reliefs qui fleurissent en quatrefeuilles sur les monuments italiens des XIVe et XVe siècles, jusque sur les portes du Baptistère de Florence, sont des « acclimatations » originales de chez-nous.

CHAPITRE III

LA PEINTURE AU XIIIe SIÈCLE. — LE STYLE MONUMENTAL.

L'esprit du dessin.
La Peinture dans la Cathédrale gothique. — La fresque et la loi monumentale. — L'hégémonie du vitrail, et sa leçon toujours vivante. — La miniature, reflet du vitrail puis de l'architecture. — Conclusion sur l'art au XIIIe siècle.

La sculpture est, après l'architecture, l'art par excellence du XIIIe siècle, l'interprète préféré de sa pensée. Les autres apparaissent près d'elle comme des retardataires. Il n'y a rien chez eux d'analogue, en naturel et en souplesse, à la plastique de Reims. On peut d'autant plus s'en étonner que jadis à la fin du XIe siècle, la miniature, qui offrait en dessin, en couleur, un riche répertoire de lignes et de formes en mouvement, avait été pour beaucoup dans le réveil de la sculpture en Languedoc. Mais tandis que la plastique est poussée par le monument, de même matière que lui et comme lui dans l'espace; qu'elle n'en est qu'une prolifération, nourrie de sa sève et en contact avec la vie qui se déploie tout autour en plein air, la peinture de manuscrits ou de parois est un art umbratile, sous la tyrannie des recettes d'atelier ou des vieux traités byzantins. Mais là même il trouve sa revanche. Car il n'y a pas qu'une formule de la Beauté.

Le XIIIe siècle ne pouvait charger le dessin de sa pensée, sauf lorsqu'en présence de la mort il le grave, simple et puissant, sur la dalle funéraire. Car c'est bien là du dessin, et ces milliers de dalles sont comme autant de feuillets pétrifiés. Le défunt vu debout, sous son dais, encadré exactement comme une vignette, est circonscrit d'un grand trait continu. Art dépouillé, de très grand air dans son abnégation. Pas de modelé, quelques traits rares et toujours droits pour indiquer les plis du costume. La qualité de la ligne à elle seule le suggère, mais elle le suggère avec une telle force plastique que la figure semble n'être que la projection en plan d'une statue qu'on aurait enlevée. Du reste de ces dalles plates à l'image en bas-relief, puis en haut-relief, puis à la statue, les transitions sont innombrables. Mais ce linéarisme tient de la dure matière où il est gravé, plus que de la mort, une immobilité suprême. Statique et sans substance, il est plus funéraire que le gisant en ronde-bosse, qui est par tous ses aspects la négation du néant (fig. 121).

Le vrai dessin, c'est celui du crayon ou de la plume, et du pinceau. Il va sans dire que le XIIIe siècle, qui n'est pas dilettante, n'y voit qu'un moyen, non une fin : la préparation de l'œuvre prochaine, sculpture monumentale, fresque ou vitrail. Simple trait, sans ombres pour faire tourner la forme, c'est uniquement par sa justesse exquise, encore, qu'il suggère le modelé. Par le trait aussi il indique le muscle, très discrètement. Décidément il est curieux de voir le XIIIe siècle, si sculpteur, s'abstenir en dessin de ce qui fait la plasticité : preuve décisive qu'il ne s'agit pour lui que d'une séparation des genres, non d'une vision essentielle. L'album de Villard de Honnecourt et le projet d'illustration du *Credo* de Joinville nous offrent en abondance cette delinéation qui ne cherche le plaisir de l'œil que pour atteindre la pensée. C'est un idéogramme. Pure, nette, elle simplifie et résume toujours. Et son grand tracé souple dégage spontanément de la vie luxuriante l'arabesque qui y est cachée. Préparant un décor, il est décoratif, donc mélodique. Sa note restera, très claire, très distincte, dans la polyphonie que composeront autour de lui, sur le mur ou sur le verre, les prestiges plus riches mais plus troubles du coloris. A tous ces caractères on a déjà reconnu sa parenté : dessin grec et dessin japonais.

Fig. 121. — PIERRE TOMBALE DE HUE LIBERGIER, ARCHITECTE DE SAINT-NICAISE DE REIMS.

Le dessin au XIIIe siècle. D'un seul jet continu et pur, sans vibration cherchée, sans inquiétude ; d'effet décoratif et de grand caractère. *Photo Rothier.*

Peinture de vase attique, page de l'album de Villard, portrait du prêtre Jitchin au Louvre (XIIIe siècle) ou estampes en couleurs de Horunobu, de Kyonaga, d'Outamaro, offrent parmi les incommensurables différences des pays et des races certaines analogies de vision que M. Pottier a finement perçues (fig. 122, 123).

C'est dire que, comme à toutes les grandes époques, la couleur est tenue en bride par les deux arts souverains :

car elle est le sensualisme. Certes l'art gothique lui ouvre toute grande la cathédrale, mais en la disciplinant impérieusement. Quand le mur roman couvert de fresques s'est ouvert, le décor est monté sur les verrières. La fresque perd donc les larges surfaces où elle s'étalait, et voici que la prestigieuse concurrence du vitrail a raison d'elle. Aux membrures, elle peut encore lutter :

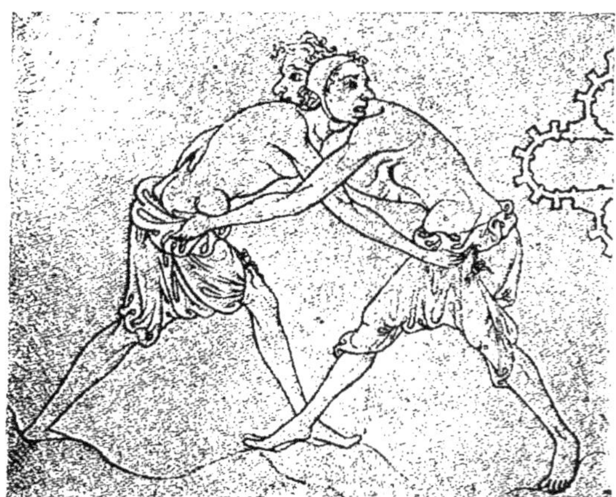

Fig. 122. — ALBUM DE VILLARD DE HONNECOURT. LUTTEURS.

Le dessin au XIIIe siècle. Suggestion du modelé par l'exquise justesse du trait, analogie saisissante avec les dessins de lutteurs de Hokousaï. Transposition immédiate dans la plastique au bas-relief de Chartres.

on peut, on doit même ajouter à leur accent par des couleurs très soutenues, bleu chaud, vermillon et rehauts d'or. Il faut bien ici répondre aux tons opulents du verre coloré, empêcher que le décor translucide et fragile tue de son éclat les parties vives de l'édifice, son ossature même. A la Sainte-Chapelle il y a même, aux arcatures, des incrustations de verre qui donnent à la couleur les feux du diamant. Mais sur les vraies parois la lutte est impossible : pendant que le vitrail brille là-haut dans la transparence, en bas la fresque s'éteint dans la matité. A Pontigné, à Saint-Quiriace de Provins, au Petit-Quevilly..., elle a beau lui prendre ses effets, ses médaillons dans les rinceaux de feuillages stylisés où dominent le rouge et le bleu, ses personnages aux yeux grandis à l'orientale, ses parti pris paradoxaux que nous retrouverons au Campo Santo de Pise, tels que cheval

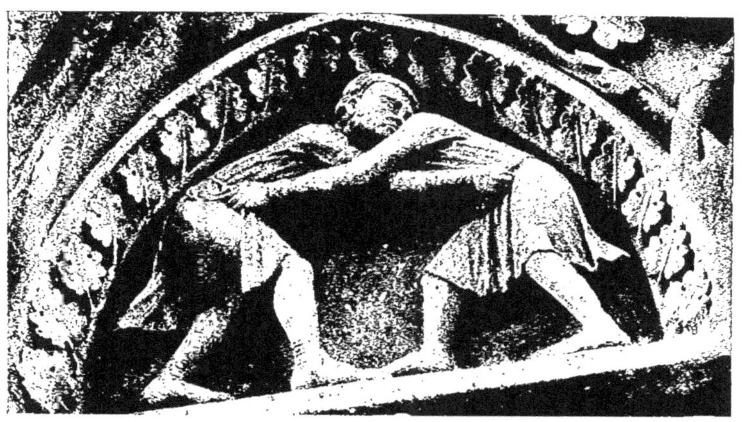

Fig. 123. — CHARTRES. MAISON GOTHIQUE. TYMPAN.

XIIIe siècle. Lieu-commun de la sculpture. Franchise naturaliste dans le souci décoratif. Art abréviatif qui supprime ce qu'on est censé ne pas voir (une des têtes). Curieuse analogie avec le sobre dessin de Villard de Honnecourt. *Photo Lefèvre-Pontalis.*

jaune, rouge, pourpre, de la cavalcade des Trois Rois Mages au Petit-Quevilly (début du XIIIe siècle). Elle a beau surtout lui prendre les deux partis les plus sûrs de l'effet décoratif, le cerne qui contourne la forme en un grand dessin continu et les teintes plates : elle semble n'être que sa servante silencieuse, un carton pâli de vitrail (fig. 124).

C'est donc le vitrail qui est la vraie peinture gothique : il gagne dans l'édifice sans parois tout ce qu'a perdu la fresque. Des bas-côtés à la voûte l'église n'est plus qu'une immense claire-voie, tout entière occupée par le verre coloré. Paradoxe inouï : le décor monumental achève d'enlever au monument lui-même sa matière! Chartres, Sens, Notre-Dame de Paris, Bourges, Amiens, Angers, Rouen, Le Mans, lui doivent en grande partie leur puissance d'émouvoir. Vers la fin du siècle il a beau atténuer déjà son intensité : car le bleu est certainement moins profond, moins velouté, et avec le rouge qui y fait courir son treillis il engendre une des couleurs les plus froides qui soient, le violet. Dans la symphonie éclatante c'est déjà une petite note mélancolique qui se fait entendre. De plus, la riche bordure d'autrefois commence à se rétrécir et pâlir en grisaille, annonçant la décoloration future. Mais que de splendeur encore! A tout le mobilier, clôture du chœur, tombeaux et stalles, la verrière ajoute une valeur; elle colore l'espace, même l'atmosphère! Sur la pierre grise ou peinte elle verse un ruissellement d'émaux. Rubis, saphir, améthyste y exaltent leurs tons purs, et toute l'église n'est plus qu'un énorme écrin qui chatoie. Comme les morceaux de verre n'ont pas la même épaisseur et que le coloris est pris inégalement dans la masse, il vibre; et les harmonies enchantent par le souci précoce des complémentaires. A réfléchir, on est surpris de rencontrer dans la maison de l'âme, édifiée par le calcul de la pensée abstraite, une somptuosité que l'Orient voluptueux des mille et une nuits n'a pas connue. Les deux roses du transept de Notre-Dame de Paris (1257), de 13 mètres de diamètre, et les quinze lancettes de la Sainte-Chapelle (1248), immenses vignettes qui grouillent de figurines et de taches, disent la tendance secrète de cet art : étourdir les sens dans une ivresse d'éblouissement (fig. 124).

Mais le grand esprit du Moyen Age veille. A cette sensualité raffinée il sait imposer sa loi. D'abord les scènes de la Bible, de l'Évangile et de la Légende dorée, dont les saints ont ici leur figure parce qu'ils ont leur relique dans l'église, la spiritualisent. La transparence l'immatérialise encore: quand la lumière traverse une substance, elle la volatilise toujours. Il n'est pas douteux que la verrière lumineuse ouvrait à l'extase des fidèles la vision du Paradis. La joie physique que donnent ces trésors de Golconde s'achève donc en pur mysticisme. Et puis, la verrière reste toujours monumentale : sur cette chose mince et fragile l'architecture et la sculpture, souveraines de l'art gothique, gardent autorité. Si le verre en effet pénètre dans la muraille, celle-ci à son tour y insère la fermeté de ses meneaux. Lancettes ou roses ne sont pas seulement peintes, mais construites : l'armature de fer s'y dessine avec force sans pour cela couper les scènes. Le champ est divisé en médaillons, quadrilobes et losanges, précisément comme les petits bas-reliefs au soubassement des façades ; des vergettes de plomb les sertissent, et la géométrie même de ce compartimentage lui communique quelque chose d'architectonique. Enfin, quand on regarde les fenêtres hautes on aperçoit de grandes figures isolées, debout et d'une ampleur superbe : tout de suite on reconnaît les sœurs des statues dressées sur la façade. Au dessous, il est vrai, les figures sont de taille menue, mais leur dessin reste très large, et bien que le geste soit maintenant plus vrai par le progrès fatal de l'observation, le grand cerne les amplifie. Décidément ces marionnettes ont une grandeur de fresques. Jamais de perspective qui troue. Fait pour être vu de loin, le vitrail reste toujours sobre et clair : c'est un art qui condense. Le modelé n'y est fait que de grosses hachures qui disparaissent de loin dans la vibration de l'ensemble; et les teintes plates juxtaposées composent une mosaïque translucide, non une vraie peinture qui serait un non-sens. Tel est l'effet de ce grand style que nos artistes d'aujourd'hui y reviennent chercher le secret de la synthèse décorative. Son immarcescible vertu a agi dans tout notre art du XIXe siècle: elle a contribué à le guérir de la myopie

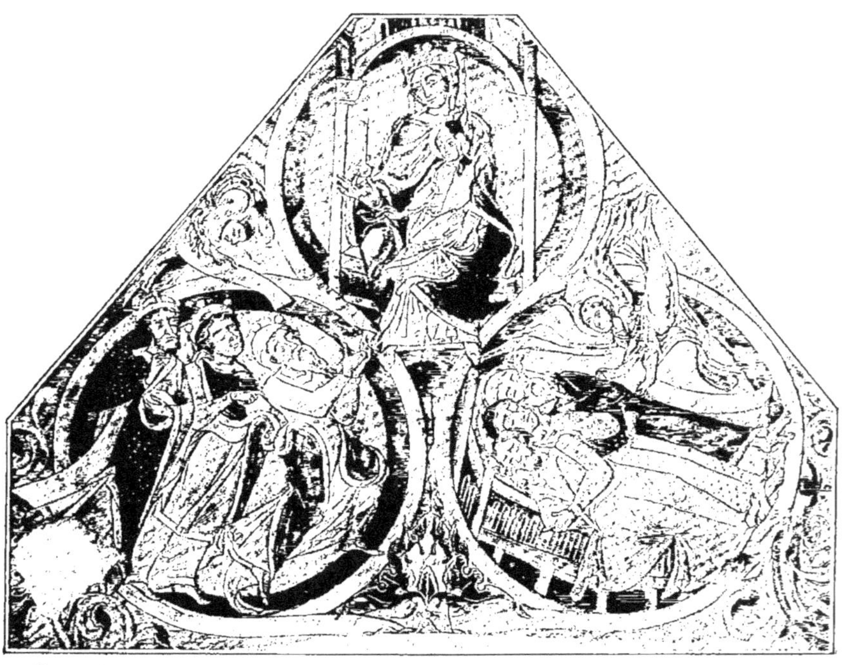

Fig. 124. — FRESQUE DE LA VOUTE DE LA CHAPELLE SAINT-JULIEN DU PETIT-QUEVILLY PRÈS ROUEN.

Début du XIIIe siècle. Transposition du vitrail et de la miniature : distribution en médaillons, clarté du ton, visibilité du dessin, empiètement des personnages sur le cadre.

réaliste et du « lâché » impressionniste où rien n'enserrait le papillotement des taches lumineuses. Après six cents ans l'idéal de Puvis de Chavannes et de Gauguin rejoint celui d'un maître verrier de cathédrale ! S'il est vrai « qu'un tableau, avant d'être un cheval de bataille, une femme nue ou une anecdote quelconque, est essentiellement une surface plane recouverte de couleurs en un certain ordre assemblées », quel modèle que le vitrail gothique, qu'on peut à la rigueur renverser de haut en bas sans que se perde l'effet de son orchestration !

En attendant, il affranchit la miniature de son temps. Vers le milieu du siècle, il l'aide à sortir du scriptorium du cloître pour s'épanouir dans Paris à l'ombre de l'Université fameuse. Dante la célèbre. Bientôt ce sont des enlumineurs laïques qui vont décorer Bibles de luxe, psautiers pour dames nobles, missels et même romans de chevalerie. Pour que la miniature ressemble au vitrail, ils détrempent dans l'eau mêlée de gomme ou de blanc d'œuf la pourpre et le bleu. Comme le verrier, ils enclosent des petites scènes en des cercles et des losanges. Comme lui, après avoir dessiné à la plume ils peignent à teintes plates, avec traits noirs pour les plis et les muscles. Mais le vitrail n'avait pas la souveraine magnificence dont ils disposent : l'or, l'or dissous dans l'eau gommée, ou l'or en feuilles, qui condense tout le soleil. Puisqu'on ne sait pas « représenter » la lumière, on fait mieux : on la capte elle-même, comme faisaient les mosaïstes aux absides ravennates ou romaines; et toute la surface du vélin en est inondée de clarté. Il arrive bien que le fond, teinté en bleu tendre se couvre d'un réseau de quadrillés et de losanges; mais quand il s'agit du ciel et de l'espace que Dieu remplit, c'est l'or plaqué, poli au brunissoir, chaleureux, éblouissant. Car l'or est sacré. C'est dire qu'il n'y a pas de paysage : cette séduction facile ne tente pas encore la fille des cloîtres. Sur ce décor sans réalité, repoussé souvent au marteau par derrière comme une plaque orfévrée, des figures délicates prennent des attitudes contournées, avec des gestes infiniment précieux. Elles ont quitté le hiératisme pour une minauderie involontaire. Jetées en arrière, elles semblent renversées de surprise. Une élégance mièvre, servie par un dessin menu,

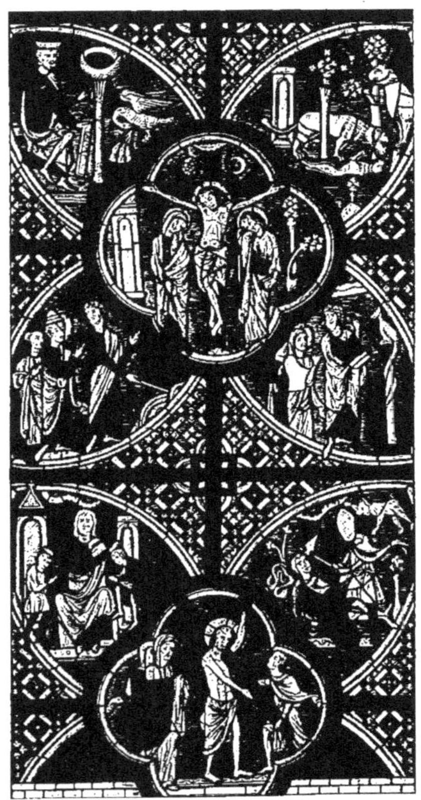

Fig. 125. — LE MANS. VITRAIL DU XIIIe SIÈCLE A LA CATHÉDRALE.
D'après un calque en couleurs. Extrait de E. Hucher : Les vitraux peints de la cathédrale du Mans.

Symbolisme de l'Ancien et du Nouveau Testament. Dessin net, composition sobre, teintes plates : le tout soumis à la discipline architectonique des polylobes, armatures croisées et compartimentages.

étire l'ovale de la figure, effile les doigts en pattes d'araignée. On surprend même ici à son origine, dès la seconde moitié du siècle, la jolie mode du « hanchement » qui va ployer les corps en arc flexible. Certes, à dates égales, cet art qui reste toujours un peu industriel, même sous le pin-

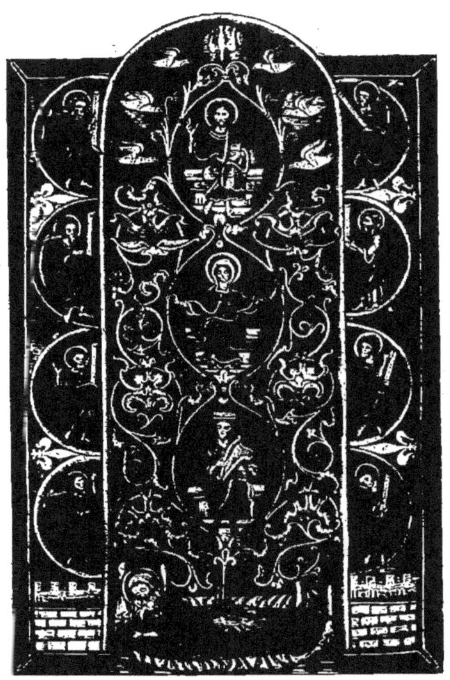

Fig. 126. — PSAUTIER DE SAINT LOUIS ET DE BLANCHE DE CASTILLE.
(*Arsenal* 1186, *fol.* 15°.)
Miniature, commencement du XIIIe *siècle.*

Arbre de Jessé. Étroite analogie de composition avec le vitrail qui précède. Fraternité des deux arts. Étagement de médaillons. Concision et visibilité du dessin dans un arrangement tout décoratif.

ceau d'un grand artiste, est en retard sur la sculpture monumentale. On sent peser sur lui la tradition des calligraphies virtuoses. Pourtant cette moue toujours étonnée, ces petites mains levées en offertoire, ce petit haussement d'épaules, ce torticolis exquis, c'est le mouvement qui s'essaie. Dans sa vivacité la fine pointe d'un pied dépasse le cercle du médaillon. L'expression s'ébauche, le portrait même s'esquisse. Le Psautier de saint Louis et de Blanche de Castille, l'Évangéliaire de la Sainte-Chapelle, sont les joyaux de cet art raffiné. Bientôt le dessin incisif et aigrelet des figures tout en silhouette s'inscrit dans d'admirables architectures, sous des dais hérissés de gâbles, de pinacles et de galeries ajourées, semblables aux fines merveilles que commence à créer le gothique rayonnant. L'enlumineur se détourne maintenant de la verrière, il regarde la haute façade au pied de laquelle il travaille. S'il fait des tons plus clairs désormais, c'est pour mieux détacher la ligne. Plus tard encore, quand il en aura fini avec les détails architectoniques, il essaiera le tableau. Et ce sera tant pis, car alors, devenu savant, maître de l'illusion prestigieuse, il courra l'indépendance chargé de son péché. Mais pour l'instant son art menu veut rester en accord avec le monument immense (fig. 126 et 127).

Comme d'autre part il est en accord avec le vitrail, à qui il prête et de qui il reçoit; avec la tapisserie, qu'il inspire; avec la fresque, qui lui prend même son compartimentage; comme le Psautier de saint Louis, une verrière de Chartres, la tenture de l'Apocalypse d'Angers (XIVe siècle), et la peinture murale de Saint-Julien au Petit-Quevilly, ont même goût et même accent, tous ces accords nous enveloppent de leurs grandes ondes. A ce moment d'élection, que l'on sent déjà instable, l'art du Moyen Age est tout entier une immense symphonie.

Tel est bien en effet ce grandiose XIIIe siècle. Un merveilleux génie d'organisation en fait la période classique du Moyen Age : classique par le même esprit d'ordre et de raison que Descartes et Pascal proclameront la loi de leur temps. Entente entre les diverses classes sociales pour vouloir le monument, l'édifier et le décorer ; discipline des artistes-artisans fortement groupés dans la corporation ;

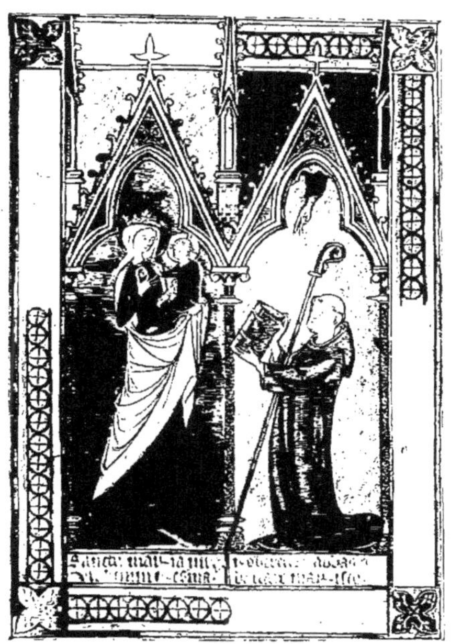

Fig. 127. — ROBERT DE BÉTHUNE OFFRANT UN LIVRE A LA VIERGE. (*Bibliothèque de Saint-Omer, N° 174, fol. 2 v°.*)

Fin XIIIe siècle. Encadrement désormais architectural, mais absence de profondeur. Différence de fond pour le sacré et pour l'humain. Motif de l'offrande. Dessin incisif et aigrelet de distinction souveraine et déjà maniéré jusqu'au hanchement.

discipline de tous les arts sous l'hégémonie de l'Architecture ; équilibre des facultés, pensée qui conçoit, raison qui calcule jusqu'à l'abstrait, sentiment qui s'émeut, observation qui regarde ; harmonie entre l'idée et la forme, entre la vision du surnaturel et le sens des réalités immédiates ; union intime enfin de la nature familière et du style :

voilà ce qui le fait aisé, heureux, souriant, tel qu'on le voit à Reims. Il est la fleur spontanée de toutes ces unanimités.

Cependant, dès la fin du XIIIe siècle, qui sait regarder perçoit quelques symptômes d'un changement. En Normandie dans des cathédrales comme Bayeux (le chœur) ou Coutances (arcades sous la lanterne), dans une petite église rurale comme Norrey, les nervures des ogives, des formerets et des doubleaux pénètrent les unes dans les autres et se recoupent en cloisonné. A la cathédrale méridionale de Narbonne, fondée en 1272, le chapiteau disparaît çà et là pour laisser les nervures des voûtes pénétrer insensiblement dans le pilier. A Clermont rebâtie en 1248, au rond-point du chœur, la section des piles est elliptique, et sur cette ellipse naît la courbe des fines colonnettes. Même au croisillon sud de Notre-Dame de Paris, au pilier de l'arcade qui sépare les bas-côtés du chœur, les deux colonnettes qui reçoivent les moulures de l'archivolte se rattachent au massif par le mouvement flexueux d'une contrecourbe. Ainsi la géométrie un peu sèche du gothique déclinant d'une part, d'autre part l'ondulation « flamboyante », commencent à se dessiner. A la voussure de Notre-Dame de Paris l'Apocalypse avait déjà toute l'horreur du « Dict des Trois Vifs et des Trois Morts ». Le corps humain commence à « hancher » chez les Apôtres de la Sainte-Chapelle, et la Vierge dorée d'Amiens est bien dès 1300 la Vierge coquette qui troublait le puritanisme de Ruskin : son sourire n'est plus qu'humain. En s'humanisant, l'art oublie peu à peu la gravité théologique et monumentale qui conférait à la statue romane grandeur, éternité. Le portrait ose maintenant ramener sur le terrain des réalités l'art qui aspirait aux royaumes de la vie spirituelle, et parfois la caricature l'y enfonce.

Le XIIIe siècle finit avec Philippe le Bel (1285-1314), le roi réaliste et faux-monnayeur, qui dépouille les Templiers après un semblant de procès (1312), exaspère la laborieuse Flandre, fait souffleter sur sa cathèdre le chétif pape d'Anagni, et attire un pape plus complaisant en Avignon (1309) dans la « captivité de Babylone ». Décidément, l'idéalisme replie ses ailes. L'Art français va chercher sur la terre où nous sommes un autre genre de vérité et de beauté.

OUVRAGES A CONSULTER

OUVRAGES GÉNÉRAUX

Salmon REINACH, *Apollo*, 10ᵉ éd. — HOURTICQ, *Ars una species mille. La France.* 3ᵉ éd. — GILLET, *Histoire de la Nation française. Histoire des Arts*, 1922. — HUISMAN, *Pour comprendre les monuments de Paris*, 1925.

L. COURAJOD, *Leçons professées à l'École du Louvre*, 3 vol., 1899-1903. — *Histoire de France* publiée sous la direction de LAVISSE. — *Histoire de l'Art* publiée sous la direction d'André MICHEL, ouvrage capital. — MOLINIER, *Histoire gle des Arts appliqués à l'Industrie.* — BRÉHIER, *L'Art chrétien. Son développement iconographique des origines à nos jours*, 2ᵉ éd., 1927.

Collection des *Petites monographies des grands édifices de la France*, des *Villes d'Art célèbres*, des *Grands Artistes* et des *Memoranda*, chez H. LAURENS. — Collection des *Maîtres de l'Art*, chez PLON. — Collection de la *Gazette des Beaux-Arts* et de la *Revue de l'Art*, et les tables.

ART GALLO-ROMAIN

Consulter la *Revue Arch.*, le *Bulletin des Études anc.*, la série des *Congrès Arch.*, surtout celui d'Avignon, 1910.

Camille JULLIAN, *La Gaule indépendante*, 1908, et *La Civilisation gallo-romaine*, 1920, — et *Le Paris des Romains*, 1924. — CAGNAT et CHAPOT, *Manuel d'archéologie romaine*, 2 vol., 1917. — Salomon REINACH, *L'origine de l'art gallo-romain* (G. B.-A., 1894). — DE PACHTÈRE, *Paris à l'époque gallo-romaine*, 1912. — CHATELAIN, *Les monuments romains d'Orange*, 1909. — CONSTANS, *Arles antique*, 1921. — *Guide illustré du visiteur à Alésia*, 1914. — DE VESLY, *Les Fana, petits temples gallo-romains de la région normande*, 1909. — Salomon REINACH, *Antiquités Nles, Description du Musée de St-Germain*, t. II, 1894 (les bronzes). — ESPÉRANDIEU, *Recueil gal des bas-reliefs de la Gaule romaine*, 1907-1925. — BLANCHET, *La décoration des édifices de la Gaule romaine*, 1913. — G. LAFAYE, *Inventaire des mosaïques de la Gaule et de l'Afrique*, t. I, 1909 sq. — BABELON, *Le trésor d'argenterie de Berthouville*, 1916. — MORIN-JEAN, *La verrerie en Gaule sous l'Empire romain*, 1913.

LE MOYEN AGE EN GÉNÉRAL

Recueils de planches. — DE BAUDOT et PERRAULT-DABOT, *Archives de la Commission des Mts historiques*, en cours. — Fr. MARCOU et COURAJOD, *Album du Musée de sculpture comparée*, en 3 séries. — P. VITRY et G. BRIERE, *Documents de sculpture française. Moyen Age*, 1904. — GÉLIS-DIDOT et LAFFILLÉE, *La Peinture décorative en France du* XIᵉ *au* XVIᵉ *s.*, 2 vol., 1891.

Ouvrages. — VIOLLET-LE-DUC, *Dictionnaire raisonné d'Architecture*, 10 vol., 1854-1869. — DEHIO et VON BEZOLD, *Die kirchliche Baukunst des Abendlandes*, Stuttgart, 1892-1901. — CHOISY, *Histoire gle de l'Architecture*, 2 vol., 1899. — COURAJOD, *Leçons professées à l'Ecole du Louvre*, 1899-1901. — ANTHYME St-PAUL, *Hist. Mtale de la France*, 1911. — ENLART, *Manuel d'Archéologie française. Architecture religieuse*, nlle éd. 1919-1920, et *Architecture civile et militaire*, 1904. — Les Collections du *B. Mtal* et des *Congrès Arch. de France*, surtout depuis 1880. — La Collection de la *Revue de l'Art chrétien*, de 1883 à 1914. — BRUTAILS, *Précis d'Archéologie du Moyen Age*, 1908, et *Pour comprendre les Monu-*

ments de la France, 1917. — P. Léon, *Les Monuments Historiques. Conservation. Restauration*, 1917. — Male, *L'Art allemand et l'Art français du Moyen Age*, 2e éd., 1923 et *Art et Artistes du Moyen Age*, 1927. — P. Mantz, *La Peinture française du ixe s. à la fin du xvie*, s. d. — Hourticq, *La Peinture des origines au xvie s.*, 1925. — de Lasteyrie, *Histoire de la peinture sur verre en France*, 1857. — Magne, *L'œuvre des peintres verriers français*, 1885. — L. O. Merson, *Les vitraux*, 1895. — E. Molinier, *L'Emaillerie*, 1901. — J. Guiffrey, *Histoire gle des Arts appliqués à l'Industrie. La Tapisserie*, s. d.

ART MÉROVINGIEN ET CAROLINGIEN

Les recueils précités en y ajoutant le *Bullet. Arch. du Comité des travaux Hist.* — J. von Schlosser, *Schriftquellen zur Geschichte der Karolingischen Kunst*, Vienne, 1896. — Marignan, *Un historien de l'Art français, Louis Courajod. Les temps francs*, 1899. — Le culte de St Martin au ive s., *B. Mtal*, 1891-1892. — Ch. Diehl, *Manuel d'Art byzantin*, 2e éd., 1925-1926. — de Lasteyrie, *La basilique St-Martin de Tours*, 1892. — M. Reymond, *Le Baptistère St-Jean de Poitiers* (G. B.-A., 1914, II) et *La chapelle St-Laurent de Grenoble*, 1896. — Rivoira, *Le origini della Architettura lombarda*, Milan, 1908. — de Lasteyrie, *L'église St-Philibert de Grandlieu*, 1909, cf. *B. Mtal* de 1898 et de 1902. — Strzygowski, *Der Dom zu Achen*, Leipzig, 1904. — G. Bouet, *L'église de Germigny-les-Prés* (B. Mtal, 1868). — *La Bible de Charles le Chauve* et l'*Album Terentianum Ambrosianum*, phototypies Berthaud, s. d. — A. Boinet, *La Miniature carolingienne*, 1913. — E. Le Blant, *Sarcophages chrétiens d'Arles* et *Sarcophages chrétiens de la Gaule*. — Molinier, *Les Arts appliqués à l'Industrie*, t. I. *Les ivoires*, t. IV. *L'orfèvrerie*. — E. Male, *L'Art allemand et l'Art français*, 2e éd., 1924. — Barrière-Flavy, *Les Arts industriels des peuples barbares de la Gaule du ve au viiie s.*, 1901 ; et *Sépultures barbares du midi et de l'ouest de la France*, 1892. — Roumégoux, *L'ornementation aux époques mérovingienne et carolingienne* (*C. Arch. Saintes*, 1894).

L'ART ROMAN

L'Architecture. — Baum, *L'Architecture romane en France*, album, 1911. — C. Martin, *L'Art roman en France, Architecture et décoration*, 3 alb., s. d., in-f°. — P. Léon, *Encyclopédie des styles, 1re série. L'Art Roman.* Album, 1922. — La série des vol. des *Congrès Arch.*, surtout depuis 1900. — V. Mortet, *Recueil de textes relatifs à l'Histoire de l'Architecture au Moyen Age, xie et xiie s.*, 1911. — de Lasteyrie, *L'Architecture religieuse en France à l'époque romane*, 1912. — de Vogüé, *L'Architecture civile et religieuse de la Syrie centrale du ier au ve s.*, 1860. — Strzygowski, *Orient oder Rom*, Leipzig, 1901, *Kleinasien*, 1903 ; *die Baukunst der Armenier und Europa*, Vienne, 1918. — L. Bréhier, L'Art du Moyen Age est-il d'origine orientale? (R. D. M., avril 1909) et *Les Origines de l'Art roman* (R. de l'Art, 1920). — Springer, *Die byzantinische Kunst und ihr Influss im Abendland*. — Ch. Diehl, *Manuel d'Art byzantin*, 2e éd., 1925-1926. — M. Dieulafoy, *L'Espagne*, 1913, et *Jal des Savants*, juin 1913. — G. Male, *La mosquée de Cordoue et les églises de l'Auvergne* (R. D. M., 1910, II), et *Les influences arabes dans l'Art roman* (R. D. M., 15 nov. 1923). — Rivoira, *Le origini della Architettura lombarda*, Milan, 1908. — Kingsley-Porter, *Lombard architecture*, 3 vol., Londres, 1914-1917. — Brutails, *Où s'est constituée l'Architecture romane?* (Ann. Inst. Estudis Catalans, VI, 1915). — *C. Arch. Avallon*, 1907. — Lefèvre-Pontalis, *Les chevets des églises bénédictines* (B. Mtal, 1910) et E. Male dans Jal des Savants, juin 1911. — Lefèvre-Pontalis, *Les plans des églises romanes bénédictines* (B. Mtal 1912). — J. Virey, *L'abbaye de Cluny*, s. d., et l'*Architecture romane dans l'ancien diocèse de Mâcon*, 1892. — Bruel, *Cluny*, Mâcon, 1910. — A. Porée, *Vézelay*, s. d. — N. Thiollier, *L'Art roman à Charlieu et dans les régions voisines*, 1894 et *L'architecture religieuse à l'époque romane dans l'ancien diocèse du Puy*, 1900. — de Rochemonteix, *Les églises romanes de la Hte-Auvergne*, 1902. — L. Bréhier, *Les origines de l'Architecture romane en Auvergne* (Revue Mabillon, 1923). — *C. Arch., du Puy*, 1904 et de *Clermont-Fd*, 1925. — Langlade, *Le Puy en Velay*, 1921. — Abbé Bouillet, *Ste-Foy de Conques, St-Sernin de Toulouse, et St-Jacques de Compostelle* (Mém. Soc. Antiq., 1893). — Anthyme St-Paul, *St-Sernin de Toulouse* B. Arch., 1899). — Anglès, *Abbaye de Moissac*, s. d. — Labande, *Étude sur St-Trophime d'Arles*

(B. M^tal, 1903-1904). — REGNIER, *Les églises de Cîteaux* (B. M^tal, 1890), et J. BILSON, *Les plans cisterciens en Fr. et en Angl.* (B. M^tal, 1910). — L. BÉGULE, *Abbaye de Fontenay*, s. d. — BLANCHEREAU, *Église d'Obazine* (C. Arch., Limoges, 1921). — BOUET, *Analyse architecturale de l'abbaye St-Etienne de Caen*, 1868. — RUPRICH-ROBERT, *L'Architecture normande aux* XIe *et* XIIe *s.*, s. d. — *C. Arch. Caen*, 1908. — R. MARTIN DU GARD, *Abbaye de Jumièges*, 1910. — VALLERY-RADOT, *Cathédrale de Bayeux*, 1922. — J. BILSON, *Les voûtes de la Cathédrale d'Angers* (C. Arch. Angers, 1910). — BERTHELÉ, *L'Architecture Plantagenet* (C. Arch. Poitiers, 1903). — BRUTAILS, *La question de St-Front*, (B. M^tal, 1895). — PHENÉ-SPIERS, *St-Front et les églises à coupoles du Périgord* (B. M^tal, 1897). — Ch. H. BESNARD, *Etude sur les coupoles à voûtes domicales du sud-ouest* (C. Arch. d'Angoulême, 1912, t. II). — BRUTAILS, *Les vieilles églises de la Gironde*, 1917. — STRZYGOWSKI, *Die Baukunst der Armenier und Europa*, 1918. — Abbé ROUX, *La basilique de St-Front*, 1920. — LEFÈVRE-PONTALIS, *L'Ecole du Périgord n'existe pas* (B. M^tal, 1923). — R. REY, *La cathédrale de Cahors et les origines de l'architecture à coupoles d'Aquitaine*, 1925. — Ch. DIEHL, *Manuel d'Art byzantin*, 2e éd., 1925-1926. — ENLART, *Les églises à coupoles d'Aquitaine et de Chypre* (G. B.-A., mars 1926). — VIOLLET-LE-DUC, *Essai sur l'Architecture militaire au Moyen Age*, 1854, et op. cit., art. Châteaux. — G. REY, *Les monuments de l'Architecture militaire des Croisés en Syrie et à Chypre*, 1871. — M. DIEULAFOY, *Le Château-Gaillard et l'Architecture militaire au* XIIIe *s.* (Mém. Acad. Inscript., XXXVI, 1898). — DE LAHONDES, *Les églises fortifiées du pays de Foix et du Couserans* (B. M^tal, 1883). — E. BONNET, *Antiquités et M^ts de l'Hérault*, 1905, t. II. — R. REY, *Les vieilles églises fortifiées du midi de la Fr.*, 1925. — DE CARDAILLAC, *Eglises fortifiées landaises*, 1926. — L. BRÉHIER, *Anciennes églises fortifiées de l'Auvergne* (R. d'Auv., 1926). — C. OURSEL, *L'art roman de Bourgogne*, 1928.

La Sculpture. — KINGSLEY-PORTER, *Les débuts de la sculpture romane* (G. B.-A., 1919) et *Romanesque sculpture of the Pilgrimage roads*, pl. et texte, 1923. — L. BRÉHIER, *Les origines de la sculpture romane* (R. D. M., août 1912) et *La Renaissance de la sculpture monumentale* (R. de l'A., 1920). — E. MALE, *L'Art religieux du* XIIe *s. en France, Etude sur les origines de l'iconographie du Moyen Age*, 1922. — P. DESCHAMPS, *Etude sur la renaissance de la sculpture en France à l'époque romane* (B. Mon^tal, 1925) — VOGE, *Die Anfänge des monumentalen Stiles im Mittelalter*, 1894. — DE LASTEYRIE, *Etudes sur la sculpture française au Moyen Age* (M^ts Piot, VIII, 1902). — LEFÈVRE-PONTALIS, *Les façades successives de la cathédrale de Chartres aux* XIe *et* XIIe *s.* (C. arch., 1900) et *La question du Porche occidental de la Cathédrale de Chartres* (B. Mon^tal, 1909). — G. FLEURY, *Etude sur les portails imagés du* XIIe *siècle*, 1904. — BERNOUILLI, *Die romanische Portalarchitektur in der Provence*, 1906. — MAYEUX, *Les grands portails du* XIIe *siècle et les bénédictins de Tiron* (R. Mabillon, 1906). — MARIGNAN, *La décoration monumentale des églises de la France septentrionale du* XIIe *au* XIIIe *s.*, 1911. — MALE, *L'Architecture et la sculpture en Lombardie* (G. B.-A., 1918, I). — P. DESCHAMPS, *La sculpture romane en Lombardie* (Moyen Age, 1920). — E. MALE, *L'empreinte monastique dans l'art du* XIIe *s.* (Séance publ. Acad. Ins., nov. 1921). — L. BRÉHIER, *L'homme dans la sculpture romane*, 1927. — J. LARAN, *Recherches sur les proportions dans la statuaire française au* XIIe *s.* (R. Arch., t. XI, 1907-1909). — E. RUPIN, *L'abbaye et les cloîtres de Moissac*, 1897. — Dr POUZET, *Les chapiteaux de Cluny* (R. Art chr., 1912). — V. TERRET, *La sculpture bourguignonne au* XIIe *et* XIIIe *s.*, 1925. — P. DESCHAMPS, *Notes sur la sculpture romane en Bourgogne* (G. B.-A., 1922, II). — L. BRÉHIER, *Les chapiteaux historiés de N.-D. du Port* (R. Art chr., 1912). — *La sculpture romane en Auvergne* (R. d'Auv., avril-juin 1923). — *La sculpture romane en Haute Auvergne* (R. H^te-Auv., 1925).

La peinture murale. — Moine THÉOPHILE, *Schedula diversarum artium*, publié par de Lescalopier, 1843. — GELIS-DIDOT et LAFFILLÉE, *La peinture décorative en France du* XIe *s. au* XVIe, 1924. — LOUMYER, *Les traditions techniques de la peinture médiévale.* — E. MERIMÉE, *Les peintures de St-Savin*, 1845. — E. MAILLARD, *St-Savin*, 1927. — M. GAÏDA, *Notes sur les anciennes peintures de la cathédrale de Cahors*, 1892. — L. GIRON, *Peintures murales de la H^te-Loire du* XIe *au* XVIIIe *s.*, 1911. — DÉCHELETTE et BRASSART, *Les peintures murales du Forez.* — A. HUMBERT, *Les fresques de Brinay* (G. B.-A., mars 1914). — L. DIMIER, *Histoire de la peinture fr. Moyen Age et Renaissance*, 1925. — Sur les fresques de Montoire, de Parcay-Meslay, de St-Aignan, de Lavardin, cf. C. Arch. Blois, 1926.

La Miniature. — Ch. OURSEL, *La Miniature du* XIIe *s. à l'abbaye de Cîteaux*, 1926. — Ph. LAUER, *La miniature romane d'après les manuscrits de la Bibliothèque N*^le, 1926.

L'ART GOTHIQUE AUX XII° ET XIII° SIÈCLES

Architecture. Recueils et ouvrages généraux. — DE BAUDOT, *Les Cathédrales de France*, 2 vol. in-f°. — *Archives de la Commiss. des Mon^ts Hist.*, depuis 1872. — C. MARTIN, *L'Art gothique en France. Architecture et décoration*, en cours, in-f°. — GONSE, *L'Art gothique*, 1890. — DEHIO et VON BEZOLD, *Die kirchliche Baukunst des Abendlandes*, 2° vol., 1901. — Th. GRAHAM JACKSON, *Gothic Architecture in France. England and Italy*, 1915. — DE LASTEYRIE, *L'Architecture religieuse en France à l'époque gothique*, 2 vol., 1927.

Urbanisme. — CURIES SEIMBRES, *Essai sur les villes fondées dans le sud-ouest de la France aux* XIIIe *et* XIVe *s. sous le nom de Bastides*, 1880. — M. POËTE, *Une vie de Cité. Paris de sa naissance à nos jours. I. La jeunesse. Des origines aux temps modernes*, 1921. — P. LAVEDAN, *Histoire de l'Urbanisme. Antiquité. Moyen Age*, 1926.

Maîtres d'œuvre, corporations et chantiers. — *Album de Villard de Honnecourt*, phototypies BERTHAUD. — VIOLLET-LE-DUC, *op. cit.*, au mot *Architecte*. — V. MORTET, *La maîtrise d'œuvre dans les grandes constructions du* XIIIe *s.* (B. M^tal, 1906). — H. STEIN, *Pierre de Montereau* (M. Soc. Ant., 1902), et *Les Architectes des cathédrales gothiques*, 1909. — LEFÈVRE-PONTALIS, *Pierre de Montereau architecte de l'église de St-Denis* (B. M^tal, 1902). — ID., *Les architectes et la construction de la cathédrale de Chartres* (M. Soc. Ant., 1905). — L. DEMAISON, *Les architectes de la cathédrale de Reims* (B. Arch. Comité Trav. Hist., 1894). — Sur les francs-maçons du Moyen Age, cf. LAMBLIN, 1899 et V. MORTET (B. M^tal, 1904). — A. BLANCHET, *Marques de tâcherons et marques d'appareillage* (B. M^tal 1904).

Les origines. — QUICHERAT, *Mélanges d'Archéologie*, II. — DE FOURCAULD, *Les origines de l'art gothique*, G. B.-A., 1891. — LEFÈVRE-PONTALIS, *L'architecture religieuse dans l'ancien diocèse de Soissons aux* XIe *et* XIIe *s.*, 1894-1897. — DEHIO, *Die Anfänge des gotischen Baustils* (Repert. für Kunstwissenschaft, XIX, 1896). — ENLART, *Origines françaises de l'Architecture gothique en Italie*, 1894. — DE LASTEYRIE, *Les origines de l'architecture gothique*, 1901. — J. BILSON, *Les voûtes d'ogives de Morienval* (B. M^tal, 1908); *Les origines de l'Architecture gothique*; *Les 1res croisées d'ogives en Angleterre*, 1901-1902. — RIVOIRA, *Le origini della Architettura lombarda*, 1908. — Sur la question de Morienval, B. M^tal, 1907, 1908, 1913. — KINGSLEY-PORTER, *The construction of gothic and lombard vaults*, 1911, et *Lombard Architecture*, op. cit. — André MICHEL, *L'art gothique œuvre de France* (R. D. M., 1er août 1916). — ENLART, *Manuel d'Archéologie fr. Architecture religieuse*, 1920, t. I, 2e partie. — E. MALE, dans *Rev. de l'art*, 1921, II. — J. FORMIGÉ, *Note sur des voûtes romaines nervées à Arles* (Bullet. M^tal, 1913), et *Les Créations de l'art romain* (L'Architecture, 25 déc. 1922). — E. LAMBERT, *L'architecture musulmane du* X^e *s. à Cordoue et Tolède* (G. B.-A., nov. 1925). — LEFÈVRE-PONTALIS, *L'Origine des arcs-boutants* (C. Arch. Paris, 1919).

Plan et Proportions. — Sur les irrégularités du plan et la déviation de l'axe. Cf. DE LASTEYRIE ds *Mém. Acad. Inscr.*, XXXVII, 1905 et ANTHYME St-PAUL dans *B. M^tal*, 1906. — J. BILSON, *Amiens Cathedral and M. Goodyear's refinements a criticism*, Londres, 1906, trad. L. Serbat, 1907. — Sur la mise en proportions et les tracés géométriques. VIOLLET-LE-DUC, *Entretiens sur l'Architecture (9e Entretien)*, et *op. cit.*, art. *Proportions*, t. VII. — KNAUTH, *Das Strassburger Munster und die Cheopspyramide*, 1908 (R. alsacienne). — F. MACODY LUND, *Ad quadratum. A study of the geometrical bases of classic and medieval religious architecture*, 1921.

Les grands monuments. — ANTHYME St-PAUL, *St-Denis et l'abbé Suger* (R. Art, chr.), 1905. — P. VITRY et G. BRIÈRE, *L'église abbatiale de St-Denis et ses tombeaux*, 2e éd., 1925. — M. AUBERT, *Monographie de la Cathédrale de Senlis*, 1910, et *Senlis*, 1922. — Ch. PORÉE, *Cathédrale de Sens* (C. Arch. Avallon, 1907) et *Cathédrale d'Auxerre*, 1926. — E. CHARTRAIRE, *Cathédrale de Sens*, s. d. — M. AUBERT, *Noyon et ses environs* 1920. — Abbé BOUXIN, *Cathédrale de Laon*, 2e éd., 1902. — L. BROCHE, *Cathédrale de*

Laon, 1927. — A. Boinet, *Les édifices religieux de Paris. Moyen Age et Ren.*, 1910. — A. Marty, *Histoire de N.-D. de Paris d'après les dessins*, Cette, 1907. — M. Aubert, *La Cathédrale N.-D. de Paris*, 1909; et *N.-D. de Paris, sa place ds l'Architecture du* XIIe *au* XIVe *s.*, 1920. — Martin et Cahier, *Monographie de la Cathédrale de Bourges*. — A. Boinet, *Cathédrale de Bourges*, 1923. — P. Durand, *Monographie de la Cathédrale de Chartres* (Docum[ts] inéd. Hist. de Fr.), 1881. — Abbé Bulteau, *Monographie de la Cathédrale de Chartres*, 1902. — R. Merlet, *Cathédrale de Chartres*. — G. Durand, *Monographie de l'église N.-D. d'Amiens*, 1901-1903; et *Description abrégée de la Cathédrale d'Amiens*, 1904. — A. Boinet, *Cathédrale d'Amiens*, 1925. — Demaison, *La Cathédrale de Reims. Son histoire, les dates de sa construction*, 1902; *Cathédrale de Reims*, 1910. — Lefèvre-Pontalis, *L'Architecture gothique en Champagne* (C. Arch. Troyes, 1902). — P. Vitry, *Cathédrale de Reims. Architecture et Sculpture*, Album, 1915-1920. — L. Bréhier, *Cathédrale de Reims*, 2e éd., 1920. — H. Stein, *Le Palais de Justice et la Ste-Chapelle de Paris*, 1912. — V. Leblond, *Cathédrale de Beauvais*, 1926. — Abbé Loisel, *Cathédrale de Rouen*. — J. Vallery-Radot, *Cathédrale de Bayeux*. — Lefèvre-Pontalis, *Cathédrale de Coutances* (C. Arch. Caen, 1908). — Gabriel Fleury, *Cathédrale du Mans*. — René Fage, *Cathédrale de Limoges*. — du Ranquet, *Cathédrale de Clermont-F.*, 1913. — Lucien Bégule, *Cathédrale de Lyon*. — Georges Delahache, *Cathédrale de Strasbourg*, 1910. — Joseph Denais, *Cathédrale d'Angers*, 1899. — Berthelé, *L'Architecture Plantagenet* (C. Arch. Poitiers, 1903). — Guitard, *L'École gothique religieuse du midi de la France* (Position thèses Éc. des Ch., 1909). — Abbé Fabre, *Le gothique du midi* (dans « Pages d'Art chr. », 1910). — E. Male, *L'Architecture gothique du midi de la France* (R. D. M., 15 fév. 1926). — J. Laran, *Cathédrale d'Albi*, 1912. — P. Gout, *Le Mont-St-Michel*, 1910. — Ch. Besnard, *Le Mont-St-Michel*, 1912. — Enlart, *L'Art gothique en Chypre*, 1899.

L'architecture militaire. — Viollet-le-Duc, *op. cit.*, art. *Château*. — M. Dieulafoy, *Le Château-Gaillard et l'architecture militaire au* XIIIe *s.* (M. Ac. Inscr., t. 36, 1898). — Enlart, *Manuel d'Archéologie fr.*, t. II; *Architecture civile et militaire*, 1904. — H. Nodet, *L'Architecture militaire au* XIIIe *s. Le vieux Najac* (B. Mon[tal], 1886). — Lefèvre-Pontalis, *Château de Coucy*, 1909. — *Congrès Arch. Reims*, t. I, 1912. — G. Lefèvre-Pontalis, *Un crime allemand. La destruction de Coucy* (R. D. M., 1er mai 1917). — E. Male, *Château de Coucy* (R. de Paris, octobre 1917). — A. Fliche, *Aigues-Mortes*, 1925. — Poux, *Cité de Carcassonne. Histoire et description*, 1922, et *Précis Historique*, 1923. — R. Rey, *Les vieilles églises fortifiées du midi de la France*, 1925.

La sculpture. — de Baudot, *La sculpture française au Moyen Age et à la Renaissance* (Album, 1881). — Fr. Marcou et Courajod, *Musée de Sculpture comparée du Trocadéro*, 2e série. — P. Vitry et Brière, *Documents de sculpture française. Moyen Age*, N[lle] éd., 1904. — E. Male, *L'Art religieux du* XIIIe *s., en France*, 3e éd., 1919. — L. Pillion, *Les sculpteurs français du* XIIIe *s.*, 2e éd., 1923. — V. Mortet, *La fabrique des cathédrales et la statuaire religieuse au Moyen Age* (B. M[tal], 1902). — Lambin, *La flore dans la sculpture du Moyen Age*, 1893.

Sur l'influence antique, Boutaric, *Vincent de Beauvais et la connaissance de l'antiquité au* XIIIe *s.* (R. Quest. H., VII). — E. Muntz, ds *J[al] des Savants*, 1888. — Enlart, *La sculpture des portails de la cathédrale d'Auxerre* (C. Arch. Avallon, 1907). — Bréhier, *La Cathédrale de Reims*, 1920. — Male, *id.* (R. de P., 15 déc. 1914). — Marignan, *Histoire de la sculpture en Languedoc aux* XIIe *et* XIIIe *s.*, 1902; et le *Portail occidental de Chartres*. « Le Moyen Age », 1898). — A. Mayeux, *La façade de la Cathédrale de Chartres*, 1900. — Voge, *Die Anfange des monumentalen Stiles im Mittelalter*, 1894. — de Lasteyrie, *Études sur la sculpture française au Moyen Age* (M[ts] Piot, VIII, 1902). — E. Male, *Le portail de Senlis et son influence* (R. Art, 1911, I). — Houvet, *La cathédrale de Chartres*, Album, 1919-1921. — M. Aubert, *Les trois jubés de N.-D. de Paris* (R. Art, févr. 1923). — Sur Reims, P. Vitry, *op. cit.* et Moreau-Nélaton, *Cathédrale de Reims*. — A. Boinet, *Les sculptures de la Cathédrale de Bourges*, 1912. — L. Pillion, *Les portails latéraux de la Cathédrale de Rouen*, 1907. — E. Maillard, *Les sculptures de la cathédrale St-Pierre de Poitiers*, 1921. — Sur les statues et les bas-reliefs de la cathédrale de Strasbourg, *R. A.*, 1907, II. — Sur la sculpture funéraire, E. Bertaux, *Le tombeau d'une reine de France à Cosenza* (G. B.-A., t. 19, 1898). — *Les tombeaux des Plantagenets à Fontevrault*, (R. Musées et Mon., 1906). — *Les tombeaux de l'abbaye de Royaumont* (B. M[tal], 1908). — R. Koechlin, *Les ivoires gothiques français du* XIIIe *au* XVe *s.*, 3 vol., 1924.

Le dessin. — Villard de Honnecourt, *op. cit.* — Delaborde et Ph. Lauer, *Dessins de la fin du* XIIIe *ou du début du* XIVe *s. destinés à illustrer le* Credo *de Joinville* (M[ts] Piot, XVI). — R. James, *An English medievale Sketchbook, n° 1916 in the Pepysiane* (The Walpole Society, XIII, 1925).

La Peinture Murale. — Gelis-Didot et Laffillée. *La peinture décorative en France du* XIe *au* XVIe *s.*, 1904. — L. Pillion, *Peintures murales de St-Julien du Petit-Quevilly* (Musées et Mon., 1907). — Delaborde et Ph. Lauer, *Un projet de décoration murale inspiré du Credo de Joinville* (M[ts] Piot, XVI, 1909). — L. Giron, *Les peintures murales de la H[te]-Loire du* XIe *au* XVIIIe *s.*, 1911. — A. Humbert, *Les fresques de Brinay* (G. B. A., mars 1914). — *Catalogue des Peintures murales exposées au Musée des Arts décoratifs*, 1918. — L. Dimier, *Histoire de la Peinture française. Moyen Age et Renaissance*, 1925.

Le Vitrail. — de Lasteyrie, *Histoire de la Peinture sur verre*, 1853-1857, 2 vol. — Viollet-le-Duc, *op. cit.* Art. *Vitrail.* — Martin et Cahier, *Monographie de la Cathédrale de Bourges*, 1842-44. — E. de Beaurepaire, *Les vitraux peints de la Cathédrale de Bourges* (B. Mon[tal], 1897). — P. Durand, *Monographie de la Cathédrale de Chartres* 1881. — de Mély, *Vitraux de Chartres* (Rev. Art chr., 1888). — Clément et Guitard, *Vitraux du* XIIIe *s. de la Cathédrale de Bourges*, 1900. — Ottin, *Le Vitrail*, s. d. — E. Male, *La Peinture sur verre* (Hist. de l'Art, Andr. Michel, t. I et t. II). — Hucher, *Calques des vitraux de la Cathédrale du Mans.* — Ritter, *Les vitraux de la Cathédrale de Rouen*, 1926. — Laporte et Houvet, *Vitraux de la Cathédrale de Chartres*, 1927.

La Miniature. — A. Molinier, *Les Manuscrits et la Miniature*, 1892. — Witzhum, *Die pariser Miniaturmalerei.* 1907. — H. Martin, *Les Peintres de Manuscrits et la Miniature en France*, 2e éd., 1927 et *La Miniature française du* XIIIe *au* XVe *s.*, 1923. — Reproductions des Miniatures Biblioth. N[le], phototypies Berthaud, *Vie et Histoire de St-Denys; Psautier illustré, Psautier de St Louis*, etc. — Sur le Psautier de St Louis cf. Haseloff dans *Mém. Soc. des Ant.*, LVIII, 1900; *G. B.-A.*, 1905, II et H. Martin, *Les Arts*, janv. 1910. — Ph. Lauer, *La Miniature romane d'après les Manuscrits de la Bibliothèque N[le]*, 1927. — Id., *La Miniature gothique d'après les Manuscrits de la Bibliothèque N[le]*, Paris (en préparation). — L. Dimier, L'Art d'enluminure (trad.), 1927.

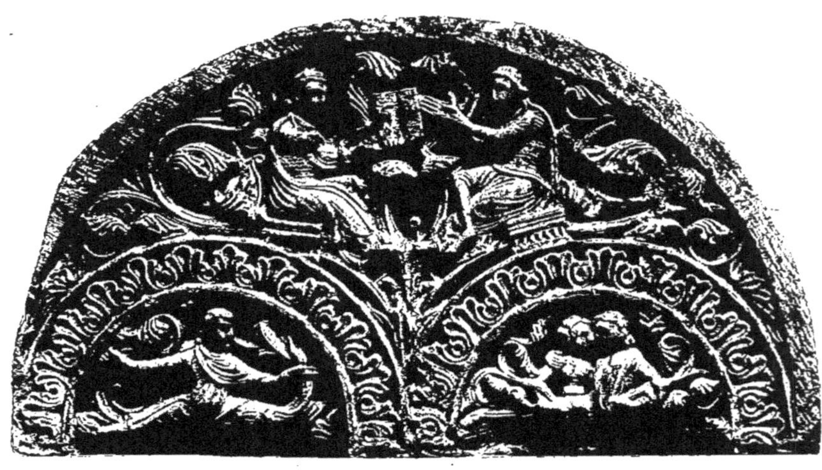

Fig. 128. — TYMPAN D'UNE MAISON ROMANE DÉTRUITE A REIMS.

XIIe siècle. L'esprit de vie s'insinuant dans le souci décoratif, et chassant la symétrie du détail.
Photo Lévy-Neurdein.

TABLE DES GRAVURES

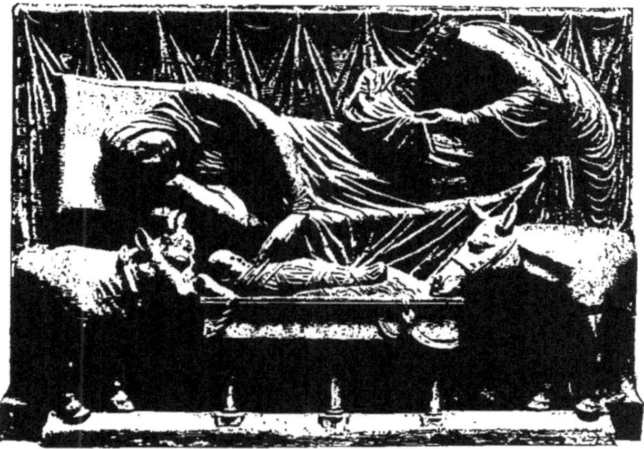

Fig. 129. — La Nativité. Ancien jubé de la cathédrale de Chartres.

Quelque stylisation, et tranche insouciance de la perspective, au profit du rythme, du naturel le plus familier et de la tendresse. *Photo Lévy-Neurdein.*

TABLE DES MATIÈRES

L'ART PRÉROMAN

L'ART ROMAN

CHAPITRE PREMIER

La Renaissance de l'Architecture.

CHAPITRE II

La Renaissance de la Sculpture et la Primauté de la France.

CHAPITRE III

Les Arts de la Couleur.

L'ART GOTHIQUE

Les Origines. — L'Apogée au XIIIe siècle.

CHAPITRE PREMIER

L'Architecture gothique des Origines à la fin du Moyen Age. Les Arts décoratifs.

CHAPITRE II

La Sculpture au XIIIe siècle. — L'Idéalisme.

CHAPITRE III

La Peinture au XIIIe siècle. Le Style Monumental.

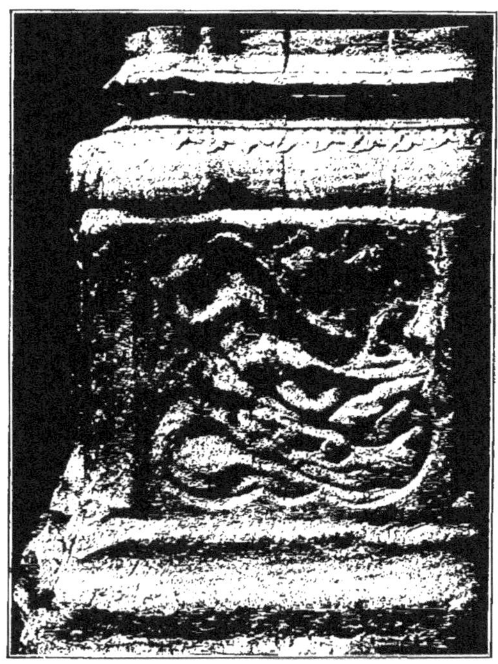

Fig. 130. — L'AMOUR ENDORMI. COPIE D'UN BAS-RELIEF ANTIQUE. SOUBASSEMENT DU GRAND PORTAIL DE LA CATHÉDRALE D'AUXERRE.

Fin XIIIe siècle. Sentiment exquis de l'hellénisme. Grâce de la forme adolescente, détendue dans le sommeil. Jeu habile des lumières et des ombres.

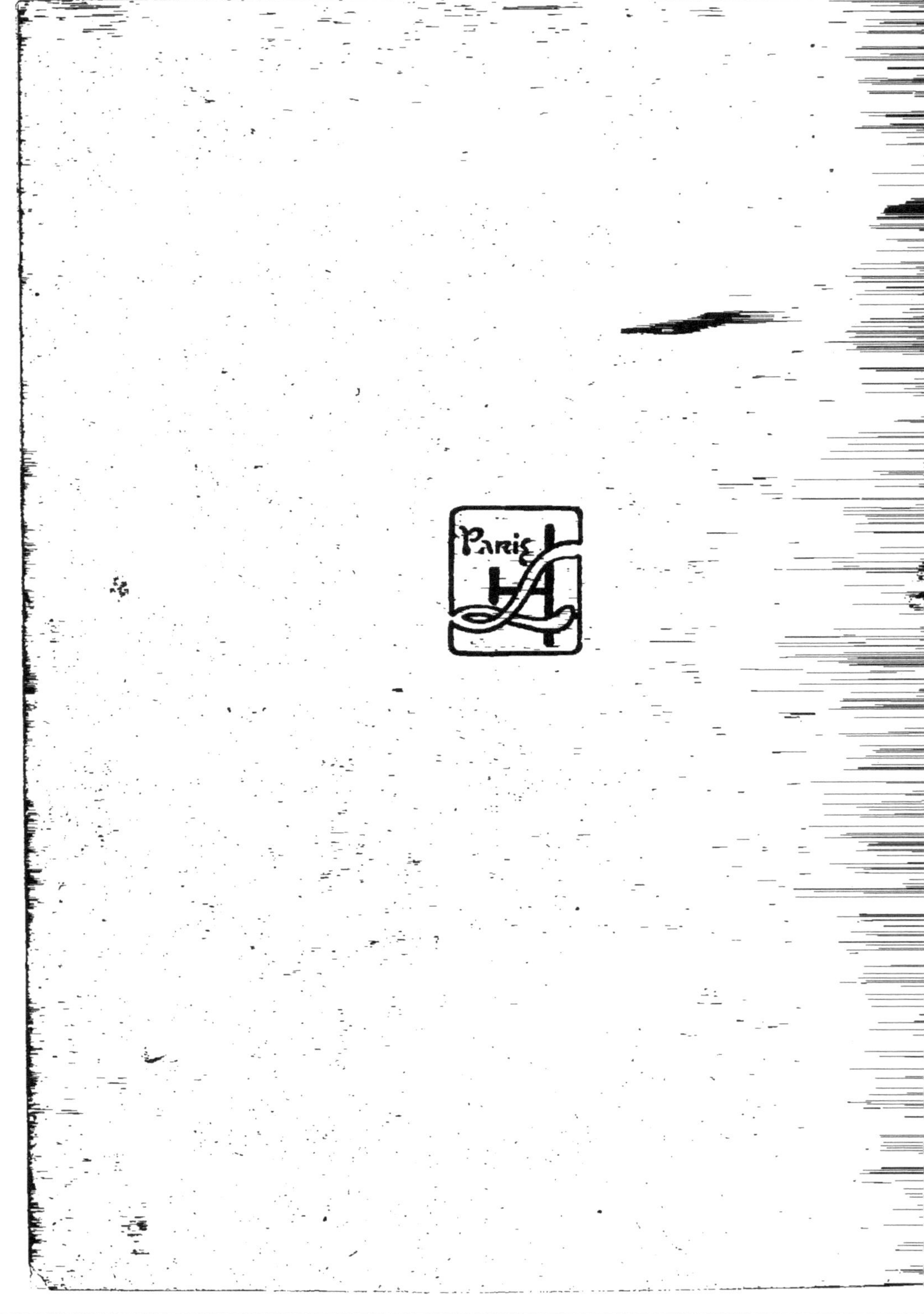
Paris

www.ingramcontent.com/pod-product-compliance
Lightning Source LLC
LaVergne TN
LVHW020555230826
846091LV00002B/498

* 9 7 8 2 3 2 9 0 3 9 6 2 6 *